北京市社会科学理论著作出版基金资助

JILIANG WENTIXUE DAOLUN

计量文体学导论

计量文体学导论

施建军 /著

北京大学出版社
PEKING UNIVERSITY PRESS

图书在版编目（CIP）数据

计量文体学导论 / 施建军著 . —北京：北京大学出版社，2016.12
ISBN 978-7-301-27872-7

Ⅰ. ①计… Ⅱ. ①施… Ⅲ. ①计量方法—应用—文体论 Ⅳ. ①H052

中国版本图书馆CIP数据核字（2016）第320759号

书　　　名	计量文体学导论 JI LIANG WENTIXUE DAOLUN
著作责任者	施建军　著
责任编辑	兰　婷
标准书号	ISBN 978-7-301-27872-7
出版发行	北京大学出版社
地　　　址	北京市海淀区成府路205号　100871
网　　　址	http://www.pup.cn　新浪微博：@北京大学出版社
电子信箱	zpup@pup.cn
电　　　话	邮购部 62752015　发行部 62750672　编辑部 62759634
印　刷　者	三河市博文印刷有限公司
经　销　者	新华书店 650毫米×980毫米　16开本　17印张　280千字 2016年12月第1版　2016年12月第1次印刷
定　　　价	56.00元

未经许可，不得以任何方式复制或抄袭本书之部分或全部内容。
版权所有，侵权必究
举报电话：010-62752024　电子信箱：fd@pup.pku.edu.cn
图书如有印装质量问题，请与出版部联系，电话：010-62756370

前 言

  大概在三十年前，还是在上大学的时候，从一本日语语言学的文献中读到有人尝试使用统计学的方法研究有关莎士比亚及其作品争论的课题。这是第一次听说莎士比亚是否确有其人居然还存在争论。联想到中国大量的古典文献也存在类似问题，特别是《红楼梦》的作者问题，不但一直是红学界争论不休的热点，甚至因电视剧《红楼梦》的热播，也成了中国社会关注的对象，于是就想，难道没有一个科学的方法能够解决此类问题吗？恰好当时数学课程正在讲"概率论和数理统计"，便对用统计学方法研究佚名作品的作者问题产生了兴趣。当然，当时并不知道什么是文体学，更不知道还有计量文体学这门学问。我对文体学有系统认识是在硕士研究生时代。当时洛阳外国语学院的张云多教授开设了"文章论·文体论"，这门课系统介绍了文体学这门学问，同时也介绍了日本学者关于文体学研究方面的成果和方法。张云多教授也是我硕士时候的授业恩师。由于计量文体学研究需要进行大量数据的统计分析，而20世纪八九十年代获取文本数据比较困难，虽然具备从事这项研究所需的基本数学知识和计算机技术，但是，终因时代和数据条件的限制，这项研究暂时被搁置起来了。但是，我对计量文体学研究的兴趣始终未减，而且一直关注着日本在这方面研究的进展。

  进入21世纪后，随着信息技术的进步和互联网的普及，数据的获得比较容易，文本数据的分析和挖掘研究受到广泛关注。世界上计量文体学领域的研究也有了长足的进步，日本就出版了一系列这方面的著作，而且出现了多位这方面研究的专家，比如同志社大学的村上征胜教授、金明哲教授就是这些专家学者的杰出代表。国内虽然也有一些学者在开展这方面的研究，但还是相对比较薄弱，我们甚至看不到一本系统介绍利用计量的方法研究中文文体习惯的专著。

　　文体计量研究有一个非常相似的研究领域，那就是文章的剽窃研究。国内因学术评价的需要有很多学者在研究学术论文的剽窃问题，这方面的成果非常丰富。学术剽窃问题研究也是研究文章的相似性问题，这和文体研究密切相关但又有严格区别。文章的相似性实际上包括两个方面，一是文章内容和观点的相似性，二是文章写作风格的相似性。通常学术剽窃主要是在自己的文章中抄袭别人文章的内容和观点，为了掩盖其抄袭行为通常会将别人的观点用自己的语言描述出来，说成是自己的。这种情况下，虽然内容观点是别人的，但是由于是用自己的语言表述的，所以存在学术剽窃嫌疑的文章通常是内容观点同别人的相似，但是文章所体现出来的写作风格却与别人不同。当然，如果是不加掩饰的全文抄袭，则不但内容观点相同，而且写作习惯也相同，这种情况是彻头彻尾的剽窃。与剽窃研究不同，文体研究的一个主要目标是要鉴别作品的真伪问题。模仿别人的习惯和风格写作，古来有之，有的是善意的，有的是恶意。如《红楼梦》的续写，作者为了能够让这部不朽之作有一个完整的结局以满足读者欣赏的需要，这个出发点不能说是不好的。而如今充斥网络的匿名文章、匿名信，却没有这样的初衷，这些东西往往会模拟别人的口吻和风格，进行造谣、污蔑和对他人进行人身攻击。这些行为有很多是恶意的。无论初衷是善意的还是恶意的，这些文字产品都会给社会留下困惑，有的需要对其作者进行鉴别。这就需要分析内容不同的文章所体现出来的写作习惯和写作风格的相似性。

研究学术剽窃和研究模拟别人写作风格的作品其实存在实质性不同。学术剽窃主要研究文章内容和观点的相似性，需要考察的对象是文章中反映文章内容和作者观点的语言表达形式以及利用这些语言表达形式来判断论文相似度。而计量文体学研究的对象是文章中能够反映文章作者写作风格和写作习惯的语言表达形式以及以此来判断不同文章是否具有相同的写作习惯、是否出自同一人之手。这两种研究都有非常高的实用价值，前者可以用以鉴别学术不端，而后者可以用以鉴别伪作。

人们普遍使用计算机写作的今天，甄别电子文本的真伪已经不能够仅依靠笔迹这种传统的证据，作者写作习惯的分析将是电子文本真伪分析的重要手段。相信随着大数据理念的提出和数据分析技术的进步，这种用计量的方法进行文体研究的学问将会越来越受到人们的关注，同时计量文体学的方法手段将会在很多领域得到应用。基于以上想法，我觉得自己有责任尽自己的能力将有关计量文体学研究的基本知识和理论梳理出来奉献给国内读者，尽管我在这方面的研究和认识是很肤浅的。2011年初我入选教育部"新世纪人才支持计划"，作为本人在该计划支持下的重要研究内容，我真正开始了利用计量方法研究文体的工作。经过3年多的努力，终于完成了拙著《计量文体学导论》。从统计的角度讲，有很多统计学方法可以在文体计量研究中得到应用，特别是多变量分析的方法层出不穷，本书中所涉及的是最基本的，目的是让读者对计量文体学有一基本认识。关于一些复杂方法的应用读者可在自己的研究中进行深入探讨。文体的计量研究至少涉及语言学、文学、数学、计算机信息处理技术等领域，属典型的跨学科交叉研究领域，限于本人能力和知识的限制，书中难免存在诸多疏漏、不足，希望能够得到广大读者的批评指正。同时，也希望拙著能够起到抛砖引玉的作用，能够吸引更多的学者投入到计量文体学研究领域中来。

2016年初，承蒙彭广陆教授的厚爱和努力，北京大学出版社接受了拙著的出版申请。在北京大学出版社兰婷老师的鼓励和帮助下，又承蒙彭广陆教授、陈小明教授的推荐，本书通过北京大学出版社申请了北京市社会科学理论著作出版基金资助并获得了成功。在此向在拙著出版过程中给予帮助的专家、学者和朋友们表示衷心的感谢！本书的出版还与父母、家人的理解、支持是分不开的。特别是妻子和孩子，正是因为有她们在后面默默的付出和努力，我才得以专心致力于此项研究，顺利地完成书稿的写作。值此书出版之际也向亲人们表示由衷的感谢。

施建军

2016 年 6 月 19 日于北京

目 录

第一章 绪论
第一节 什么是计量文体学 …………………………… 1
第二节 国内外计量文体学发展的历史和现状 ………… 2
第三节 文体的计量特征 ……………………………… 5

第二章 计量文体学相关重要统计学概念
第一节 文体特征的频率、概率、条件概率 ………… 31
第二节 文体特征的平均值、中位数、众数 ………… 37
第三节 文体特征的方差、标准差 …………………… 46
第四节 文体特征的相关系数 ………………………… 52
第五节 特征和文体的相互信息 ……………………… 69

第三章 文体计量研究相关重要概率分布和定理
第一节 文体特征随机变量的分布 …………………… 82
第二节 文体计量研究相关的几个重要概率分布 …… 88
第三节 文体分析中的大数定律和中心极限定理 …… 99

第四章 文体计量分析中的抽样和抽样分布
第一节 文章的抽样调查和抽样方法 ………………… 106
第二节 文体的统计量和抽样分布 …………………… 116

第五章 文体计量分析中的参数估计问题

第一节 文体特征参数的点估计 …………………………… 126
第二节 文体特征参数范围的估计 ………………………… 131
第三节 文体特征平均值范围的估计 ……………………… 135
第四节 文体特征参数范围估计与作家风格比较………… 152

第六章 文体特征差异的假设检验

第一节 何为假设检验 ……………………………………… 165
第二节 文体特征假设检验的一般步骤 …………………… 171
第三节 Z 检验在文体分析中的应用 ……………………… 175
第四节 T 检验在文体分析中的应用 ……………………… 180
第五节 虚词使用习惯的假设检验 ………………………… 190
第六节 x^2 检验在文体分析中的应用 …………………… 195

第七章 文体风格个体性差异的方差分析

第一节 文体方差分析的基本原理 ………………………… 202
第二节 不同作家文体特征的方差分析 …………………… 209
第三节 相同作家不同作品文体特征的方差分析………… 220

第八章 文体特征的多变量分析

第一节 文本的聚类分析 …………………………………… 226
第二节 文体研究中文本聚类分析的有效性……………… 230
第三节 聚类分析和古典文学作品的作者研究…………… 234
第四节 文体研究中文本聚类分析的局限性……………… 241

第九章 支持向量机技术和文学作品作者鉴别

第一节 支持向量机的基本原理 …………………………… 248
第二节 支持向量机技术研究古典文学作品作者的有效性·· 249
第三节 支持向量机技术和《红楼梦》作者研究………… 252

参考文献 ……………………………………………………… 261

第一章 绪论

第一节 什么是计量文体学

计量文体学（stylometrics, computational stylistics）是研究如何用统计学的方法分析文学作品的文体特征的学问。计量文体学是文体学的一个重要分支，横跨文学、语言学、数学、计算机科学等众多学科，为文体研究提供精确、科学的测量方法。计量文体学的任务主要是解决以下几个方面的问题：

1. 特定作家风格的精密计算和描述。
2. 宏观文体（包括新闻报道、广告、科技说明文、学术论文等功能文体；小说、诗歌、散文等文学文体；口语、书面语、网络语言等语体）的特征分析和归类研究。
3. 佚名作家作品的作者鉴定。
4. 作品年代的测定。
5. 作家文体的变化及同一作家作品先后顺序的测定。

目前，计量文体学在国内学界有如下多种提法：计算文体学、计算风格学、统计文体学。笔者还是认为用计量文体学更为精确一些。计量文体学不仅要对作家作品的文体特征进行统计，而且要在此基础上用统计学的原理对作家、作品的文体特征进行分析，甚至要对有效利用文体特征进行分析的统计理论以及统计工具进行研究和开发。另外，计量文体学和计量经济学的情况基本相似。计量文体学和计量经济学研究中所使用的统计学理论、方法、工具大多是共通的。计量经济学的概念已经成为家喻户晓、耳熟能详的术语，所以使用计量文体学更容易为大家所接受。

第二节　国内外计量文体学发展的历史和现状

用统计学的理论方法研究作家的文体在国外可追溯到19世纪。《新约圣经》中有"罗马书、哥林多前书、哥林多后书、加拉太书、以弗所书、腓立比书、帖撒罗尼加前书、帖撒罗尼加后书、提摩太前书、提摩太后书、提多书、腓利门书、希伯来书"等14封保罗写给各地教主的书信。这些书信是否均出自保罗之手，历史上一直存在争议（村上，1994）。尤其是最后一封"希伯来书"，由于现存《新约》的"希伯来书"中没有"保罗致……"字样，有人认为这封书信很有可能不是保罗的作品。因此，保罗书信作者的鉴定一度成为学界的热点问题。最初提出用数学方法证明此问题的是英国著名数学家、理论代数奠基人德·摩根（Augustus de Morgan, 1806—1871）。

1851年，德·摩根在给剑桥牧师W. Heald的一封信中提出，每个人的文章都有自己的个性，即便是思维相近的两个作家，其作品或文章中单词的平均词长总是或多或少地存在着差别，同一个人的不同作品的平均词长的差别总是要比不同人所做的内容相同的作品的平均词长的差别要小得多。因此，德·摩根认为用这种办法就可以进行作品真伪的鉴定。

1887年美国地球物理学家门登荷尔（T. C. Mendenhall）受到德·摩根思想的启发，认为词长能够反映作家的写作习惯，就像光谱能够反映各种颜色的光的特点一样。如果能够获取这种"词谱"就能够确定某一部作品的作家。并认为"词谱"能够给作家考证提供科学的解决办法。他利用这种方法对比研究了莎士比亚 40 万词、培根 20 万词的作品，获得了反映这两位作家写作习惯的不同的"特征曲线"，从而解决了当时有关莎士比亚和培根是否是一个人的争论，并且在《科学》杂志上发表了论文。同一时期欧洲也有许多学者在从事着同样的研究。由于这种研究需要进行大量的统计分析，受到研究手段的限制，Mendenhall 时代的统计文体学研究是一项艰苦的工作。

第二次世界大战以后，随着计算机的出现和统计学理论的发展，文体的统计研究也有了较大的发展。这一时期比较有名的研究成果是瑞典文史学家 A. Ellegard 关于《Junius 投稿集》的研究。《Junius 投稿集》是 1769 年至 1772 年英国报纸上发表的笔名为 Junius 的人所写的攻击英国政府和王室的一系列文章。这些文章的作者到底是谁一直是英国文学史上的谜。1962 年 A. Ellegard 发表了《作者考证的统计方法》一书，书中 A. Ellegard 统计了 Junius 比同时期作家使用得更多的词汇和不怎么使用的词汇以及 Junius 对同义词的选择倾向，然后同当时被怀疑为 Junius 的 40 名作家一一进行对比。最后发现 Junius 的写作习惯和 Philip Francis 的习惯惊人一致，因此 A. Ellegard 认为他的统计证据有 99% 的把握可以证明 Junius 和 Philip Francis 是同一个人。

20 世纪中后期，随着计算机的普及，统计文体学的研究特别是利用统计文体学方法进行西方语言文本的研究已经不像此前那样高深莫测。开始有人用统计文体学的方法研究文学作品的伪作问题。在英国，计量文体学考证作者的方法甚至被警察用来判别自首书的真伪。70 年代中期，英国剑桥大学的两位师生曾经运用统计文体方法和计算机技术侦破了出版商伪造莎士比亚作品的案子从而震动西方文学界 (贾洪卫等，1991)。80 年代，在日本，华岛忠夫、寿岳章子两位学者利用统计学的方法研究了 100 多名日本作家的写作风格，并出版了《文体的科学》一书。90 年代，日本学者村上征胜运用多种统计手段对被誉为世界上最早的小说《源氏物语》的作者存疑问题进行了研究，于1994年出版了专著《真赝的科学》。

　　进入21世纪后，随着信息技术的进步，特别是自然语言处理技术在汉语、日语自动分词等方面取得了突破性的进展，国外有学者开始利用新的信息技术研究中国古典文献。如日本的石井公成（2002）、师茂树（2002）、山田崇仁（2004）等。山田崇仁利用自然语言处理中的N-GRAM和文本挖掘技术中的聚类方法对我国先秦时期诸子百家留下的历史文献的成书年代进行了探索。石井公成、师茂树等学者用同样的方法对佛教经典的真伪进行了研究。

　　受到西方研究方法的影响，我国学者真正开始用统计文体学方法研究中国古典文学作者问题始于20世纪80年代初。由于计量文体学涉及数学方法，加上计算机对中文处理能力的限制，尽管中国古典文学作品作者问题存在许多奇案，但是利用计量文体学方法研究中国文学作品作者问题的学者并不太多，成果数量也有限，且主要集中在《红楼梦》的研究上。

　　根据前文论述可以知道，使用统计方法进行文学作品作者的考证在西方取得了令人信服的成果。而使用同样的方法对《红楼梦》的研究却得出了截然相反的结论。这一方面说明《红楼梦》这部作品的复杂性，同时也让人怀疑在中国古典文学作者的考证研究中计量文体学的方法是否使用得当。自1987年陈大康先生发表《红楼梦"成书新说"难以成立》一文，提出与李贤平商榷以后，至今已经有20多年。这二十多年似乎这方面的研究陷入了停顿，很少能够看到这方面文章的发表。

　　可以说我国在计量文体学研究方面和世界先进水平还是有一定差距的。这种差距表现在以下三个方面。

　　一是我国计量文体学研究的现状和社会现实需求存在着很大的距离。我国古典文献的作者问题一直是困扰学界的热点问题，至今没有得到科学的解决。在现实生活中，随着计算机和互联网的普及，计算机输入已经取代了用笔写作的习惯，这又给我们提出了如何科学鉴定电子作品作者的课题。

二是计量文体学研究成果的数量存在很大差距。欧美这方面的研究起始于 19 世纪，而我国 20 世纪 80 年代之前基本没有这方面研究成果。即便是现在，针对中文文献进行文体计量研究的原创性论文也非常少。而根据日本学者金明哲、村上征胜在『言語と心理の統計』中提供的资料，截至 2002 年欧美有关文体计量学和作家鉴定方面的英语论文（著作）有 100 多篇（部），日本约 50 余篇（部）。

三是尚未找到汉语文体的有效测量方法。文体的测量方法和指标，根据语言的不同呈现出其独特性。词长分布在进行英语文献的计量分析时能够收到很好的效果；日语助词和标点的组合情况能够有效地反映日语文献的文体特征。但是这些特征指标很难在汉语文体测量上发挥有效的作用。我们必须要找到古代汉语和现代汉语的文体特征指标。

第三节 文体的计量特征

计量文体学作为完整的体系，其研究包括理论和应用两个层面。从应用层面讲，计量文体学主要解决文献和文学作品的那些与文体相关的实际问题，如：文学作品的风格差异分析、佚名作者的考证、作品剽窃的鉴定等等。我们所说的计量文体学理论层面的研究主要是指文体特征的把握研究和利用文体特征进行分析的统计学方法研究。这里的统计方法研究是指，如何利用已知的文体特征载体更加精确、更加快速、更加简便地计算分析文体的差别之所在，也就是找到更加合理的数学方法和理论，使得依靠这种数学方法和理论所开展的文体分析更加可靠和简便。这种理论研究主要突破点在数学方面，不属于人文研究的领域，因此，这里不对此做过多涉及。

但是，作家或者作品的特定风格或者是文体的主要载体是什么？这是文体学研究的最基本的问题，也是计量文体学的出发点。计量文体学的所有的统计分析必须建立在能够充分反映作家或者作品的写作风格的文体特征上。因此，文体特征的把握和分析，是我们必须要重视和深入探讨的计量文体学重要研究领域。根据『文章の計量』，有学者认为能够用于文体测量的文体特征项多达 500 多种（アンソニーケニイ，1996:13）。但是在文体测量中经常被采用，被认为是有效的文体特征项却很少，而且根据语种的不同，能够反映文章作者写作风格的语言特征既有共性，也有具有与语种相对应的独特特性。这里介绍几种学界已经归纳出来的文体特征。

1.3.1 文体的词长特征

计量文体学启蒙阶段，德·摩根认为作品的平均词长能够反映作家的写作特点，同一作家的不同作品其平均词长十分接近，而不同作家的作品的平均词长相差却很大。德·摩根以两位古希腊历史学家希罗多德（Herodotus，约公元前 485—约公元前 425）和修昔底德（Thucydides，约公元前 460—公元前 400）的著作为统计对象，对这两个作家用词的平均词长进行了统计。希罗多德著作第一卷的平均词长为 5.624 个字符，第二卷的平均词长为 5.619；而修昔底德著作的第一卷和第二卷的平均词长分别是 5.713 和 5.728。可见同一个作家的作品的平均词长是非常接近的，而不同作家作品的平均词长的差距要比同一作家作品间的平均词长的差距大得多。德·摩根对《新约》圣经圣保罗的前 13 封书信的统计结果是，其平均词长为 5.428，而书信《至希伯来人》的平均词长为 5.516。由于平均词长差距比较大，所以德·摩根认为，根据这个结果可以认为《致希伯来人》出自另外一个人之手。德·摩根的思想比较朴素、简单，但是，现在看来用这种差别来衡量作家的写作风格或者是文体特征的差别还是十分粗糙的，特别是当研究对象涉及多个作家的作品时，仅以平均词长恐怕很难区分出不同作家。

门登荷尔也认为作家所使用词汇的词长能够反映作家的写作特征。但是，门登荷尔所利用的词长特征不是简单取作家的平均词长，而是使用作家词长的分布特征来衡量作家的文体特征的。1887 年门登荷尔在《科学》

杂志上发表论文指出，可以根据词长及其出现的频率描绘特定作品的词的分布图，就像用光谱可以描述光的特征一样，用这种词长的分布——词谱可以分析文章的文体特征。门登荷尔在对莎士比亚的作品进行研究时发现，莎士比亚的作品无论是诗还是散文，其词长分布曲线是一致的，均呈现出莎士比亚独特的文体特征，莎士比亚作品中词长为4的单词出现频率最高，这与莎士比亚同时代的作家有明显的差别。此外，门登荷尔还对狄更斯、萨克雷、丹尼尔·笛福等多个作家的多部作品进行了统计分析，结果均表明词长的分布特征可以反映作家的文体特征。

但是，1975年威廉姆斯（Williams）在对门登荷尔的结论进行验证研究时发现，同一作家不同体裁的作品，如诗歌和散文，词长的分布也有可能不一样。威廉姆斯以莎士比亚、培根、锡德尼（Philip Sidney，1554—1586）为例，调查了莎士比亚的诗歌、培根的散文、锡德尼的诗歌和散文的词长分布。下图为其词长分布曲线图。

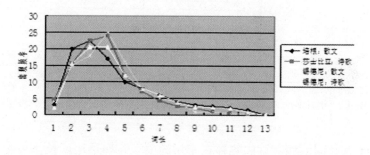

图1.1　培根、莎士比亚、锡德尼三位作家散文、诗歌词长分布

英语等西方语言，单词长度的取值范围比较大，其分布的多样性足以区分不同作者。同时，由于西方语言单词之间存在明显的界限，这也为利用词长分布作为文体特征进行文体的计量分析提供了很大的方便。但是，词长的分布能否有效区分汉语和日语这样的东方语言作家的文体是一个值得研究的问题。

由于日语书面语的连续书写特性以及计算机分词处理技术的限制，日本学界很少利用日语词长分布进行文体研究。但是，为了验证日语词长分布在日文文体特征的区分上到底是否有效，日本学者金明哲等还是在这方面做了一些尝试。

根据金明哲等著『言語と心理の統計』，金明哲选取了井上靖、中岛敦、三岛由纪夫等三位日本作家的作品为对象，用主成分分析的方法对这三位作家作品中的所有单词的词长信息进行了分析。以第一主成分的得分作为横轴，第二主成分的得分作为纵轴，绘制了三位作家作品的散点图。结果三岛由纪夫的作品和井上靖的作品没有能够有效地区分开来。

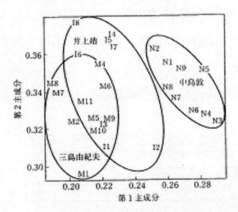

图 1.2 井上靖、中岛敦、三岛由纪夫作品所有单词词长主成分分析图

由于有些词汇和文章内容存在密切的关系，如果用词长作为文体特征时，采用较多的与文章内容关系紧密的词汇信息，则不能很好地区分作品文体风格。这也是以文章中出现的所有单词词长为依据不能够很好区分日语文体风格的重要原因。为了克服这个问题，金明哲等利用与文章内容关系比较弱的动词的词长为依据，用同样的手法对上述三位作家的作品进行了主成分分析，结果发现日语文章中动词的词长能够有效地区分不同作家的写作风格。

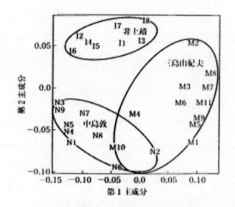

图 1.3 井上靖、中岛敦、三岛由纪夫作品动词词长散点图

  利用词长分布进行文体研究的第一个瓶颈就是汉语和日语的词的界限的确定问题。汉语和日语书面语的单词之间没有天然的界限，而且句子分解成单词时，在不改变句子意义的情况下，可以有多种单词划分的可能性。尤其是汉语，比如"汉语计量文体学"可以分成"汉语/计量/文体/学/"，也可以划分成"汉语/计量/文体学/"，还可以划分成"汉语/计量文体学/"，还可以整个作为一个词条。汉语句子中这种词的划定标准的不确定性，决定了词长及其发生频率统计的结果不可能是唯一的，因此对词长分布的描述很难达到文体分析的精确要求。另外，如果以尽量短为标准进行汉语句子的切分，那么现代汉语大多数为1字词和2字词，词长为1和2的单词出现的频率很高，词长的分布也很难反映出不同作家之间的文体差异。

  为了说明这个问题，笔者选取了林语堂散文（约11万字）、苏童散文（约12万字）、朱自清散文（约9万字），用北京大学开发的汉语分词系统SLEX对其进行分词处理，用笔者开发的《汉日语料库通用分析工具》进行了词长的分布统计。其结果如下：

表 1.1 林语堂、苏童、朱自清散文词长频率表

词长	林语堂	苏童	朱自清
1	594.52	652.88	648.36

（续表）

2	384.92	326.25	326.51
3	12.03	14.27	16.92
4	8.26	6.51	7.66
5	0.26	0.09	0.56

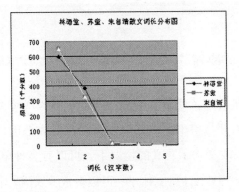

图 1.4　三位作家词长分布图

从上述统计结果我们可以看出，汉语的词长一般在5个汉字以内。如果我们以词长的分布甄别文体的差异，那么我们只能从这五个点上观察作者在不同词长汉语词汇上的使用习惯。这就意味着以词长分布作为衡量文体的依据时，汉语比英语（英语词长通常在13个字符以内）要少将近2/3的观测点。另外，汉语使用频率最高的词汇是1字词和2字词，1字词和2字词覆盖了文章的97%以上，3字以上的汉字词只占文章的3%。由于3字以上的汉字词在文章中只占很小的比重，可以说3字词的使用差别微不足道，很难说明3字以上词汇的使用差别是否能够反映文体差别。由此我们可以看到，汉语的词长分布情况，只能在1字词和2字词的使用上观察到差别，而仅依靠这两个观测点来观测汉语文体的差异就显得比较粗糙，有时根本就看不到差别。这一点从对林语堂、苏童、朱自清散文的统计结果也可以看出。苏童和朱自清的词长分布曲线是重叠的，也就是说通过词长分布根本不能够判别朱自清和苏童文体上有何差异；而林语堂的词长分布曲线从 3 字词开始也和苏童、朱自清的重叠在一起。由此可见，由于汉语自身的特点，用词长的分布描述汉语的文体其有效性是值得进一步探讨的。

尤其是利用计算机进行这方面的研究，首先要解决汉语和日语的自动分词问题。

1.3.2 句子长度

根据金明哲、村上征胜等著『言語と心理の統計』，最早发现句子长度也可以体现作家的写作风格是 Sherman(1888)。他认为英语文章的作者不同文章中句长的平均值会呈现出差异。统计学家尤尔（Yule）利用句长信息对中世纪西方宗教经典文学作品 *de Imitatione Christi*[①] 的作者进行了鉴定研究。Yule 对该书句长的中位数和四分位数等统计量的统计分析表明，托马斯·厄·肯培（Thomas a Kempis, 1380—? ）所著的可能性要大于巴黎大学校长格尔森（Gerson，1363—1429）。也有学者（Wake 1957）以句子的长度信息为依据对柏拉图的《第七封书信》的真赝问题进行了鉴别。1965 年 Morton 对希腊语散文的句长的分布进行了统计分析，结果发现同一作家在同一时代写的作品其句长分布基本是不变的。

另据金明哲等在上述文献中介绍，日本学者也对句子长度和日语文章文体风格的关系进行了分析。其中波多野完治对日语小说以及新闻文章句长分布进行的统计分析、安本美典、佐佐木和技等所进行的日语文章句长分布的正态性问题研究、桦岛忠夫对日语文章中句长的变化以及句长和汉字使用率的关系的研究等都是利用句子长度信息分析日语文体风格的代表性研究。

根据笔者对中国知网数据库所收录的 1979 年至 2010 年期间的学术资

---

① 该作品的中文译名有如下几种《轻世金书》《遵主圣范》《追随基督》《师祖篇》等。作者问题比较复杂，根据 www.sinica.edu.tw/as/weekly/99/1268/1268.pdf，该书可能的作者人选有三十多人。但是学界普遍认可该书为奥斯丁教会的托马斯.厄.肯培（Thomas a Kempis, 1380—? ）所著。

源的调查结果,利用句子长度信息对汉语文体风格进行深入统计分析的原创性文章几乎没有。其中有几篇介绍其他国家语言文体风格分析中句长信息运用的综述性文章,如杨群英(2006)。

为了调查汉语文章句子长度和作者写作风格之间的关系,笔者对中国现代三位作家的近20万字散文进行了统计分析。这些作家是沈从文、林语堂、朱自清。作品如下:

表1.2 三位作家作品样本表

序号	作家	作品
1	沈从文	炉边、往事、我的小学教育、湘西常德的船、湘西辰溪的煤、湘西泸溪浦市箱子岩、湘西沅陵的人、夜渔、在私塾
2	林语堂	论幽默、做文与做人、酒令、食品和药物、论树与石、论读书、读书的艺术、写作的艺术、谈话的艺术、中国文化之精神
3	朱自清	儿女、《梅花》后记、论百读不厌、论雅俗共赏、如面谈、温州的踪迹、一封信、柏林、你我

英语句子长度的计算通常主要依靠计算其句号"."之间的单词数。汉语句子结束时常常用"。""!""?"等三个标点符号,汉语的句子长度可以用句子中汉字的个数来衡量。首先笔者将这些作家的散文切分成句单位。然后,以汉字个数为单位统计每个句子的长度以及每个长度句子的使用频率,进行句子长度的分布统计。

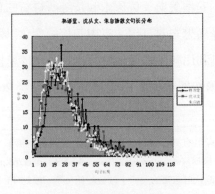

图1.5 三位作家句子长度分布

上图为林语堂、沈从文、朱自清三位作家散文句长分布图。从分布图上看，三位作家的句子长度分布曲线基本上重叠、交叉在一起，很难按照分布曲线对三位作家的风格进行区别。为了观察不同作家句长分布曲线和同一作家不同作品的句长分布曲线的差别，我们还分别对林语堂、沈从文、朱自清上述散文各自的句长分布情况也进行了统计。结果发现，这三位作家各自的句长分布曲线也是交织在一起的，同一作家不同作品分布曲线更加难以区分。下图是沈从文的《炉边》《往事》《我的小学教育》等三篇散文的句长分布图。

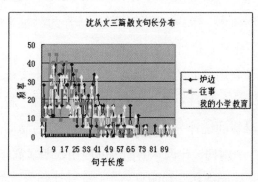

图 1.6　沈从文三篇散文句长分布

由上述分析，我们可以看出，以"。""！""？"等三种标点符号作为汉语句子的认定标准，以汉字为单位所测量出的汉语作家句子长度信息中能够反映作家风格的信息非常有限，到目前为止，我们很难依靠这种特征来有效区分汉语作家的写作风格。如何利用汉语句子长度信息进行汉语作家风格的定量分析仍有许多需要克服的难题。

1.3.3　词性的分布特征

根据金明哲和村上征胜的上述文献，最早利用词性的分布特征进行文体研究的是 Palme。Palme 以名词、形容词以及否定表达方式的数量为统计对象，对 100 名英语作家作品进行统计，并用因子分析法对文章的风格特征进行了分析。日本利用词性的分布特征进行文体研究的学者比较多，成果也很多。日本学者安本美典用名词的使用频率、比喻的使用频率等 15 个统计项目，对 100 名日本现代作家的文章用因子分析的方法进行统计分析，认为这 100 名作家的写作风格基本可以分成 8 大类别。1965 年桦岛忠夫、寿岳章子也利用品词的使用频率作为统计对象对 100 名作家的作品进行了分析，认为 100 名作家之间名词使用率的差异比较大。另外这两位学者还以名词频率、MVR（形容词、形容动词、副词、连体词等的数量和动词数量比的百分数）、指示代词的频率、汉字词频率、句子长度、会话频率、色彩词的使用频率、象声词的使用频率等作为测量文章风格的尺度对这一百名作家的写作特点进行了对比研究。

汉语曾有学者利用品词的使用特点来区分口语体文章和新闻体文章。黄伟、刘海涛（2009）经过对中央电视台的两个栏目"新闻联播"和"实话实说"的书面材料的统计分析发现，这两个栏目的品词使用存在显著差异。"实话实说"中副词、代词、助词等的使用率明显高于"新闻联播"；而名词的使用率"新闻联播"却明显高于"实话实说"。

表 1.3　"实话实说""新闻联播"品词频率均值及标准差[①]

品词	实话实说		新闻联播	
	均值	标准差	均值	标准差
副词比例	0.0773	0.00221	0.0267	0.0072
缩略语比例	0.0009	0.0012	0.0090	0.0039
名词比例	0.1671	0.0168	0.3245	0.0146
代词比例	0.0851	0.0144	0.0070	0.0026
助词比例	0.0843	0.0064	0.0675	0.0075

---

① 此表参照黄伟等的论文"汉语语体的计量特征在文本聚类中的应用"（《计算机工程与应用》2009 年第 45 期，P26）中的"两个样本中 16 个语言结构的分部数据"表格制作。

为了检验这些品词使用特征在区别口语体文章和新闻体文章时的有效性，黄伟等还使用包括这些品词特征在内的 16 个语言结构特征作为特征向量，利用统计学的聚类方法对来自"实话实说""新闻联播""北京新闻""鲁豫有约""人民日报"以及小说、学术论文等文体的 21 个文本进行了聚类分析。经过多次实验分析发现以名词、代词、副词、句首副词、句首名词为主的 7 个特征能够准确区分汉语的口语体和书面语体。

1.3.4 文体标志性词汇和功能词的使用习惯

所谓文体标志性词汇就是从某个作家的作品中抽取出来的其特别喜欢使用的，而别的作家一般不用的词汇。比如：小说《明朝那些事儿》中，作者特别喜欢使用"不靠谱"。据金明哲（2009）Mosteller 和 Wallace 等人 1964 年在研究 *The Federalist Papers*（《联邦党人文集》）时，从那些已经知道作者的文章中抽取了"upon、although、commonly"等词作为文体标志性词汇，用统计学上的贝叶斯定理和判别分析等方法，对那些作者存有争议的文章的作者进行了鉴别研究，得出了许多很有说服力的结论。

标志性词汇是作家的爱用语，它可以是和文章内容有关的词汇，也可以是和文章内容无关的词汇。如果一个作家特别喜欢使用而其他作家一般不怎么用，那么这种词汇有可能成为这个作家作品的标志。另外还有一种词汇，这些词汇不论哪个作家，也不论什么作品，都会大量使用。这些词汇和文章的内容无关，但是它们的使用习惯（如使用频率）却能够反映作家的写作风格。这种词汇的使用习惯，如果不是特别注意阅读和研究，仅凭读者的直感一般不容易发现其差别。但是其使用差别确实因人而异，如果对其进行精确测量，能够准确地计算出作家的写作风格的差别。诸如汉语中的"的、地、得"等语法功能词。这些词包括助词、介词、连词以及一些副词。

1962 年瑞典文史学家 Ellegard 试图利用功能词的使用习惯推断 *Junius Letters* 的作者。1987 年 Burrows 等用实验证明英语的"the、a、 of、and"等高频度功能词可以用来进行作家的鉴定和文章体裁的区分。1996年Tweedie等又以高频度功能词作为神经网络的输入变量进行了 *The Federalist Papers* 作者的识别研究。

  日语中使用频率最高的是助词和助动词。助词在文章中的使用率占到文章中品词比例的35%—40%，而且助词和助动词和文章的内容关系不大。据金明哲、村上征胜（2009），日本最早利用功能词进行作家文体研究的是韦泽。韦泽（1965）利用日语文言助词"にて、へ、して、ど、ばかり、しも、のみ、ころ、なむ、じ、ざる、つ、む、あるは、されど、しかれども、いと、いかに"的使用频率对日本江户时代的古典文学作品《由良物语》的作者问题进行了研究。由于助词在日语文章中具有很高的使用频率而且和文章内容无关，其使用习惯被认为是分析日语作家文体非常有效的特征。日本同志社大学教授金明哲利用助词的分布特征在对井上靖、中岛敦、三岛由纪夫的作品进行主成分分析时发现日语助词的分布特征比句长特征、动词分布特征都要有效。助词分布特征不仅对内容比较长的作品作者的推定十分有效外，对内容比较短的作品作者的分析也十分有效。金明哲（1997）利用助词的分布特征分析了6个人的日记，其中最短的一篇日记只有二三百字；2002年，又对平均只有1000字左右的大学生的作文进行了分析。两次都获得了95%—99%的作者判别精度。

  中国也有学者利用助词等与故事情节无关的功能词进行文学作品作者的鉴定研究。上海华东师范大学的陈大康提出用以下47个文言虚字可以进行《红楼梦》作者的推定研究：

之　其　或　亦　方　于　即　皆　因　仍　故　尚　乃　呀　吗　咧　啊　罢　么　呢　了　的　着　一　不　把　让　向　往　是　在　别　好　可　便　就　但　越　再　更　比　很　偏　儿　罢咧　罢了

  1987年上海复旦大学学者李贤平发表了名为《红楼梦成书新说》的论

文，论文中采用了陈大康提出的47个虚字作为特征向量，用主成分分析、聚类分析等多种统计手段对《红楼梦》的成书过程进行了分析，提出了《红楼梦》有多名作者的结论。1988年陈大康撰文认为李贤平的分析缺乏客观标准，因此结论不具可靠性（陈大康1988）。可见，李贤平的研究并不是十分成功。

李贤平的结论受到了质疑，笔者认为可能有两方面的原因。一是47个虚字在测量古典文学作品作者文体风格上是否有效；二是李贤平对统计方法的使用和解释是否合理。从论文来看，李贤平的问题可能主要出在第二点上。尽管如此，47个虚字的有效性还需进行进一步验证。为了证明47个文言虚字在区分古典小说作者上的有效性问题，笔者利用作者争论不多的两部清代小说《儿女英雄传》（文康著）、《儒林外史》（吴敬梓著）为对象，以这47个虚词中的44个虚字[①]使用频率（千分数）为文体特征进行了聚类分析。下图为44个虚字在《儒林外史》和《儿女英雄传》中的频率分布。

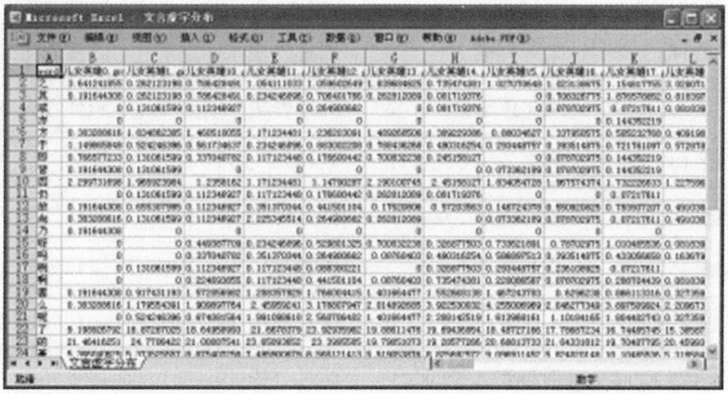

图 1.7 《儒林外史》和《儿女英雄传》中虚字频率

---

① 本研究主要是统计字频，而陈大康提出的47个虚字中含有两个二字词"罢咧、罢了"，为了避免统计标准的不一致，所以将这两个词剔除在外。

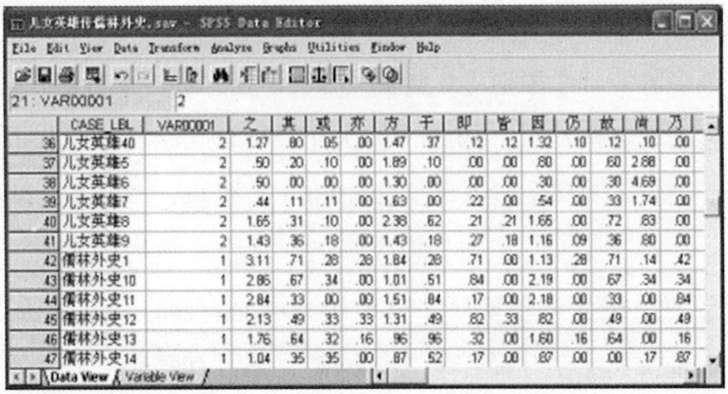

	CASE LBL	VAR00001	之	其	或	亦	方	于	即	皆	因	仍	故	尚	乃
36	儿女英雄40	2	1.27	.80	.05	.00	1.47	.37	.12	.12	1.32	.10	.12	.10	.00
37	儿女英雄5	2	.50	.20	.10	.00	1.89	.10	.00	.00	.80	.00	.60	2.88	.00
38	儿女英雄6	2	.50	.00	.00	.00	1.30	.00	.00	.00	.30	.00	.30	4.69	.00
39	儿女英雄7	2	.44	.11	.11	.00	1.63	.00	.22	.00	.54	.00	.33	1.74	.00
40	儿女英雄8	2	1.65	.31	.10	.00	2.38	.62	.21	.21	1.65	.00	.72	.83	.00
41	儿女英雄9	2	1.43	.36	.18	.00	1.43	.18	.27	.18	1.16	.09	.36	.80	.00
42	儒林外史1	1	3.11	.71	.28	.28	1.84	.28	.71	.00	1.13	.28	.71	.14	.42
43	儒林外史10	1	2.86	.67	.34	.00	1.01	.51	.84	.00	2.19	.00	.67	.34	.34
44	儒林外史11	1	2.84	.33	.00	.00	1.51	.84	.17	.00	2.18	.00	.33	.00	.84
45	儒林外史12	1	2.13	.49	.33	.33	1.31	.49	.82	.33	.82	.00	.49	.00	.49
46	儒林外史13	1	1.76	.64	.32	.16	.96	.96	.32	.00	1.60	.16	.64	.00	.16
47	儒林外史14	1	1.04	.35	.35	.00	.87	.52	.17	.00	.87	.00	.00	.17	.87

图 1.8　导入到 SPSS 中的虚字频率数据

我们利用上述 44 个文言虚字在《儿女英雄传》和《儒林外史》各回中的频率分布为特征对两部小说按章回为单位进行聚类分析，结果如下表。

表 1.4　《儿女英雄传》和《儒林外史》各回聚类分析结果

儿女英雄 0	2	儿女英雄 28	2	儒林外史 10	1	儒林外史 3	1
儿女英雄 1	2	儿女英雄 29	2	儒林外史 11	1	儒林外史 30	1
儿女英雄 10	2	儿女英雄 3	2	儒林外史 12	1	儒林外史 31	1
儿女英雄 11	2	儿女英雄 30	2	儒林外史 13	1	儒林外史 32	1
儿女英雄 12	2	儿女英雄 31	2	儒林外史 14	1	儒林外史 33	1
儿女英雄 13	2	儿女英雄 32	2	儒林外史 15	1	儒林外史 34	1
儿女英雄 14	2	儿女英雄 33	2	儒林外史 16	1	儒林外史 35	1
儿女英雄 15	2	儿女英雄 34	2	儒林外史 17	1	儒林外史 36	1
儿女英雄 16	2	儿女英雄 35	2	儒林外史 18	1	儒林外史 37	1
儿女英雄 17	2	儿女英雄 36	2	儒林外史 19	1	儒林外史 38	1
儿女英雄 18	2	儿女英雄 37	2	儒林外史 2	1	儒林外史 39	1
儿女英雄 19	2	儿女英雄 38	2	儒林外史 20	1	儒林外史 4	1
儿女英雄 2	2	儿女英雄 39	2	儒林外史 21	1	儒林外史 40	1

（续表）

儿女英雄20	2	儿女英雄4	2	儒林外史22	1	儒林外史41	1
儿女英雄21	2	儿女英雄40	2	儒林外史23	1	儒林外史42	1
儿女英雄22	2	儿女英雄5	2	儒林外史24	1	儒林外史43	1
儿女英雄23	2	儿女英雄6	2	儒林外史25	1	儒林外史5	1
儿女英雄24	2	儿女英雄7	2	儒林外史26	1	儒林外史6	1
儿女英雄25	2	儿女英雄8	2	儒林外史27	1	儒林外史7	1
儿女英雄26	2	儿女英雄9	2	儒林外史28	1	儒林外史8	1
儿女英雄27	2	儒林外史1	1	儒林外史29	1	儒林外史9	1

统计学中的聚类算法根据虚字的使用习惯，在两篇小说每一回后面自动添加类别标号，虚字使用习惯相同的类别标号是一样的。从上述结果我们看出，《儿女英雄传》的都归成了一类，其类别标号都是2；《儒林外史》的类别标号都是1。这说明《儒林外史》的作者对44个虚字的使用和《儿女英雄传》的作者存在使用习惯上的差别。由此我们可以清楚地看出，44个文言虚字的使用习惯可以作为古典文学作品作者写作特征的衡量指标。

1.3.5 词汇量的丰富程度

一个作家所掌握的词汇量是基本稳定的。而且词汇量是因人而异的，不同作家的词汇量不尽相同。这种特点反映在文章中就会表现为，词汇量丰富的作家其文章中不同词汇的数量和文章总词次之间的比例比较大，也就是我们常说的其文章表达丰富；相反如果一篇文章中，不同词汇的数量和文章总词次的比例很小，则我们觉得其词汇贫乏。由此可见，文章中词汇量的丰富程度也可以作为衡量作家写作特征的一个指标。文章中的词汇丰富程度，最简单而且直观的计算方法可以用以下公式求得：

$$TR = \frac{V(N)}{N} \quad \cdots\cdots\cdots\cdots\cdots\cdots\cdots\cdots\cdots\cdots\cdots\cdots\cdots\cdots\cdots\cdots 1.1$$

其中：V（N）为文章中不同词汇的数量，也就是我们所说的词汇量。N 表示文章中总的词次。

最早提出用词汇丰富程度衡量作家写作特征的是统计学家尤尔（Yule），他在 1944 年提出了用 K 值来衡量词汇丰富度。假设在词次为 N 的文章中，出现 i 次的单词数为 V(i, N)，那么尤尔认为 K 值就可以由以下公式给出：

$$K = 10^4 \frac{\sum_{i=1}^{N} V(i, N)i^2 - N}{N^2} \quad \cdots\cdots\cdots\cdots\cdots\cdots 1.2$$

为了能够精确统计作家词汇量的丰富程度，学者们还提出了许多测量词汇丰富程度的方法。根据日本学者金明哲、村上征胜调查，迄今为止学界提出的有关衡量学者词汇丰富程度的算法有十多种。金明哲、村上征胜在『文章の統計分析とは』中介绍了些算法。为了便于读者参考，笔者也在这里将其列举出来：

$$D = \sum_{i=1}^{V(N)} V(i, N) \frac{i}{N} \frac{i-1}{N-1} \quad \cdots\cdots\cdots\cdots\cdots\cdots 1.3$$

Simpson（1949）

$$Cs, t = \sum_{k=1}^{V(N)} (-\log pk)^s pk^t \quad \cdots\cdots\cdots\cdots\cdots\cdots 1.4$$

$$= \sum_{i=1}^{N} V(i, N)[-\log \frac{i}{N}]^s (\frac{i}{N})^t$$

Good（1953）

$$R = \frac{V(N)}{\sqrt{N}} \quad \cdots\cdots\cdots\cdots\cdots\cdots 1.5$$

Guirand（1954）

$$V_m = \sqrt{\sum_{i=1}^{V(N)} V(i, N)(\frac{i}{N})^2 - \frac{1}{V(N)}} \quad \cdots\cdots\cdots\cdots\cdots\cdots 1.6$$

Herdan（1958）

$$C = \frac{\log V(N)}{\log N} \quad \cdots\cdots 1.7$$

Herdan（1960）

$$a^2 = \frac{\log N - \log V(N)}{\log^2 N} \quad \cdots\cdots 1.8$$

Maas（1972）

$$S = \frac{V(2, N)}{V(N)} \quad \cdots\cdots 1.9$$

Sichel（1975，1986）

$$LN = \frac{1 - V(N)^2}{V(N)^2 \log N} \quad \cdots\cdots 1.10$$

Tuldava（1977）

$W = N^{V(N)^{-a}}$　a 为一常数，其取值范围为 0.165～0.172 …… 1.11

Brunet（1978）

$$k = \frac{\log V(N)}{\log(\log N)} \quad \cdots\cdots 1.12$$

$$U = \frac{\log^2 N}{\log N - \log V(N)}$$

Dugast（1978，1979）

$$H = 100 \frac{\log N}{1 - \frac{V(1, N)}{V(N)}} \quad \cdots\cdots 1.13$$

Honore（1979）

$V(N) = \dfrac{Z}{\log(Zp^*)} \dfrac{N}{N-Z} \log \dfrac{N}{Z}$ 这里 Z 表示词汇丰富度，

p^* 表示频率最大值。…… 1.14

Orlov（1983）

另据金明哲、村上征胜(2009)介绍,这些统计量大多和文章长度有关,只有 K 值和 Z 值基本不受文章长度影响,比较稳定,因此 K 值在文体测量中使用较多。

汉语由于自身的特点,词汇的丰富度调查比较复杂,但是可以用汉字的使用情况来替代词汇的使用情况。为了调查汉字的使用量和作家文体风格是否存在关系,笔者选取了我国现当代的 5 位作家的散文进行了调查。这 5 位作家分别是林语堂、沈从文、苏童、余秋雨、朱自清。每位作家的抽取的样本量(含标点)如下:

表1.5 五位作家作品的样本总体情况

	林语堂	沈从文	苏童	余秋雨	朱自清
总字数	55000	65600	69000	78300	87000
样本数	10	10	10	10	9

统计时我们只对汉字进行计数,标点符号排除在计数之外。具体情况如下表。

表1.6 五位作家作品样本量

五作家用字统计表										
样本	林语堂		沈从文		苏童		余秋雨		朱自清	
	总字数	不同字数	总字数	不同字数	总字数	不同字数	总字数	不同字数	总字数	不同字数
样本1	4112	846	4958	993	5142	882	5555	1083	8435	1326
样本2	4682	905	5304	966	5558	880	10678	1483	6128	1163
样本3	4454	902	5246	933	4626	827	4383	973	8554	1175
样本4	7336	1249	5502	1087	5465	914	9402	1412	7705	1031
样本5	5046	914	5952	1206	5496	944	4075	941	9920	1206
样本6	3580	937	5317	1108	4845	688	8489	1393	7763	1284

（续表）

样本 7	4257	842	4869	1110	5288	889	5178	1046	7500	1171
样本 8	4749	899	7030	1184	5314	930	7937	1234	7891	1148
样本 9	5513	932	4238	1029	5339	911	4704	1078	7678	775
样本 10	3802	886	6477	1036	5018	866	8725	1343		

根据上表我们按照公式 $R=\dfrac{V(N)}{N}$，计算每个作家的每一个样本的用字丰富程度，见下表：

表 1.7　五位作家用字量

	林语堂	沈从文	苏童	余秋雨	朱自清
样本 1	0.2057	0.200282	0.1715	0.194959	0.1572
样本 2	0.1933	0.182127	0.1583	0.138884	0.18978
样本 3	0.2025	0.17785	0.1788	0.221994	0.13736
样本 4	0.1703	0.197565	0.1672	0.150181	0.13381
样本 5	0.1811	0.202621	0.1718	0.23092	0.12157
样本 6	0.2617	0.208388	0.142	0.164095	0.1654
样本 7	0.1978	0.227973	0.1681	0.202008	0.15613
样本 8	0.1893	0.168421	0.175	0.155474	0.14548
样本 9	0.1691	0.242803	0.1706	0.229167	0.10094
样本 10	0.233	0.159951	0.1726	0.153926	
TR 平均	0.2004	0.196798	0.1676	0.184161	0.1453

由上述结果我们可以看出，各位作家的平均用字丰富程度是各不相同的，其中林语堂和朱自清的差距最大。虽然我们能够从这么多样本中看出每一位作家的用字的情况，但是如果涉及判断哪一个样本属于哪位作家的

问题时，汉字的 TR 值仍然稍显粗糙。从上表我们可以看到，有些样本虽然作家不同但是其汉字 TR 值却十分接近，这样的文章的归属问题我们很难依据汉字的 TR 值做出正确的判断。从总字数和不同字数的散点图也可以看出这一点。

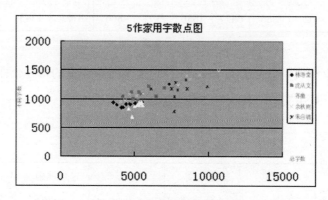

图 1.9　五位作家用字散点图

图中不同作家的作品都交织在一起，这些样本之间没有清晰的界限。如果这些样本的所属事先是未知的，那么凭这样的散点图我们没有办法区分出哪些样本是哪一个作家的。由此可见，利用汉字 TR 值进行文体的计量研究还有很长的路要走。这里要解决的最主要的课题就是，样本容量达到什么程度时，TR 值才能够趋于稳定。只有 TR 趋于稳定才能够将其运用到文体测量的实践中。然而当所需样本容量过大时又会带来一个新的问题，那就是 TR 值虽然趋于稳定，但是小样本的测量却无法进行。

1.3.6 N-GRAM 的分布情况

所谓 N-GRAM 是指语言中相邻的 N 个特定语言单位所组成的字符串。这些语言单位可以是音素、字、词等。N-Gram 是计算机语言处理中最常用、最基本的语言概率模型。其基本思想是语言中某一现象的发生只和其前面 N-1 个现象有关。由于我们可以从大规模语料库中统计 N-GRAM 的频率，根据贝叶斯定理就可以对某一语言现象发生的概率进行预测，因此

N-GRAM 在自然语言处理的分词、语音识别等技术中得到了广泛的应用。

理论上，N-GRAM 的 N 越大，对未知语言现象的预测越精确。但是，由于 N 每增加 1，N-GRAM 的数量将会以指数倍增长，考虑到计算和统计的规模，通常使用最多的是 1-GRAM（UNIGRAM）、2-GRAM（BIGRAM）、3-GRAM（TRIGRAM）。下面以鲁迅先生的名言为例，具体说明 N-GRAM 的含义。

希望本是无所谓有，无所谓无的。这正如地上的路；其实地上本没有路，走的人多了，也便成了路。

我们以字为单位进行 N-GRAM 抽取时，这句话的 1-GRAM、2-GRAM、3-GRAM 分别如下：

1-GRAM：

希 望 本 是 无 所 谓 有 ， 无 所 谓 无 的 。这 正 如 地 上 的 路 ； 其 实 地 上 本 没 有 路 ， 走 的 人 多 了 ， 也 便 成 了 路 。

2-GRAM：

希望 望本 本是 是无 无所 所谓 谓有 有， ，无 无所 所谓 谓无 无的 的。 。这 这正 正如 如地 地上 上的 的路 路； ；其 其实 实地 地上 上本 本没 没有 有路 路， ，走 走的 的人 人多 多了 了， ，也 也便 便成 成了 了路 路。

3-GRAM：

希望本 望本是 本是无 是无所 无所谓 所谓有 谓有， 有，无 ，无所 无所谓 所谓无 谓无的 无的。 的。这 。这正 这正如 正如地 如地上 地上的 上的路 的路； 路；其 ；其实 其实地 实地上 地上本 上本没 本没有 没有路 有路， 路，走 ，走的 走的人 的人多 人多了 多了， 了，也 ，也便 也便成 便成了 成了路 了路。

由此例可以看出，以单字为单位进行 N-GRAM 抽取时，1-gram 实际上就是单字，2-GRAM 为相邻的两个汉字的组合，3-GRAM 就是相邻 3 个汉字的组合。

由于 N-GRAM 是相邻的特定的语言单位的组合，这种组合虽然具有概率意义，但是一般不具有语言学意义，因此其使用的情况也可能反映作家的文体特征。据日本学者金明哲、村上征胜（2009）介绍，最早使用 N-GRAM 分布特征作为文体特征进行作者身份研究的是 Fucks。20 世纪 90 年代 Kjell、Hoorn 分别用 2-GRAM 和 3-GRAM 尝试文献作者的鉴定。金明哲利用日语助词的 N-gram 进行文献作者的鉴定时收到了很好的效果。另外，日本学者山田崇仁 (2004) 利用 N-GRAM 对我国先秦时期诸子百家留下的历史文献的成书年代进行了探索。石井公成 (2002)、师茂树 (2002) 等学者用同样的方法对佛教经典的真伪进行了研究。

为了检验 N-GRAM 在汉语文章作者鉴别上的有效性问题，笔者分别利用 1-GRAM 和 2-GRAM 对作家池莉、韩少功的 100 万字的作品进行了聚类分析。在进行 N-GRAM 特征抽取时，我们以在参加聚类的 19 部作品中均出现的 1-GRAM 和 2-GRAM 作为文本的特征向量。其结果如下表。

表 1.8　池莉、韩少功作品样本聚类情况

1-GRAM 聚类结果		2-GRAM 聚类结果		1-GRAM 聚类结果		2-GRAM 聚类结果	
作者	聚类结果	作者	聚类结果	作者	聚类结果	作者	聚类结果
池莉1	1	池莉1	1	池莉9	2	韩少功3	2
池莉3	1	池莉2	1	韩少功10	2	韩少功4	2
池莉5	1	池莉3	1	韩少功3	2	韩少功5	2
池莉7	1	池莉4	1	韩少功4	2	韩少功6	2
韩少功2	1	池莉5	1	韩少功7	2	韩少功7	2
韩少功1	2	池莉6	1	韩少功8	2	韩少功8	2

（续表）

韩少功5	2	池莉7	1	韩少功9	2	韩少功9	2
韩少功6	2	池莉8	1	1类查全率	78%		100%
池莉2	1	池莉9	1	2类查全率	90%		90%
池莉6	1	韩少功1	2	1类准确率	88%		90%
池莉8	1	韩少功10	1	2类准确率	82%		90%
池莉4	2	韩少功2	2				

表中准确率是指聚类结果中，被分为某一类的作品总数和分类正确的作品数的比例。比如，2-GRAM聚类栏中被标注1的类别中共有10个作品，但是其中池莉的作品只有9个，有一个不是池莉的，因此类别1的正确率为9/10=90%；查全率是指参加聚类分析的作家作品总数和被正确分类的作品数的比例。比如，2-GRAM栏中，参加聚类分析的池莉的作品数为9，而被分到类别1中的池莉作品数为9，所以池莉作品的查全率为9/9=100%；而韩少功作品的查全率为9/10=90%。

从这两个作家作品的聚类结果看，以参加聚类分析的文本中均出现的1-GRAM和2-GRAM作为特征向量进行作家的聚类分析时，其准确率和查全率均比较高，而2-GRAM的性能更好。

1.3.7 汉语标点符号的使用规律和作者的文体风格

英语和日语在句子形态上是有非常明显的不同特征的。比如，日语中表示情态的一些成分出现后就标志着一个句子的结束。通常"だろう、でしょう、か、ね"等助词、助动词以及用言的终止形式出现后，往往意味着一个句子结束了，这时就应该点句号。由此可见，日语中句号的使用是有一定规律可循的，也就是说遵循着一定的语法规则。但是日语的句子有些时候很长，句子结束前在句子中间也可以用顿号进行句子中间的停顿，这种停顿既有一定的规律性，又与作家的习惯有关。表现其规律性的一面是日语的顿号总是点在某一个助词的后面，而究竟点在那个助词后面是因人而异的，没有规律可循。有些作家喜欢在某一个特定的助词后面点顿号，而另外一个作家则喜欢在另一个助词后面进行句中停顿。金明哲认为这种没有规律、因作家而异的句中顿号的标点方法后面可能隐藏着作家的写作特征。金明哲（1994）从顿号与其前面的助词的组合、顿号与其前面的单词的词性的组合，以及顿号之间的间隔文节的数量三个角度对日本作家井上靖、三岛由纪夫、中岛敦的 21 部作品进行了统计分析。结果发现，顿号与其前面助词的组合在不同作家作品间差异很大，而这些特征在同一作家作品群内则差别很小。三种特征中顿号和助词的组合最能够反映作家的文体特征。而顿号的文节间隔数分布不能够有效区分不同作家的作品。顿号和词性的组合介于两者之间。日语助词和顿号的组合分布能够有效反映作家风格特征的特性在使用主成分分析法进行分析时得到了进一步证实。

　　汉语和英语、日语不一样，其最突出的一个特点就是缺乏形态上的特征，因此汉语的句子从形式上很难把握和界定。汉语文章中的句子，其标志不一定就是"。"，因此，用以"。"为标志的句子长度的分布衡量汉语作家的文体特征，不一定能够收到很好的效果。这一点在"句子长度"一节中得到了证明。但是汉语句子的断句确实是因人而异的，甚至可以认为是和作家的呼吸有关的。有的人喜欢使用长的句子，而有的人则喜欢使用短的句子。这里所说的句子是广义的，断句包括在句子中间使用除"。"以外的标点符号进行的停顿。但是，汉语又和日语不一样，汉语这种句中停顿发生在某些特定的虚词后面的情况不多，绝大多数情况是在实词的后面。实际上，我们通常使用两个标点符号之间的非标点字符的数量作为汉语文体特征的一个重要指标。我们称之为标点符号间隔距离。而这个指标对于区分现代汉语的文体特征非常有效。在本书后面的内容中我们将利用多种统计学的方法进行文体分析时所使用的一个重要指标就是这个标点符号间隔距离。

正如前文所述，计量文体学研究领域所使用的数学方法和理论是数学领域的课题，不是人文研究领域学者所擅长的。然而并不是说人文学者在这一领域毫无施展的余地。传统文体学的研究方法和研究成果，对计量文体学文体特征的分析和提取研究所发挥的作用是不可估量的。通常计量文体学研究所使用的数学方法和理论要获得突破和进展需要一定的周期。当计量文体学中所使用的数学方法和理论处于一个稳定期时，即在所能够利用的数学理论和方法不变的情况下，如何能够使文体的计量分析更加精确和科学，则取决于用于计量分析的文体特征的选择是否恰当，取决于这些文体特征是否能够真正反映作品的文体风格。前文介绍的几种常用文体特征指标，虽然在应用过程中有显著的效果，但是，也存在一些不足。另外，汉语又有其特殊性，特别是汉语古典文学作品的文体特征如何把握，我们在这一方面还有很长的路要走。因此，计量文体学也是人文学者大有作为的研究领域。

第二章　计量文体学相关重要统计学概念

　　计量文体学的所有工作都是建立在对作家、作品文体特征的量化基础上的。我们知道，作家的写作风格和写作特点直接表现为其对语言形式的选择。文体选择说认为，作家在写作的时候一直不断地在进行语言的选择，这种选择是靠作家的直觉进行的；没有选择就没有文体（刘世生等，2006）。所谓语言的选择就是作家喜欢使用什么样的表达方式、不喜欢选择什么样的词汇，在其写作过程中是有取舍的，而且这种取舍是作家在写作时不自觉地进行的。这种不自觉的、贯穿作家整个写作过程的对语言形式的取舍形成其区别于其他作家的独特的写作风格。所以说，作家的写作特征和风格首先表现为其独特的语言表达。

　　作家独特的语言表达有时是非常宏观的，而且可以让读者在阅读过程中很强烈地感受到其与其他作家的不同。比如有些作家特别喜欢用某些词，这些词几乎成了其作品的标志，以至于读者一读到这些文字就马上知道作家是哪一位。然而，一个作家区别于他人的独特的语言表达更多地表现在细微的地方，是微观的。而这些微观的特点，读者很难从宏观的角度进行把握。由于这些微观的特点是作者的写作习惯的流露，有时甚至连作家自己也不能够自觉。这种微观的、独特的写作特点虽然读者很难察觉，但是却真实存在，而且可能成为鉴别作家的重要证据。比如，我们在写作过程中对一些虚词的使用往往是因人而异的，特别是在一些可用可不用的地方，有的人喜欢用,有的人则很少用,这样就产生了不同作家在这些用词用字上的差别。这种习惯往往体现在用词的多少上,而不是体现在用与不用上。用和不用的差别通常很容易觉察,但是多与少的差别,一般凭直觉就不容易进行判断。利用同一语言表达出现次数多少的差别进行作家写作风格、作品文体的研究就需要对语言形式进行统计,并且在统计数据的基础上利用统计学的理论、方法进行分析。这一章对计量文体学中常用的统计学概念和理论进行介绍。

第一节 文体特征的频率、概率、条件概率

正如前文介绍的那样,一个作家写作风格从微观上区别于其他作家的重要特点主要体现在同一语言表达形式使用的多与少上。这种衡量语言表达形式使用的多与少,以及某一作家使用某一特定语言表达形式的可能性的大小,就要使用到频度、频率、概率等重要的统计量。

频率

概率论总是使用骰子来说明概率论最基本的概念:频度、频率、概率。以骰子为例确实能够清楚说明这几个概念之间的相互关系。我们常见的骰子通常都是正方体,有六个面,每一个面上分别标记着一至六个点。我们投骰子时,每一次总有一个面是朝上的,我们设定一个变量来代表每次抛掷所得到的骰子朝上那面的点数,这个变量的取值是根据每次抛掷骰子所出现的朝上的那一面的情况而定的,我们事先是无法预测的,是随机的,因此我们把这样的变量叫作**随机变量**。现在我们做一个试验,将一个质地均匀的骰子抛100次,观察1.2.3.4.5.6点出现的次数,这个次数就叫作每个点出现的**频度**或者**频数**。我们将每一个面出现的次数在100次试验中所占的比例叫作该面出现的**频率**。如下表:

表 2.1 骰子点数分布情况

点	1	2	3	4	5	6
频数	17	14	16	18	16	19
频率	17%	14%	16%	18%	16%	19%

假设我们做 N 次试验，其中某一事件 X 出现了 n_x 次，那么事件 X 出现的频率 $f_N(X)$ 就可以由以下公式得出：

$$f_N(X)= \frac{n_x}{N} \dotfill 2.1$$

概率

在上述实验中，我们对骰子作了 100 次抛掷，每一个面出现的次数各不一样，这与我们的感觉似乎不一样。通常我们的直感是，如果骰子的质地是均匀的，那么骰子每一个面出现的机会是一样的，也就是说他们出现的次数是相同的，因此在 100 次抛掷中每一面出现的次数应该是 100/6=16.666 次。但是上述结果却与我们的直感有一定的差距。

那么我们的直感到底对不对，什么时候才能够出现和我们直感一致的情况呢？为了说明这个问题有人用钱币做试验，观察钱币正面出现的情况，为了能够说明问题，这种试验往往要重复几千次。这样的试验看上去简单，但是大量的重复试验实际操作起来却非常复杂。过去由于受到技术条件的限制，只能够用这种原始的方法去验证一些概率论的规律。随着计算机技术的进步，我们现在可以用计算机模拟这样的试验。下面我们用 EXCEL 来模拟抛掷钱币的试验。试验分三组进行，每一组做 5 遍，第一组每遍抛掷 50 次；第二组每遍抛掷 500 次；第三组每遍抛掷 5000 次。我们观察每组正面出现的频率值。

EXCEL 中提供了随机数产生的方法，我们可以按照给定的随机数产生规则让计算机自动产生我们需要的随机数。如果我们将钱币的正面看成是 1，反面看成是 0；那么抛掷钱币观察其正反面出现的次数实际上就相当于看 1 和 0 出现的次数。因此，抛掷钱币的试验实际上就相当于让计算机自动随机产生 0 和 1；抛掷 10 次钱币，就等于让计算机自动产生 10 个 0 和 1。由于钱币是均质的，其正反面出现的机会是均等的，所以我们让计算机产生 0 和 1 时也必须使 0 和 1 出现的机会相等。EXCEL 模拟抛掷钱币的试验是由数据分析中的随机数发生器产生的。随机数发生器的参数设置如下图所示：

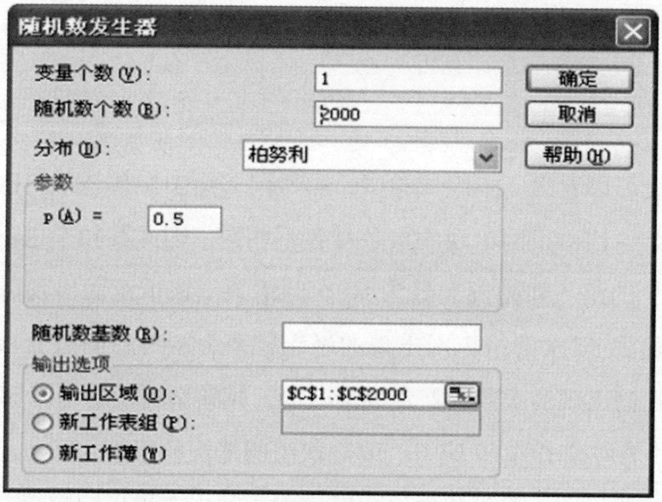

图 2.1　EXCEL 随机数发生器参数设置

由于我们考察一个钱币的情况，所以变量个数设为 1，随机数个数相当于我们抛掷次数，如果抛掷 100 次则随机数个数设为 100；分布是指抛掷钱币时正反面出现的规律，也就是 0 和 1 出现的规律。通常抛掷钱币的试验叫作柏努利试验，我们在分布栏中选择柏努利。参数 P（A）是指正面出现的可能性，一般均质的钱币其正面和反面出现的可能性是相等的，各为 0.5，因此这里选择 0.5。输出项是指每次抛掷钱币的动作，产生的结果（正面 1. 反面 0）在 EXCEL 表格中所保存的位置。下表为我们用计算机模拟 3 组抛掷钱币的结果：

表 2.2　计算机模拟抛掷钱币正反面出现情况

试验序号	50 次		500 次		5000 次	
	正面次数	频率	正面次数	频率	正面次数	频率
1	26	0.52	227	0.45	2445	0.49
2	22	0.44	259	0.52	2499	0.50
3	20	0.4	241	0.48	2496	0.50
4	23	0.46	254	0.51	2436	0.49
5	19	0.38	250	0.50	2514	0.50
平均	22	0.44	246.2	0.49	2478	0.50

从上表可以看出，三组试验中，虽然同一组中抛掷钱币的次数一样，但是同一组中钱币正面出现的次数却各不相同，因此其频率也不一样。抛掷次数较少的组（如抛掷次数为 50 次的组），钱币正面出现的次数差距比较大，抛掷 50 次的组正面出现的平均频率为 44%；而随着钱币抛掷次数增多，正面出现的次数的差距逐渐减少，其频率逐步稳定在 50% 左右，500 次组的平均频率为 49.24%；5000 次组的平均频率为 49.56%。

大量试验证明，抛掷钱币这样的试验，其正面出现的频率会随着试验次数的增多逐步稳定于某一个固定的值附近。这就是随机现象频率的稳定性。这个规律我们通过大量的统计就可以发现。这也是进行统计的意义之所在。我们直感上认为，抛掷质地均匀的钱币，其正面和反面出现的机会是一样的，也就是说其正面和反面出现的可能性各占 50%。而上述大量试验也证明，当试验次数足够大时，钱币正面出现的频率也逐渐稳定在 50% 左右。也就是说大量试验中频率趋于稳定的那个值可以衡量事件发生可能性大小。我们通常将这个值叫作事件发生的**概率**。这实际上也是概率的统计定义。通常事件 A 发生的概率记作 P（A）。

有一些现象，由于其出现的结果是有限的，比如投掷骰子，每一次投掷，骰子出现的点数总是在 1、2、3、4、5、6 这个范围内；投掷钱币时，每次结果总是正面或反面中的一个。而且根据我们的经验，只要骰子和钱币的质地是均匀的，那么每次投掷时，这些结果出现的可能性是一样的，因此我们可以计算出投掷骰子时，其某一点出现的概率为 1/6；投掷钱币时其正面和反面出现的概率为 1/2。但是，也有一些现象，其可能出现的结果是无限的，而且每一个结果出现的可能性并不相等，这样的现象我们就很难精确计算出其某一个结果出现的概率值。比如语言中词汇使用的概率；某一个作家使用某一长度句子的概率。这些现象的概率就需要用概率的统计定义来理解。

另外，投掷骰子时，其结果总是在 1、2、3、4、5、6 这六个数之中，也就是说随机变量的取值总是这六个数。这六个数是有限的，并且可以进行穷尽性列举的。像这样取值为有限个而且可以穷尽列举的随机变量我们称之为**离散型随机变量**。进行计量文体研究时所涉及的作家年龄等都属于离散型随机变量。还有一种情况就是，随机变量的可能取值不是有限的，而且不能够进行穷尽性列举，其取值范围可能是某两个实数之间的任意一个数。比如，人的身高等等。这样的随机变量我们将其称之为连续型随机变量。其实句子的长度也可以近似地看成是**连续型随机变量**。

条件概率

我们在上述描述频率和概率的过程中，有一个十分值得注意的现象就是，试验是独立进行的，也就是前面的试验结果不对后面的试验结果产生影响。比如我们投掷钱币时，假设我们第一次投掷出现的是正面，接着投掷第二次，第二次的结果是正面还是反面和第一次是没有关系的。这叫作事件独立性。但是，日常生活中两个事件的发生不可能都是互不相关的，有时他们是互为因果关系的。比如我们写文章时，当用了"虽然"这个词，那么其后面的行文中出现"但是"的可能性就会很高。也就是说，汉语文章中"但是"出现的概率和其前文中有没有出现"虽然"有很大关系。如果我们要计算"虽然"出现的情况下，"但是"出现的概率，就叫作"虽然"

发生的条件下"但是"发生的条件概率。通常事件 A 发生的条件下 B 发生的条件概率可记作 P（B|A）。上述，"虽然"发生的条件下"但是"发生的条件概率就记为 P（但是|虽然）。

和概率的计算一样，有些现象的条件概率是可以精确计算的。比如：我们在一只箱子里面放 5 只白球和 5 只黑球，将其摇均匀。然后，从其中摸取一只，并且不放回去，再从剩下的 9 只中摸取一只。问如果已知第一只球是白色的条件下，摸取第二只球是黑色的概率是多少？这就是条件概率，而且可以精确计算出来，P（黑|白）=1/9。

但是，有很多现象的条件概率是不能够精确计算的。比如上述"虽然"出现的条件下"但是"出现的条件概率 P（但是|虽然）。这就需要运用概率的统计定义去分析统计。因为根据概率的统计定义，在多次试验中某一事件发生的频率会稳定在概率附近，因此，我们可以从大量的语料中进行统计，在统计的基础上得出 P（但是|虽然）的值。

概率的乘法公式

另外，当我们知道 A、B 两个事件同时发生的概率 P（AB）和某一个事件 A 单独发生的概率 P（A），那么我们就可以利用下面的公式计算事件 A 发生的条件下，事件 B 发生的条件概率 P（B|A）：

$$P(B/A)=\frac{P(AB)}{P(A)} \quad \cdots\cdots 2.2$$

这也是条件概率的定义。根据条件概率的这一定义，我们可以得出以下重要公式：

$$P(AB)=P(B|A)P(A) \quad \cdots\cdots 2.3$$

$$P(AB)=P(A|B)P(B) \quad \cdots\cdots 2.4$$

$$P(ABC)=P(A)P(B|A)P(C|AB) \quad \cdots\cdots 2.5$$

推而广之，有以下公式成立：

$$P(A_1A_2A_3\cdots A_n)=P(A_1)P(A_2|A_1)P(A_3|A_1A_2)P(A_n|A_1\cdots A_{n-1}) \quad \cdots\cdots 2.6$$

这就是概率论中应用非常广泛的**乘法公式**。在语言研究中由于经常需要计算相邻的字和词同时发生的概率或者某个字（词）出现的情况下另外一个字（词）出现的概率，乘法公式就会发挥重要的作用。

第二节 文体特征的平均值、中位数、众数

我们进行文体研究时，为了区别、比较几个作家的用词习惯或者句子长度，最直观也是经常被人们自觉或者不自觉地运用的一个数值就是平均值。如果两个作家对某一个词汇的平均使用次数，或者他们的平均句子长度差别很大，我们就可以认为这两位作家在用词和句子长度上是具有各自的特点的。

平均值在统计学上叫**数学期望**，代表一种现象的平均取值水平。平均值通常用来进行团体之间水平差异的比较。比如我们如果想知道两个班学生学习成绩的好坏，通常会将两个班学生的平均成绩放在一起进行比较。这是最便捷、也是最直接的一种比较方法。平均值在统计学上还有更重要的作用。这在以后还将进行介绍。

平均值的求法通常是将统计到的所有的观察值加在一起，再除以观察值的个数即可。我们以鲁迅先生的《拿来主义》为例，统计鲁迅先生标点符号之间的间隔距离（以汉字为单位，标点符号算作一个汉字），以及每一种距离出现的次数。下表为统计结果：

表2.3 《拿来主义》标点间隔距离分布情况

间隔距离	1	2	3	4	5	6	7	8	9
频数	14	4	33	23	30	13	17	21	8
频率 $f(x)$	0.09	0.02	0.2	0.141	0.184	0.08	0.104	0.13	0.05

（续表）

间隔距离	10	11	12	13	15	16	17	22	
频数	13	13	5	4	1	2	2	1	
频率 f(x)	0.08	0.08	0.03	0.025	0.006	0.012	0.012	0.006	

为了叙述方便，我们设《拿来主义》中鲁迅标点符号之间的间隔距离为随机变量 X，平均间隔距离为 E（X），那么，

E（X）=（1*14+2*4+3*33+4*23+5*30+6*13+7*17+8*21+9*8+10*13
+11*13+12*5+13*4+15*1+16*2+17*2+22*1）/（14+4+33+23+30+13+17+21+8+13+13+5+4+1+2+2+1）

≈ 6.3137

或者，所有的间隔距离与其出现的频率的积的和，即，

E（X）=1*0.09+2*0.02+3*0.2+4*0.141+5*0.184+6*0.08+7*0.104+8*0.13+9*0.05+10*0.08+11*0.08+12*0.03+13*0.025+15*0.006+16*0.012+17*0.012+22*0.006 ≈ 6.3137.

实际上统计学上的数学期望的定义和上述平均值的第二种求法是一致的。即，如果随机变量 X=x_i 时的概率为 p_i，则

$$E(x)=\sum_{i=1}^{n} x_i p_i \quad\quad\quad\quad\quad\quad\quad\quad\quad\quad\quad 2.7$$

中位数

平均值常常用来比较两组数据差异，但是有时候两组数据的差异并不能够在平均值上反映出来。平均值常常不能够反映一组数据的真实情况。在统计一个地区的家庭收入时，如果这个地区贫富分化非常大，少数富豪掌握了绝大多数财富，而绝大多数普通家庭收入只占整个地区收入的一小部分，这时有可能整个地区收入的平均值很高，但是整个地区绝大多数人的家庭收入却很低，所以这时就不能够因为家庭收入平均值很高就可以认为这个地区的家庭就很富裕。

在文体风格的描述上也存在类似情况。比如一个作家的断句没有太大的规律性，有时很长，有时很短；而另一个作家在标点符号的使用上却很有规律，标点符号的间隔距离比较平均。假如这两个作家标点符号使用的平均间隔距离恰好相等，由于上述情况的存在，我们是不能因为其平均值相等就认为他们在断句的习惯上是一致的。这一点我们可以用下面学生成绩的例子来进行说明。

比如下面是两个组学生的数学成绩：

第一组　43　56　58　60　68　71　71　98　100　100
第二组　64　65　70　70　72　73　75　75　81　85

根据平均值的计算方法，我们可以计算得到第一组数据的平均值为72.5；第二组数据的平均值为73。从这两组数据的平均值来看，两组学生的成绩差距不大。但是我们仔细观察两组成绩的具体情况时发现，第一组成绩的平均值虽然有72.5，然而里面60分以下的有三名，两极分化比较严重，大部分成绩不如第二组。而第二组虽然没有第一组那样的高分，但是成绩比较均衡，整体上要明显好于第一组。由此可以看出，像这样的情况仅仅依靠平均并不能够准确判断两组数据的差距。为了克服平均值的这种局限性，统计学上常用中位数来解决。所谓中位数（median），就是将数字按照大小顺序进行排列，取其处于中间位置的那个数字作为一组数据的代表值。

中位数的计算方法分两种情况，第一种情况是当一组数据有奇数个时，取其处于中间位置的那个数字。如：6、7、8、9、10这组数据，处于中间位置的数字为第三个8，那么8就是这组数据的中位数。第二种情况是当一组数据有偶数个时，取其中间两个数据的平均值。如上述学生成绩的第一组数据的中位数为$\frac{68+71}{2}$=69.5；而第二组数据的中位数为$\frac{73+72}{2}$=72.5。

就这两组数据看，中位数比平均值更能够反映两组数据的实际情况。

统计学上除了常用均值、中位数来作为一组数据的代表值外,还用到众数等概念。

下面介绍利用均值和中位数进行作家文体分析的方法。在我国现代作家中,鲁迅和瞿秋白的写作风格比较接近,有人甚至认为瞿秋白和鲁迅的杂文可以以假乱真(彭蕴辉,1992)。这里以鲁迅的《拿来主义》和瞿秋白的《关于女人》为例,考察鲁迅和瞿秋白标点符号间隔距离的平均值和中位数的差距。

拿来主义

鲁迅

中国一向是所谓"闭关主义",自己不去,别人也不许来。

自从给枪炮打破了大门之后,又碰了一串钉子,到现在,成了什么都是"送去主义"了。别的且不说罢,单是学艺上的东西,近来就先送一批古董到巴黎去展览,但终"不知后事如何";还有几位"大师"们捧着几张古画和新画,在欧洲各国一路的挂过去,叫作"发扬国光"。听说不远还要送梅兰芳博士到苏联去,以催进"象征主义",此后是顺便到欧洲传道。我在这里不想讨论梅博士演艺和象征主义的关系,总之,活人替代了古董,我敢说,也可以算得显出一点进步了。

但我们没有人根据了"礼尚往来"的仪节,说道:拿来!

当然,能够只是送出去,也不算坏事情,一者见得丰富,二者见得大度。尼采就自诩过他是太阳,光热无穷,只是给与,不想取得。然而尼采究竟不是太阳,他发了疯。中国也不是,虽然有人说,掘起地下的煤来,就足够全世界几百年之用,但是,几百年之后呢?几百年之后,我们当然是化为魂灵,或上天堂,或落了地狱,但我们的子孙是在的,所以还应该给他们留下一点礼品。要不然,则当佳节大典之际,他们拿不出东西来,只好磕头贺喜,讨一点残羹冷炙做奖赏。

这种奖赏,不要误解为"抛来"的东西,这是"抛给"的,说得冠冕些,可以称之为"送来",我在这里不想举出实例。

我在这里也并不想对于"送去"再说什么,否则太不"摩登"了。我只想鼓吹我们再吝啬一点,"送去"之外,还得"拿来",是为"拿来主义"。

但我们被"送来"的东西吓怕了。先有英国的鸦片,德国的废枪炮,后有法国的香粉,美国的电影,日本的印着"完全国货"的各种小东西。于是连清醒的青年们,也对于洋货发生了恐怖。其实,这正是因为那是"送来"的,而不是"拿来"的缘故。

所以我们要运用脑髓,放出眼光,自己来拿!

譬如罢,我们之中的一个穷青年,因为祖上的阴功(姑且让我这么说说罢),得了一所大宅子,且不问他是骗来的,抢来的,或合法继承的,或是做了女婿换来的。那么,怎么办呢?我想,首先是不管三七二十一,"拿来"!但是,如果反对这宅子的旧主人,怕给他的东西染污了,徘徊不敢走进门,是孱头;勃然大怒,放一把火烧光,算是保存自己的清白,则是昏蛋。不过因为原是羡慕这宅子的旧主人的,而这回接受一切,欣欣然的蹩进卧室,大吸剩下的鸦片,那当然更是废物。"拿来主义"者是全不这样的。

他占有,挑选。看见鱼翅,并不就抛在路上以显其"平民化",只要有养料,也和朋友们像萝卜白菜一样的吃掉,只不用它来宴大宾;看见鸦片,也不当众摔在毛厕里,以见其彻底革命,只送到药房里去,以供治病之用,却不弄"出售存膏,售完即止"的玄虚。只有烟枪和烟灯,虽然形式和印度,波斯,阿拉伯的烟具都不同,确可以算是一种国粹,倘使背着周游世界,一定会有人看,但我想,除了送一点进博物馆之外,其余的是大可以毁掉的了。

还有一群姨太太,也大以请她们各自走散为是,要不然,"拿来主义"怕未免有些危机。

总之,我们要拿来。我们要或使用,或存放,或毁灭。那么,主人是新主人，宅子也就会成为新宅子。然而首先要这人沉着，勇猛，有辨别，不自私。没有拿来的，人不能自成为新人，没有拿来的，文艺不能自成为新文艺。

六月四日。

关于女人

瞿秋白

国难期间女人似乎也特别受难些。一些正人君子责备女人爱奢侈，不肯光顾国货。就是跳舞，肉感等等，凡是和女性有关的，都成了罪状。仿佛男人都成了苦行和尚，女人都进了修道院，国难就得救了似的。

其实那不是她的罪状，正是她的可怜。这社会制度，把她挤成了各种各式的奴隶，还要把种种罪名加在她头上。西汉末年，女人的眉毛画得歪歪斜斜，也说是败亡的预兆。其实亡汉的何尝是女人！总之，只要看有人出来唉声叹气的不满意女人，我们就知道高等阶级的地位有些不妙了。

奢侈和淫靡只是一种社会崩溃腐化的现象，决不是原因。私有制度的社会本来把女人也当做私产，当做商品。一切国家，一切宗教，都有许多稀奇古怪的规条，把女人当做什么不吉利的动物，威吓她，要她奴隶般的服从；同时又要她做高等阶级的玩具。正像正人君子骂女人奢侈，板着面孔维持风化，而同时正在偷偷地欣赏肉感的大腿文化。

阿拉伯一个古诗人说："地上的天堂是在圣贤的经典里，在马背上，在女人的胸脯上。"这句话倒是老实的供状。

自然，各种各式的卖淫总有女人的份。然而买卖是双方的。没有买淫的嫖男，那里会有卖淫的娼女。所以问题还在卖淫的社会根源。这根源存在一天，淫靡和奢侈就一天不会消灭。女人的奢侈是怎么回事？男人是私有主，女人自己也不过是男人的所有品。她也许因此而变成了"败家精"。她爱惜家财的心要比较的差些。而现在，卖淫的机会那么多，家庭里的女人直觉地感觉到自己地位的危险。民国初年就听说上海的时髦总是从长三堂子传到姨太太之流，从姨太太之流再传到少奶奶，太太，小姐。这些"人家人"要和娼妓竞争——极大多数是不自觉的，——自然，她们就要竭力的修饰自己的身体，修饰拉得住男子的心的一切。这修饰的代价是很贵的，而且一天天的贵起来，不但是物质的代价，还有精神上的代价。

美国的一个百万富翁说："我们不怕……我们的老婆就要使我们破产，较工人来没收我们的财产要早得多呢，工人他们是来不及的了。"而中国也许是为着要使工人"来不及"，所以高等华人的男女这样赶紧的浪费着，享用着，畅快着，哪里还管得到国货不国货，风化不风化。然而口头上是必须维持风化，提倡节俭的。

一九三三年四月十一日

首先，我们分别统计《拿来主义》和《关于女人》两篇杂文中标点符号的间隔距离。结果如下表：

表 2.4 《拿来主义》和《关于女人》中标点距离出现情况

标点间隔 X	关于女人		拿来主义	
	频度 F	频率 P	频度 F	频率 P
1	6	0.064	14	0.069
2	0	0	4	0.020
3	6	0.064	33	0.162
4	8	0.085	23	0.113
5	7	0.074	30	0.147
6	5	0.053	13	0.064
7	3	0.032	17	0.083
8	3	0.032	21	0.103
9	11	0.117	8	0.039

（续表）

标点间隔 X	关于女人		拿来主义	
	频度 F	频率 P	频度 F	频率 P
10	6	0.064	13	0.064
11	6	0.064	13	0.064
12	5	0.053	5	0.025
13	7	0.074	4	0.020
14	7	0.074	0	0
15	3	0.032	1	0.005
16	1	0.011	2	0.010
17	2	0.021	2	0.010
18	6	0.064	0	0
19	1	0.011	0	0
20	1	0.011	0	0
22	0	0	1	0.005

根据以上统计结果，鲁迅《拿来主义》标点符号的平均间隔距离为，

$$E(X)= \sum_{i=1}^{22} 标点间隔 X_i \times 拿来主义频率 P_i = 6.31$$

瞿秋白《关于女人》标点符号间隔距离为，

$$E(X)= \sum_{i=1}^{22} 标点间隔 X_i \times 关于女人频率 P_i = 9.38$$

从上述标点符号间隔距离的平均值来看，鲁迅的《拿来主义》和瞿秋白的《关于女人》还是有比较大的差别的。至于这两篇杂文的标点符号间隔距离的平均值是否就能够代表鲁迅和瞿秋白所有作品标点间隔的特点，这两个平均值的差距是否能够说明反映在标点间隔距离上的鲁迅和瞿秋白写作风格的差别，还需要用统计学上的更深的理论和方法进行分析。这些

理论和方法将在本书的后面的章节里面进行详细阐述。

下面介绍这两篇杂文标点符号间隔距离的中位数的算法。根据中位数的定义，计算中位数时需要对所有数据按照大小进行排序，然后取中间位置的一个值（总数为奇数时），或者中间位置的两个值的平均值（总数为偶数时）。在我们将每一个数值及其频度都已经统计出来的情况下，再进行所有数据的排序比较复杂，而且是不必要的。由于我们已经得出了每一个间隔长度所出现的频度，并且已经将其按照间隔长度的大小进行了排序，这时的中位数计算方法可以用累计频度为总标点数 1/2 位置上的标点间隔长度作为标点间隔距离的中位数。上例中，瞿秋白的《关于女人》标点总数为 94，其 1/2 为 47，标点间隔长度的累计频度为 47 位置上的标点间隔长度为 9，因此，《关于女人》的标点符号间隔长度的中位数为 9；同样道理，鲁迅的《拿来主义》的标点符号间隔长度的中位数为 5。具体情况参见下表。

表 2.5 两部作品标点距离的累计频度

标点间隔 X	关于女人		拿来主义	
	频度 F	累计频度	频度 F	累计频度
1	6	6	14	14
2	0	6	4	18
3	6	12	33	51
4	8	20	23	74
5	7	27	30	104
6	5	32	13	117
7	3	35	17	134
8	3	38	21	155
9	11	49	8	163
10	6	55	13	176
11	6	61	13	189

（续表）

标点间隔 X	关于女人		拿来主义	
	频度 F	累计频度	频度 F	累计频度
12	5	66	5	194
13	7	73	4	198
14	7	80	0	198
15	3	83	1	199
16	1	84	2	201
17	2	86	2	203
18	6	92	0	203
19	1	93	0	203
20	1	94	0	203
22	0	94	1	204

众数

顾名思义，众数就是在获得的一组数据中出现次数最高的那个数据。在根据上述统计结果，瞿秋白的《关于女人》中的标点符号间隔距离为 9 的情况出现了 11 次，是所有的数据中出现次数最多的；而鲁迅的《拿来主义》中间隔距离为 3 的情况出现次数最多为 33 次。根据众数我们可以得到一个基本的印象，就是瞿秋白《关于女人》中句子的长度要比鲁迅的《拿来主义》要长，这也是瞿秋白和鲁迅写作风格的体现。

第三节 文体特征的方差、标准差

任何一个人，在写文章时都不可能等距离地断句。也就是说同一个人的作品的标点符号的间隔距离不可能是很平均的，换句话说，即便是同一个作家,其作品中的句子是不可能一样长的。上述平均值、中位数、众数等指标虽然可以利用一个代表性的数值来衡量某一个人的句子长度,但是都是很粗糙的。我们不能够仅仅因为其句子的平均长度一样就判断某两个作品出自同一人之手。因为句子的平均长度可能出现一样的情况,但是每一位作家的断句情况可能是不一样的。所谓的断句情况,就是每一位作家进行写作时,相隔多长距离点一次标点符号。这种间隔距离即便在同一篇文章中也会出现多种不同情况,而且每种情况出现的次数也是不一样的。从上述鲁迅和瞿秋白的例子中我们可以看出,鲁迅的《拿来主义》中,有时隔1个汉字点一个标点,有时隔3个汉字点一个标点,有时隔20多个汉字点一个标点。瞿秋白的《关于女人》也是这样的。但是,有一点是值得注意的,就是《关于女人》和《拿来主义》中每种情况出现的次数是不一样的。比如,两篇文章中都有标点符号间隔距离为3的情况,但是《关于女人》中只出现了6次,其频率仅为6.38%;而《拿来主义》中却出现了33次,其频率为16.17%。这种标点符号间隔距离及其出现的概率的关系在概率统计上叫作标点符号间隔距离的**分布**。

从上面我们可以看到,每一个作家的作品其断句均有许多不同的情况。瞿秋白的《关于女人》总共出现了20种断句情况,即20种不同的标点符号间隔距离;鲁迅的《拿来主义》出现了18种。而且这多种情况出现的次数各不相同,这种不同反映了作家断句长度的起伏,因此也反映了作家在断句上所流露出的自己特有的写作风格。有的作家虽然断句情况有起伏,但是起伏不大,也就是说其断句长度相对平均;而有的作家却在断句上会有很大的起伏。**方差**就是描述这种起伏大小的统计量。

统计学上对方差的解释,更加能够帮助我们理解方差的意义。比如,我们要建设一个国富民强的国家,不但居民平均收入要高,而且贫富差距不能过大。如果富人很富,而穷人很穷,虽然财富的平均值很高,但是贫富差距太大,就算不上真正意义上的国富民强。我们需要的是财富平均值很高,而且每个家庭的收入又不能偏离这个平均值太远,这样才算是达到共同富裕的目标。还比如,我们生产一种产品,要确保产品质量,我们不但要使产品的平均指标达到标准要求,而且还需要每个产品的质量指标不能够偏离平均标准太远,即产品的质量差异不能够太大,这样才能够保证产品质量的稳定。再比如,衡量一个班级某一科成绩整体情况时,我们不但需要考查该科成绩的平均成绩,而且还需要考查学生和学生之间该科成绩的差距,如果平均成绩很高,而且每个学生的成绩之间的差距不大,我们就可以认为这个班整体成绩比较好。衡量贫富差距的大小、产品质量是否稳定、班级整体学习成绩的好坏就可以用方差。

根据上述描述,我们可以知道方差可以衡量一组数据的差异性程度或者是分散程度。实际上,我们可以用所得到的一组数据中每个数据偏离这组数据的平均值距离来衡量数据的这种分散程度。一个大家最容易理解的方法就是用这组数据中所有数据偏离这组数据的平均值的距离的平均值来衡量。假设代表这组数据的随机变量为 X,根据平均值的计算方法,这组数据的平均值就是 E(X),那么随机变量偏离平均值距离的平均值就是:

$$E(X-E(X))$$

我们还以鲁迅的《拿来主义》和瞿秋白的《关于女人》的标点符号间隔距离为例,观测这两篇文章标点符号间隔长度偏离各自平均间隔长度的距离的平均值。根据上文我们知道,《拿来主义》标点符号的平均间隔长度为 6.31,《关于女人》标点符号的平均间隔长度为 9.38;而且每一种标点符号的间隔长度所出现的频率也均已经统计出。那么,这两篇作品标点符号间隔长度偏离其平均值的距离就可以用以下公式计算:

$$D(X)=E(X-E(X))=\sum_{i=1}^{n}(x_i-E(X))P_i \cdots\cdots\cdots\cdots\cdots\cdots 2.8$$

计算情况如下表:

表 2.6 标点符号距离的离差计算

标点间隔 X	关于女人			拿来主义		
	$X_i-E(X)$	频率 P_i	$(X_i-E(X))P_i$	$X_i-E(X)$	频率 P_i	$(X_i-E(X))P_i$
1	−8.38	0.064	−0.54	−5.31	0.069	−0.36
2	−7.38	0	0	−4.31	0.020	−0.08
3	−6.38	0.064	−0.41	−3.31	0.162	−0.54
4	−5.38	0.085	−0.46	−2.31	0.113	−0.26
5	−4.38	0.074	−0.33	−1.31	0.147	−0.19
6	−3.38	0.053	−0.18	−0.31	0.064	−0.02
7	−2.38	0.032	−0.076	0.69	0.083	0.057
8	−1.38	0.032	−0.044	1.69	0.109	0.174
9	−0.38	0.117	−0.045	2.69	0.039	0.105
10	0.62	0.064	0.039	3.69	0.064	0.235
11	1.62	0.064	0.103	4.69	0.064	0.299
12	2.62	0.053	0.139	5.69	0.025	0.139
13	3.62	0.074	0.269	6.69	0.020	0.131
14	4.62	0.074	0.344	7.69	0	0
15	5.62	0.032	0.179	8.69	0.005	0.043
16	6.62	0.011	0.070	9.69	0.010	0.095
17	7.62	0.021	0.162	10.69	0.010	0.105
18	8.62	0.064	0.550	11.69	0	0
19	9.62	0.011	0.102	12.69	0	0
20	10.62	0.011	0.113	13.69	0	0
22	12.62	0	0	15.69	0.005	0.077

根据公式 2.8，上表中 $(X_i-E(X))P_i$ 一栏所有数据的和就是 D（X）。也就是瞿秋白《关于女人》标点符号的间隔长度偏离其平均值的平均距离为

0.0001818，而鲁迅《拿来主义》的平均偏离距离为 5.0×10^{-7}。这两个数值是一个非常小的数值，如果用这两个数值来衡量这两篇作品的标点符号的间隔长度的分散程度，只能够说明这两部作品断句情况都比较均匀。这个结论显然是不符合事实的，因为从上述关于《拿来主义》和《关于女人》标点符号间隔长度的统计表中我们可以清楚地看到，两个作家的断句情况波动还是比较大的。《关于女人》的标点符号的最长间隔长度为 20 个字符，与其平均长度 9.38 的差为 10.62 个字符；《拿来主义》的最长间隔长度为 22，与其平均长度 6.31 的差为 15.69。这两个差值远远大于按上述方法计算出的 D（X）的值 0.0001818 和 5.0×10^{-7}。由此可见用公式（8）所计算出的值不能够真实地反映这两篇作品中两个作家断句的波动情况。产生这一情况的原因是，$X_i-E(X)$ 虽然可以计算每一个取值偏离平均值的距离的大小，但是也将大于平均值和小于平均值的情况用正负值表达出来了，由于在计算其偏离距离的平均值时，需要计算这些偏离距离的和，而偏离距离有正有负，求和时正负值相互抵消，造成了偏离距离的平均值变得很小。实际上，我们观察数据的波动时，只考虑波动的大小，即偏离距离的大小，偏离距离越大我们则认为数据的波动较大。至于偏离的方向对衡量数据波动程度的大小没有直接作用。《拿来主义》的标点符号的间隔距离的平均值为 6.31，最长间隔长度为 22，最短间隔长度为 1；最长间隔长度偏离平均值的距离为 15.69，最短间隔长度偏离平均值的距离为 5.31。标点符号间隔长度的波动大小用这些偏离距离就可以一目了然，而没有必要考虑偏离距离的正负问题。基于上述情况，计算一组数据波动程度，就应该用偏离距离的绝对值的和。由于使用绝对值会给计算和理论研究带来麻烦，而任何一个数的平方都是正数，因此，统计学上，用偏离距离的平方和来计算数据波动程度，即公式 2.8 应改为：

$$D(X)=E(X-E(X))^2=\sum_{i=1}^{n}(x_i-E(X))^2 P_i \quad\cdots\cdots\cdots\cdots\cdots\cdots 2.9$$

由于公式 2.9 为随机变量及其平均值的差的平方，所以习惯上称 D(X) 为方差。

但是在实际运用过程中，由于 D(X) 是随机变量偏离平均长度的平方，这和随机变量的衡量单位不一致。比如《拿来主义》的标点符号平均间隔长度为 6.31 个汉字，最长间隔长度为 22 个汉字，最长间隔长度偏离平均间隔长度的距离 15.69 个汉字。如果用上述公式 2.9 计算，则偏离程度变成（15.69 汉字）^{2}，其单位变成了汉字^2。用汉字^2 来衡量标点符号间隔距离的差不符合我们的习惯，而我们还是习惯用 15.69 个汉字来衡量这种偏离距离。因此，通常在实际应用中，我们一般使用 D(X) 开平方的值，即：

$$\sigma(X)=\sqrt{D(X)} \quad \cdots\cdots\cdots\cdots\cdots\cdots\cdots\cdots\cdots\cdots\cdots 2.10$$

我们将这个值叫作**均方差**或者**标准差**。标准差是衡量一组数据是否稳定的重要指标。下表就是《关于女人》和《拿来主义》两篇文章中标点符号间隔长度标准差的具体计算结果。

表 2.7　标点符号距离的方差和标准差计算

标点间隔 X	关于女人			拿来主义		
	Xi−E(X)	频率 Pi	(Xi−E(X))^2*pi	Xi−E(X)	频率 Pi	(Xi−E(X))^2*pi
1	−8.38	0.064	4.49	−5.31	0.067	1.94
2	−7.38	0	0	−4.31	0.020	0.36
3	−6.38	0.064	2.60	−3.31	0.162	1.78
4	−5.38	0.085	2.47	−2.31	0.113	0.60
5	−4.38	0.075	1.43	−1.31	0.147	0.25
6	−3.38	0.053	0.61	−0.31	0.064	0.01
7	−2.38	0.032	0.18	0.69	0.083	0.04
8	−1.38	0.032	0.06	1.69	0.103	0.29

（续表）

标点间隔 X	关于女人			拿来主义		
	Xi−E(X)	频率 Pi	(Xi−E(X))²*pi	Xi−E(X)	频率 Pi	(Xi−E(X))²*pi
9	−0.38	0.117	0.02	2.69	0.039	0.28
10	0.62	0.064	0.02	3.69	0.064	0.87
11	1.62	0.064	0.17	4.69	0.064	1.40
12	2.62	0.053	0.36	5.69	0.025	0.79
13	3.62	0.075	0.97	6.69	0.020	0.88
14	4.62	0.075	1.59	7.69	0	0
15	5.62	0.032	1.01	8.69	0.005	0.37
16	6.62	0.011	0.47	9.69	0.010	0.92
17	7.62	0.021	1.23	10.69	0.010	1.12
18	8.62	0.064	4.74	11.69	0	0
19	9.62	0.011	0.98	12.69	0	0
20	10.62	0.011	1.20	13.69	0	0
22	12.62	0	0	15.69	0.005	1.21
			σ(x)=4.9597			σ(x)=3.62

根据上述结果，《关于女人》的标点符号间隔距离的标准差为4.9597，《拿来主义》标准差为3.62。由此可见，鲁迅的断句长度的波动没有瞿秋白的大。

第四节　文体特征的相关系数

我们在进行文体研究时，常常会研究一个作家的写作风格是否会随着年龄的变化而变化。假设我们在考察作家的写作风格时只考察他的断句情况，也就是其标点符号的间隔距离。我们来分析标点符号平均间隔距离这一个表达写作风格的指标和作家年龄之间有没有关系，这就要用到相关系数。考察作家年龄与其作品的文体风格时涉及两个变量，即年龄变量以及标点间隔的平均距离，我们需要求出这两个变量之间的相互关系，统计学里的相关系数就可以表达这种相互关系。**相关系数**就是描述随机变量之间相关程度的参数。

由于随机变量存在连续型随机变量和离散型随机变量两种类型，因此根据随机变量的类型不同随机变量间的相关系数的计算方法也不一样。而且，相关系数有多种定义方法。

2.4.1 两个连续型随机变量的相关系数

应用比较广的连续型随机变量的相关系数是皮尔逊相关系数。一般不做特别说明时，相关系数通常就是指皮尔逊相关系数。其定义如下：

如果给定样本数据为（x_1,y_1）（x_2,y_2）……（x_n,y_n），那么随机变量 x 和 y 的相关系数 r 为：

$$r_{xy}= \frac{\Sigma (x_i-\bar{x})(y_i-\bar{y})}{\sqrt{\Sigma (x_i-\bar{x})^2}\sqrt{(y_i-\bar{y})^2}} \quad \cdots\cdots 2.11$$

r_{xy} 有以下重要性质：

1. $-1 \leq r_{xy} \leq 1$。
2. 当 $r_{xy}=0$ 时，说明随机变量 x 和 y 不相关，也就是 x 和 y 是相互独立的；
3. 当 $r_{xy}=1$ 时，x 和 y 呈线性相关关系，是正相关，y 随着 x 的增大而增大。
4. $r_{xy}=-1$ 时，x 和 y 呈线性相关关系，是负相关，y 随着 x 的增大而减小。

根据我们的日常经验，汉语中的"因"和"此"、"虽"和"然"、"所"和"以"这几对字相伴出现的可能性很大，也就是说这几对汉字使用时具有很强的相关关系；而"虽"和"因"、"虽"和"所"通常不在一起使用，彼此基本上是独立的，相关关系可能不大。下面我们使用统计学的方法来分析这几个汉字在统计上是否具有相关性。也就是说，我们能否可以从相关系数上证明上述假设，能否验证我们生活经验的可靠程度到底有多大。

为了说明这个问题，我们选取沈从文、朱自清、林语堂、苏童、王蒙、余秋雨等六位作家的作品，共 438167 字作为样本。各个作家样本字数具体情况如下：

表 2.8　六位作家样本总体情况

作家	林语堂	沈从文	苏童	王蒙	余秋雨	朱自清
字数	60655	56039	57408	103288	76756	84471

我们使用《汉日语通用语料库分析工具》[①]从这些语言材料中统计了"因""此""虽""然""所""以"等汉字出现的频率。其结果如下表：

表 2.9　六位作家样本常用字频率情况

汉字	林语堂	沈从文	苏童	王蒙	余秋雨	朱自清
以	8.33	3.89	1.59	3.19	2.35	3.31
所	6.79	2.16	1.01	0.88	1.43	2.50
因	3.25	1.93	0.57	0.56	1.65	1.16
此	2.72	1.62	0.54	0.98	2.12	1.17
然	3.35	2.86	3.78	2.69	3.06	3.54
虽	0.68	1.05	0.21	0.38	0.29	0.95

根据这个结果，我们计算这些字之间的相关系数。过去由于计算工具的限制，人们只能够利用公式 2.11 来手工计算这些汉字之间相关系数，但是这是一个非常复杂的工作，仅这几个汉字的相关系数的计算就可能花费很长的时间和精力。现在计算机软件技术非常发达，我们用常见的电子表

---

① 该工具为笔者主持的 2007 年度教育部人文社会科学一般项目《汉日语通用语料库分析工具的开发研究》（项目代号：07JA740041）的核心成果。

格软件 EXCEL 就可以轻松地完成这项工作。下面简要介绍用 EXCEL 计算“以”和“所”相关系数的具体过程：

第一步：将统计得到的数据输入 EXCEL 中，如下图：

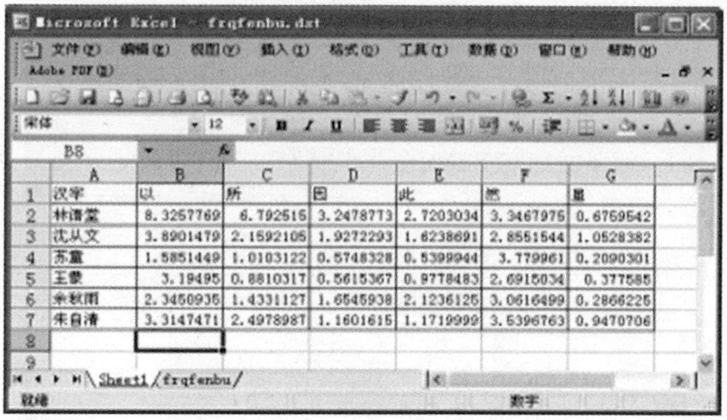

	A	B	C	D	E	F	G
1	汉字	以	所	因	此	然	量
2	林语堂	8.3257769	6.792515	3.2478773	2.7203034	3.3467975	0.6759542
3	沈从文	3.8901479	2.1592105	1.9272293	1.6238691	2.8551544	1.0528382
4	苏童	1.5851449	1.0103122	0.5748328	0.5399944	3.779961	0.2090301
5	王蒙	3.19495	0.8810317	0.5615367	0.9778483	2.6915034	0.377585
6	余秋雨	2.3450935	1.4331127	1.6545938	2.1236125	3.0616499	0.2866225
7	朱自清	3.3147471	2.4978987	1.1601615	1.1719999	3.5396763	0.9470706

图 2.2　常用字频率导入 EXCEL

第二步：选择“以”和“所”的相关系数所要存放的单元格，我们这里选定“B8”。

第三步：在“B8”中输入“=Correl（B2:B7,C2:C7）”。这里 Correl 就是根据公式 2.11 计算相关系数的函数。具体情况如下图：

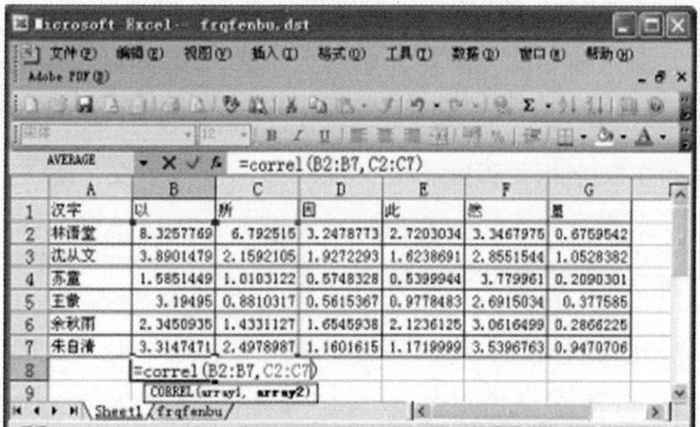

	A	B	C	D	E	F	G
1	汉字	以	所	因	此	然	量
2	林语堂	8.3257769	6.792515	3.2478773	2.7203034	3.3467975	0.6759542
3	沈从文	3.8901479	2.1592105	1.9272293	1.6238691	2.8551544	1.0528382
4	苏童	1.5851449	1.0103122	0.5748328	0.5399944	3.779961	0.2090301
5	王蒙	3.19495	0.8810317	0.5615367	0.9778483	2.6915034	0.377585
6	余秋雨	2.3450935	1.4331127	1.6545938	2.1236125	3.0616499	0.2866225
7	朱自清	3.3147471	2.4978987	1.1601615	1.1719999	3.5396763	0.9470706
8		=correl(B2:B7,C2:C7)					

图 2.3　常用字频率相关系数计算

第四步：输入“=Correl（B2:B7,C2:C7）”并确认无误后，按回车键，“以”和“所”的相关系数 0.960883 就会在单元格 B8 中显示出来。

用同样的办法，我们也可以算出“因”和“此”、“虽”和“然”的相关系数。结果如下图：

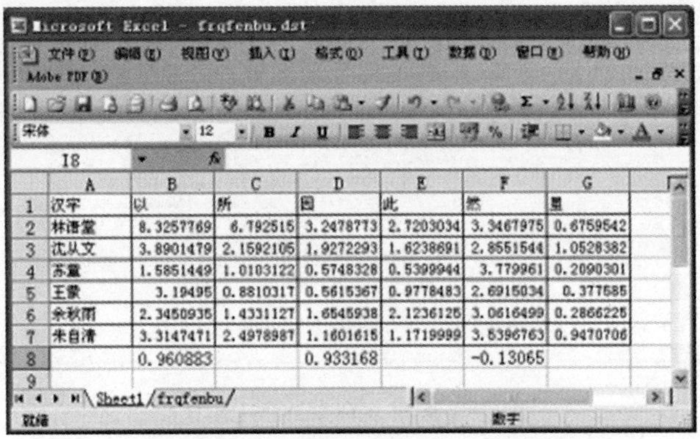

	A	B	C	D	E	F	G
1	汉字	以	所	因	此	然	虽
2	林语堂	8.3257769	6.792515	3.2478773	2.7203034	3.3467975	0.6759542
3	沈从文	3.8901479	2.1592105	1.9272293	1.6238691	2.8551544	1.0528382
4	苏童	1.5851449	1.0103122	0.5748328	0.5399944	3.779961	0.2090301
5	王蒙	3.19495	0.8810317	0.5615367	0.9778483	2.6915034	0.377585
6	余秋雨	2.3450935	1.4331127	1.6545938	2.1236125	3.0616499	0.2866225
7	朱自清	3.3147471	2.4978987	1.1601615	1.1719999	3.5396763	0.9470706
8		0.960883		0.933168		-0.13065	

图 2.4　常用字频率相关系数计算结果

根据相关系数的性质，相关系数的区间为 [-1，1]。当相关系数为 1 时，说明两个汉字是完全相关的，即这两个汉字有一个出现，则另外一个肯定也出现。如果这两个汉字的相关系数接近 1 时，说明这两个汉字有一个出现则另外一个出现的可能性很大，是高度相关的。从上图我们看到，“以”和“所”，“因”和“此”的相关系数分别为 0.96 和 0.93，非常接近 1，这说明“以”和“所”，“因”和“此”是高度相关的。当相关系数接近 0 时，我们认为这两个汉字相关程度不大，也就是说这两个汉字除彼此之外还经常和其他汉字一起出现，或者其中一个的出现不依赖于另一个是否出现。这里“虽”和“然”的相关系数为 -0.13，非常接近 0。“虽”和“然”的这个结果似乎和我们的经验不太相符。但是通过进一步调查我们发现，在我们所调查的 43 万多字的文章中“虽”共出现了 253 次，“然”共出现了 1392 次，“虽然”共出现了 122 次。也就是说，“虽”有 131 次是独立出现或者是和“然”以外的汉字一起出现的，而“然”有 1270 次是独立出现或者是和"虽"以外的汉字一起出现的。由此可见,"虽"和"然"出现的相关关系不太大。尤其是"然","然"出现但是"虽"不出现的情况占绝大多数,可以说"然"对"虽"的依赖程度很低。从这个分析,我们也就不难理解"虽"和"然"之间的相关系数很小的内在原因了。我们的经验感觉为什么会出现这么大的偏差,这是因为"虽然"是一个词,这给我们造成了一个错觉,认为"虽"和"然"相关程度很高,而忽视了这两个字分别出现的情况。

实际上,字之间的这种相关关系和相关系数的大小还可以从根据上述三对汉字统计表中的频率所描绘的二维图清楚地看出。根据相关系数的性质,当相关系数等于 1 或者 –1 时,两个变量是呈线性相关,根据两个变量的值所描绘的点图就应该是一条直线。如果两个变量的相关系数接近 1 或者 –1 时,那么所描绘的点图就接近一条直线。否则根据两个变量的值所描绘的点图就是无规律的散点。这种表达两个变量相关关系的点图也可以利用 EXCEL 进行描绘。下面以"所"和"以"的相关关系点图描绘为例进行说明。其具体步骤如下:

第一步:将数据输入到 EXCEL 表中,如图 2.2。

第二步:选择菜单中的"插入"→"图表",如下图:

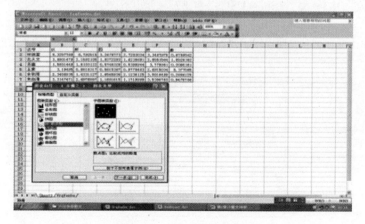

图 2.5　EXCEL 绘制散点图

第三步：选择"散点图"，进入下一步。因为我们要用"以"和"所"的统计数据画图，所以在"数据区域"中输入"B1:B7,C1:C7"，并且"系列产生在"选择"列"。如下图：

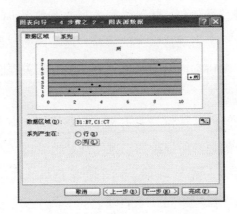

图 2.6 EXCEL 散点图输入数据描述

第四步：设置图表中横坐标和纵坐标的情况以及图表的名称。点击"系列"。由于我们所要描绘的是"以"和"所"的相关关系点图，因此，在"名称"输入"=Sheet1!$B$1:$C$1"。如果我们用"以"的数据作为 X 轴数据，用"所"的数据作为 Y 轴数据，则在"X 值"中输入"=Sheet1!$B$2:$B$7"，在"Y 值"中输入"=Sheet1!$C$2:$C$7"，如下图：

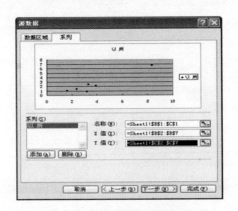

图 2.7 散点图坐标轴设置

第五步：进入下一步，标出图表名称、X 轴、Y 轴的名称。"图表标题"我们可以设定为"以、所的相关关系图"，和第四步的设定相对应"数值（X）轴"设定为"以"，"数值（Y）轴"设定为"所"。如下如：

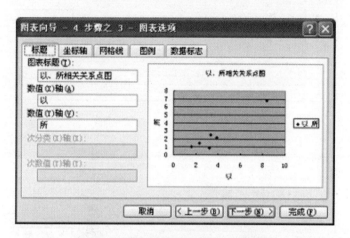

图 2.8　散点图标题和坐标轴标题设置

第六步：点击完成，"以"和"所"相关关系的点图就生成了。

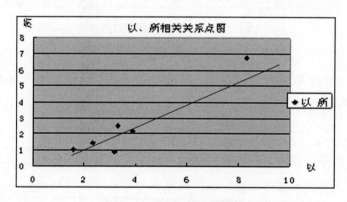

图 2.9　EXCEL 散点图结果

采用同样的操作方法，我们可以生成"因"和"此"、"虽"和"然"的相关关系点图，如下

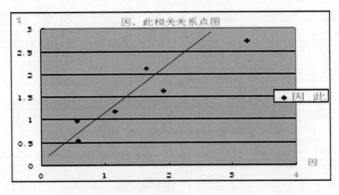

图 2.10 "因、此"的散点图

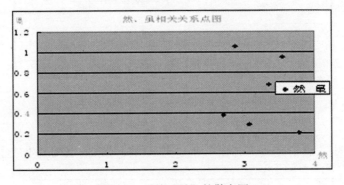

图 2.11 "然、虽"的散点图

从图 2.9 和图 2.10 我们看到,"因"和"以"的在上述文章中的使用次数基本上是随着"此"和"所"的次数的增加而增加的,彼此之间有很强的依赖关系,这两个图中点的分布接近一条直线。而图 2.11 中看不出"然"和"虽"的使用频率之间存在这样的比例关系,其点的分布也非常分散,根本看不出其间有直线关系。由此可见,汉字在实际使用中的这种相关关系也可以从其使用频率的散点图上分辨出来。

2.4.2 等级相关系数

等级相关系数(Spearman 相关系数)也叫秩相关系数,或者顺序相关系数。在上述求"因"和"此"两个汉字在文章中是否相关时,我们能够统计到这两个汉字在所有统计对象（文章）中的使用频率。因此，我们可以用公式 2.11 进行相关系数的计算。在现实生活中，有时我们不能够知道每一个样本的具体取值，但是，我们能够知道样本取值的大小顺序。比如[①]：根据日本 NHK 广播舆论调查所 1978 年对日本国民对各种花卉的喜爱程度的调查结果，日本男、女所喜爱花卉的顺序如表 2.10：

表 2.10 日本人的花卉爱好情况

花名	樱花	菊花	蔷薇	梅花	百合	郁金香	康乃馨	山茶花
男	1	2	3	4	5	6	7	8
女	3	1	2	5	4	7	6	8

根据这个统计结果，我们可以用统计的方法考察日本男性和女性对花的喜爱是否接近。由于对每种花的喜爱程度没法用量化的方法来表达，但是上述调查按照喜爱程度的不同对不同的花卉排列了顺序。下列公式给出了根据大小顺序计算两个随机变量的相关系数：

$$r = 1 - \frac{6}{n^3 - n} \sum_{i=1}^{n} (R_i - R_i')^2 \quad \cdots\cdots\cdots\cdots 2.12$$

其中，n 为样本容量，R_i 和 R_i' 分别为随机变量在同一个样本上的取值。

和连续型随机变量相关系数一样，当两个顺序变量的相关系数 r=1 时，表示两个变量正相关，而且是完全线性相关，这时两个变量的大小顺序是完全一致的；当 r=-1 时，表示两个变量是负相关，这时两个变量的大小顺序是完全相反的。

这个例子中，日本男性和女性对花的嗜好的相关程度可以按照以下步骤进行计算。

第一步：计算每一种花卉男、女爱好的顺序差的平方，结果如表 2.11：

---

① 此例引自東京大学教養学部統計学教室編，『統計学入門』，東京：東京大学出版会，2005 年，p 55.

表 2.11 花卉爱好顺序差计算

花名	男 R_i	女 R_i'	$(R_i-R_i')^2$	花名	男 R_i	女 R_i'	$(R_i-R_i')^2$
樱花	1	3	4	百合	5	4	1
菊花	2	1	1	郁金香	6	7	1
蔷薇	3	2	1	康乃馨	7	6	1
梅花	4	5	1	山茶花	8	8	0

第二步：根据公式 2.12，则

$$r=1-\frac{6\times(4+1+1+1+1+1+1+0)}{8^3-8}\approx 0.88$$

第三步：由于相关系数接近于 0.9，所以我们可以认为，日本男性和女性对花卉种类的喜好有很强的相关关系。

和连续型随机变量相关系数的计算一样，在计算等级相关系数时我们也可以借助 EXCEL，以简化相关系数的计算工作量。

2.4.3 相关系数在文体研究中的应用

在文体研究中我们会经常关注某一位作家在不同的创作年代其写作习惯或者写作风格是否发生了变化，发生了怎样的变化。一个作家的创作过程总是由不成熟逐步走向成熟，在走向成熟的过程中，除了其创作思想的逐步成熟外，其创作风格也会走向成熟，产生属于自己的独特的文体风格。当然一个作家的独特风格是表现在多个方面的，但是仅从作家断句的特点变化我们也可以观察到这一点。下面我们利用相关系数来考察作家断句习惯是否和其年龄相关，以说明作家的写作习惯变化和年龄之间的关系。

冰心是我国现代文坛上创作时间较长的一位著名作家。《冰心全集》中收录的冰心最早的作品《二十一听审的感想》发表于 1919 年 8 月 25 日的北京《晨报》。冰心直到 1994 年还在坚持写作，其创作年龄达到 75 年。因为这一点，笔者以冰心为例利用相关系数考察作者写作风格是否与作者的年龄有关。

我们以海峡文艺出版社出版的《冰心全集》里收录的冰心作品为分析对象。样本采集分两步进行，首先采取等距离抽样方法，每隔三年左右抽取一些作品，共抽取了 29 个样本。由于这些作品篇幅长度不一，为了便于对比，使得每个样本的字数大体相等，我们又对冰心同一时期的作品进行了合并，最后得到 12 个字数约为 5000 字左右的样本，我们以这 12 个样本作品作为最后的分析对象。这 12 个样本如表 2.12：

表 2.12 冰心不同时期作品样本

序号	作品年代	作品
1	1919	两个家庭
2	1925	剧后、姑姑
3	1932	我的文学生活
4	1936	一封公开信——记萨镇冰先生
5	1943	我的朋友的母亲
6	1949	怎样欣赏中国文学（节选）
7	1956	一个母亲的建议等 2 篇
8	1962	只拣儿童多处行等 3 篇
9	1973	樱花和友谊等 2 篇
10	1979	我的故乡等 2 篇
11	1985	回忆中的金岳老等 5 篇
12	1991	漫谈视听之娱等 4 篇

我们还是以作者的断句风格为考察对象，主要考察作者隔多少字点一个标点符号。即考察标点符号和标点符号之间的距离。实际上，一个作家的任何一部作品，其标点符号之间的距离有很多种情况，这些情况我们可以用距离的分布来描述。我们这里主要分析作家每一个创作时期其标点符

号的平均距离是否会随着其创作年代发生变化，也就是其标点符号的使用风格是否和年龄有关。冰心这12个时期的作品的标点符号距离分布如表2.13：

表2.13 冰心不同时期作品标点间隔情况

距离	1919	1925	1932	1936	1943	1949	1956	1962	1973	1979	1985	1991
1	1.39	4.42	5.2	16.74	2.95	1.74	3.31	12.38	0	10.59	0	2.43
2	8.33	23.6	51.98	36.53	19.2	18.23	16.56	30.96	23.48	22.69	56.8	35.19
3	38.89	47.2	93.56	39.57	47.27	85.94	52.98	68.11	91.98	86.23	115.32	92.23
4	59.72	50.15	77.96	56.32	62.04	65.1	67.88	65.02	41.1	78.67	48.19	67.96
5	134.72	117.99	138.25	143.07	87.15	129.34	112.58	68.11	91.98	69.59	111.88	81.31
6	115.28	122.42	118.5	120.24	110.78	99.83	87.75	89.78	84.15	60.51	87.78	55.83
7	152.78	113.57	109.15	106.54	115.21	84.2	91.06	139.32	80.23	68.08	80.9	82.52
8	127.78	128.32	122.66	111.11	128.51	123.26	81.13	120.74	76.32	93.8	80.9	75.24
9	94.44	87.02	73.8	83.71	116.69	85.07	81.13	49.54	62.62	74.13	103.27	75.24
10	77.78	85.55	63.41	92.85	75.33	61.63	96.03	61.92	80.23	74.13	44.75	70.39
11	54.17	64.9	43.66	41.1	81.24	53.82	64.57	61.92	58.71	71.1	68.85	58.25
12	34.72	59	33.26	24.35	36.93	46.01	51.32	61.92	29.35	68.08	27.54	59.47
13	37.5	28.02	22.87	33.49	33.97	37.33	43.05	58.82	46.97	43.87	51.64	46.12
14	26.39	19.17	13.51	30.44	31.02	31.25	28.15	18.58	31.31	42.36	27.54	32.77
15	12.5	17.7	15.59	16.74	13.29	23.44	33.11	15.48	25.44	22.69	22.38	32.77
16	5.56	13.27	5.2	13.7	13.29	19.97	28.15	30.96	27.4	25.72	13.77	21.84
17	2.78	4.42	1.04	12.18	7.39	11.28	26.49	3.1	15.66	16.64	18.93	19.42
18	6.94	2.95	5.2	7.61	5.91	9.55	9.93	12.38	29.35	18.15	12.05	20.63
19	2.78	1.47	1.04	4.57	4.43	6.08	9.93	6.19	19.57	7.56	0	14.56
20	1.39	1.47	2.08	1.52	2.95	2.6	8.28	9.29	17.61	9.08	12.05	8.5
21	0	2.95	0	4.57	1.48	1.74	1.66	0	11.74	9.08	1.72	7.28

（续表）

距离	1919	1925	1932	1936	1943	1949	1956	1962	1973	1979	1985	1991
22	2.78	0	1.04	1.52	0	0.87	0	0	7.83	1.51	0	12.14
23	0	1.47	0	0	0	0.87	3.31	3.1	5.87	4.54	3.44	4.85
24	1.39	0	1.04	1.52	0	0.87	0	6.19	17.61	3.03	3.44	3.64
25	0	2.95	0	0	0	0	0	0	7.83	3.03	1.72	7.28
26	0	0	0	0	1.48	0	0	3.1	0	1.51	1.72	1.21
27	0	0	0	0	0	0	0	0	1.96	0	1.72	1.21
28	0	0	0	0	0	0	0	3.1	3.91	3.03	0	2.43
29	0	0	0	0	0	0	1.66	0	3.91	3.03	0	1.21
30	0	0	0	0	0	0	0	0	0	0	0	2.43
31	0	0	0	0	1.48	0	0	0	1.96	1.51	0	0
32	0	0	0	0	0	0	0	0	0	1.51	0	0
33	0	0	0	0	0	0	0	0	0	3.03	0	0
34	0	0	0	0	0	0	0	0	0	0	0	0
35	0	0	0	0	0	0	0	0	0	0	0	0
36	0	0	0	0	0	0	0	0	0	0	0	1.21
37	0	0	0	0	0	0	0	0	0	1.51	0	0
39	0	0	0	0	0	0	0	0	1.96	0	0	1.21
40	0	0	0	0	0	0	0	0	0	0	1.72	0
42	0	0	0	0	0	0	0	0	1.96	0	0	0
126	0	0	0	0	0	0	0	0	0	0	0	1.21

表2.13中，第一列是冰心作品中标点符号间隔情况，从间隔1个字点一个标点到间隔126个字点一个标点的情况都有，只不过每一篇文章各种情况出现的次数不同。第二列以后的数字表示每一种间隔距离在本部作品中所占的比例。也就是每一种间隔距离在不同作品中的分布情况。从表2.13

我们可以看出，标点符号超过 26 个字的情况，在冰心的前期作品中基本不出现。也就是说，早期作品中，冰心点标点符号的习惯不可能超过 26 个字。1962 年以后这种情况才开始多了起来。因此从这个表上我们也可以粗略地看出，冰心点标点符号间隔的距离随着年龄的增长而越来越长。这种相关我们用等级相关系数就可以看得更加清楚。下面我们计算冰心每个时期作品标点符号之间平均距离和作品创作年代之间的等级相关系数。

从表 2.13 我们可以计算出上面 12 个创作时期每个创作时期冰心标点符号的平均间隔距离。如表 2.14：

表 2.14　冰心不同时期作品平均标点间隔距离

作品年代	平均间隔距离	作品年代	平均间隔距离
1919	7.95	1956	8.90
1925	8.07	1962	8.57
1932	7.05	1973	10.04
1936	7.89	1979	9.36
1943	8.29	1985	8.21
1949	8.13	1991	9.61

根据等级相关系数的计算方法，我们需要对 12 个标点符号的平均距离和年代进行排序，确定年代秩序和标点符号平均距离秩序。由于我们抽取样本时是按年代次序抽取的，所以年代秩序可以将年代直接用 1—12 替代就行了；而标点符号距离秩序必须要对上述标点符号平均距离进行排序才能够得到，这用 EXCEL 也可以很简单地得到。其结果如表 2.15.

表 2.15　冰心作品年代顺序和平均标点距离顺序

作品年代	平均间隔距离	年代秩序	距离秩序
1919	7.95	1	3
1925	8.07	2	4

（续表）

作品年代	平均间隔距离	年代秩序	距离秩序
1932	7.05	3	1
1936	7.89	4	2
1943	8.29	5	7
1949	8.13	6	5
1956	8.90	7	9
1962	8.57	8	8
1973	10.04	9	12
1979	9.36	10	10
1985	8.21	11	6
1991	9.61	12	11

根据等级相关系数，首先需要求得年代秩序和距离秩序之间的差，然后才能够计算等级相关系数 R 的值。我们借用 EXCEL 也可以很容易做到这一点。其结果如表 2.16。

表 2.16 冰心作品年代顺利和平均标点距离顺序差

作品年代	平均间隔距离	年代秩序	距离秩序	秩序差	秩序差平方
1919	7.95	1	3	−2	4
1925	8.07	2	4	−2	4
1932	7.05	3	1	2	4
1936	7.89	4	2	2	4
1943	8.29	5	7	−2	4
1949	8.13	6	5	1	1
1956	8.90	7	9	−2	4
1962	8.57	8	8	0	0

（续表）

作品年代	平均间隔距离	年代秩序	距离秩序	秩序差	秩序差平方
1973	10.04	9	12	−3	9
1979	9.36	10	10	0	0
1985	8.21	11	6	5	25
1991	9.61	12	11	1	1

根据上述结果，秩序差的平方和为60。在此基础上，创作年代和标点符号的间隔距离的等级相关系数用以下公式就可以求出：

$$R=1-\frac{6\times 60}{12^3-12}=0.79$$

通常情况下，当相关系数的绝对值为1时，可认为两个变量是完全相关的，其绝对值大于0.9时可认为是高度相关的，在0.7到0.9之间时可认为是相关的，在0.3以下时可认为是弱相关或者是不相关的（张卫国，2002）。根据上述结果，冰心作品的创作年代和冰心标点的习惯之间存在明显的相关关系。即冰心的标点符号之间的距离随着年龄的增加有慢慢变长的趋势。这一点也可以从创作年代和标点距离的散点图（图2.12）可以看出。

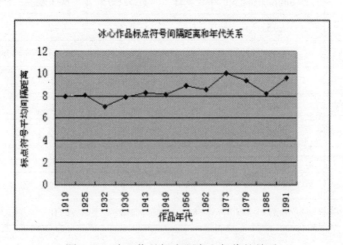

图2.12　冰心作品标点距离和年代的关系

第五节　特征和文体的相互信息

前文我们介绍了很多可以用来描述作家写作风格的特征，如句子长度、词的长度、功能词的使用习惯等等。这些写作特征是语言学家和文体研究学者根据自己长期对作家写作特点和这些因素之间的关系的考察而得到的一种经验积累，是一种文体的经验特征。人们对这种经验特征进行统计分析可以有效地判别出不同作家的文章，但是这种经验特征有一个明显的缺陷，就是带有鲜明的主观色彩。这种主观色彩反映在不同的人对这种经验特征的选择存在着研究者自己的个性，没有客观的衡量标准。而且人们无法从理论上证明这些特征就一定能够反映作家的写作特点。另外，这种经验特征的选择受到个人因素的限制，在选择范围上会有一定的局限性。即同样一种类型的特征除了这个学者罗列出来的部分以外，还有可能存在其他的一些情况。比如陈大康在研究《红楼梦》作者问题时提出了47种文言虚字的使用情况可以描述作者的文体，除了这47种文言虚字以外是否还存在和作家文体相关的虚字，这47个文言虚字在表现作家文体特征方面所发挥的作用是否一样，哪些和作家文体的关系更加紧密，哪些和作家文体的关系不太紧密，这些问题用传统的、经验的方法是不容易给出答案的。

基于以上情况，统计学家试图用统计的手段来发现与作家写作风格特征相关的因素。这些方法手段中使用比较广泛的有相互信息。其实相互信息的方法主要应用在基于内容的文本归类上，并且取得了非常好的效果。但是基于内容的文本归类和作家文体的归类虽然可以使用同样的数学模型但是其思路是相反的。基于内容的文本归类需要挖掘与文章内容相关的因素，根据这些因素将内容相同或者相近的文章归类到一起，而基于文体的作家归类需要挖掘与文章内容无关、只与作家写作特征相关的因素，然后根据这些因素的统计特征区分不同作家的作品。尽管相互信息在基于内容的文章归类和面向作家分析的文体归类上都得到了广泛的应用，但是由于国内计量文体学研究比较薄弱，所以在文体分析上使用相互信息进行作家写作风格分析研究的成果还不是很多。

2.5.1 相互信息的定义

相互信息是信息论里面的一个概念，用它可以考察衡量两个随机变量之间关系的紧密程度。对于随机变量 x 和随机变量 y，其相互信息的定义如下：

$$MI(x,y)=\log \frac{P(x,y)}{P(x)P(y)} \quad \cdots\cdots 2.13$$

我们从按照内容进行文档归类的角度，可以对相互信息的性质做出很好的解释。假设我们有一批文章需要按照不同的领域对其进行归类，比如这些领域有：汽车、IT、军事、医学等。通过对这些领域的文章特点研究我们发现，某一特定领域的文章中，和该领域相关而和其他领域无关的专业词汇使用会非常频繁，其他领域的专业词汇则不会出现。我们假设 X 为一个医学方面的专业词汇，Y 表示医学类文章。P（X,Y）代表在我们考察的若干文章中，医学专业词汇 X 出现了的医学类（Y）文章所占的比例，P（X）代表词 X 出现的文章（包括医学类和非医学类）在我们考察的所有文章中所占的比例，P（Y）为医学类文章 Y 在我们所考察文章中占的比例。我们知道如果词 X 和医学没有太大关系，那么，词 X 可能不只是在医学类文章中出现，在其他领域的文章中也会出现。根据概率知识，这时词 X 在医学类文章中出现的概率，与其在其他领域的文章中所出现的概率差不多，词 X 和医学领域没有关系，即相互独立，那么下面的式子成立：

$$p(xy)=p(x)p(y) \quad \cdots\cdots 2.14$$

这种情况下，公式 2.13 变成：

$$MI(x,y)=\log\frac{P(x,y)}{P(x)P(y)}=\log 1=0$$

也就是当词 X 和医学领域的文章没有关系时，x 和 y 的相互信息为 0。这是符合我们的主观经验的。

当词 X 和医学领域关系密切，即其他内容的文章中 X 很少使用，而在医学领域的文章中经常出现，这时 P（x,y）>p(x)p(y)，由公式 2.13 可知这时 MI（x,y）>0。由于非医学文章中 X 很少使用，而医学类文章中却经常使用，这表明词 X 与医学有非常密切的关系，可以认为它是医学内容的一个表现。反之，如果一般情况下 X 使用比较多，而医学类文章中的使用情况并没有超出通常情况，即 P(x,y) 接近 p(x)P(y)，那么 MI(x,y) 接近 0，由此可见，X 是任何文章中都可以出现的词汇，和文章的内容关系不大。

根据以上分析我们可以得出结论，当相互信息 MI(x，y) 的值为零时，词 X 的使用情况和文章内容是相互独立的、无关的，不能够反映文章内容；当相互信息 MI(x，y) 的绝对值越大时，词 X 的使用情况和文章内容的关系越紧密。我们可以根据词汇和文章内容的这种相互信息 MI 值的大小来提取按内容进行文章分类的依据。由此可见相互信息为我们获取基于内容文章分类的特征提供了科学方法和武器。

根据以上论述，相互信息似乎和面向文体分析的不同作家文章的归类没有太大关系。因为作家的写作风格不可能反映在专业词汇上面。同一个作家可能写出领域和内容都不相同的文章，由于内容不同，这些文章中和内容有关的词汇可能各不相同，也就是与文章内容相互信息值很大的词汇即便是出自同一人之手的不同文章也是各不相同的，我们不能够因为 MI 值很大的词汇各不相同就否定这些文章是同一个人写的。由此可见与文章内容 MI 值很大的词汇是文章内容的反映而不是作家写作风格的反映。那么，什么样的词汇才是作家写作风格的反映呢？MI 值在作家写作风格的分析上是否有用呢？

2.5.2 相互信息在作家写作风格抽取上的应用

根据上面的分析，我们知道与文章内容 MI 值大的词汇和文章的内容有密切关系。而同一个作家可以写出多部内容不同的作品，每一部作品中与文章内容 MI 值大的词汇是各不相同的。但是，同一个作家的多部作品，尽管其内容不同，但是其反映在这些作品中的写作风格应该是相同的。不同的内容可以在与文章内容相互信息（MI 值）大的词汇上面体现出来，而相同的写作风格又体现在什么上面呢？

我们通常认为，文章中存在两类因素，一种是和内容有关的因素，这主要表现在词汇上面，如特定领域的专业词汇，这些词汇具有特定含义，文章内容可以说是由这些词汇的词义组合起来的。文章中的另一种因素就是作家的写作风格因素，这种因素和内容无关。一般地讲，无论作品的数量有多少、内容多么不一样，只要是同一作家的作品，其写作风格总是一致的。这种风格应该主要反映在与文章内容无关的词汇以及与文章内容无关的其他因素上面。这些因素如何挖掘出来是进行计量文体学研究的关键课题。

这里我们探讨一下与文章内容无关的词汇与作家作品之间的相互信息（MI 值）有没有特点。如果能够找到特点，那么以相互信息（MI 值）为依据找出来的这些词汇是不是与内容无关的词汇，能不能够将其作为作家文体风格特征呢？

词汇和作家作品之间相互信息的计算

之所以使用"词汇和作家作品之间的相互信息"，是因为根据上文我们知道，按照公式 2.13 计算的相互信息可以描述词汇和作品内容之间的关系，但是尚未确定如何用相互信息描述词汇和作家写作风格之间的关系。我们这里假设作家的文体风格可以用相互信息（MI 值）作为依据来获得，那么怎样利用相互信息这个工具呢？根据相互信息的知识，我们知道相互信息是描述语言表达和文章之间相互关系紧密程度的。相互信息（MI 值）

越大就说明这个语言表达和文章内容越紧密，和其他文章内容的关系不大。反过来，相互信息越小，说明这个语言表达和文章内容关系不大。那么，这些和文章相互信息（MI 值）很小、和文章内容关系不大的语言表达是否和作家的文体风格相关呢？如果能够证明这一点，那么我们就可以利用相互信息来获取作家或者作品的文体特征了。下面我们来说明这个问题。

现有作家 A 和其他作家的作品共 N 篇，单词 WORD 的出现情况如下：

	作家 A 作品	其他作家作品
WORD 出现篇数	X11	X10
WORD 未现篇数	X01	X00

$X11$ 表示作家 A 的作品中出现单词 WORD 的篇数

$X10$ 表示其他作家的作品中出现单词 WORD 的篇数

$X01$ 表示作家 A 的作品中没有出现单词 WORD 的篇数

$X00$ 表示其他作家作品中没有出现单词 WORD 的篇数

根据公式 2.13 和上表内容我们可以求得：

P(WORD，作家 A)=X11/N

P(WORD)=(X11+X10)/N

P(作家 A 作品)=(X11+X01)/N

那么作家 A 的写作特点和单词 WORD 的相互信息 MI 可以有如下式子计算得到：

$$MI(WORD,A)=\log\frac{\dfrac{X11}{N}}{\dfrac{X11+X10}{N}\times\dfrac{X11+X01}{N}}$$

$$=\log\frac{N\times X11}{(X11+X10)\times(X11+X01)} \quad\cdots\cdots 2.15$$

作家用字和作家作品之间相互信息分析

根据上述单词和作家写作特点相互信息的计算方法，我们以沈从文散文为例，考察作家用字与作家作品之间相互信息的特点，从而探讨如何以相互信息为依据提取代表作家写作特点的词汇并将其作为判别作家写作风格的特征向量的问题。为了简便起见，这里我们主要计算比词小的单位——汉字和作家作品之间的相互信息。

我们选取了沈从文的《炉边》《凤凰观景山》《往事》《玫瑰与九妹》《生之记录》《我的小学教育》《湘西常德的船》《湘西白河流域几个码头》《湘西辰溪的煤》《湘西常德的船》《湘西泸溪浦市箱子岩》《湘西沅陵的人》《夜渔》《湘西沅水上游几个县份》《在私塾》等15篇散文。按照文章的长短将这15篇散文编成10组，每一组文字加起来长度大体差不多。

另外我们还选取了林语堂、朱自清、老舍、池莉、韩少功、苏童、王蒙、贾平凹、余秋雨等9位作家共250万字的作品作为其他作家作品参与测试。这9位作家的作品的分组方法和沈从文作品的分组方法一样。最后我们将这些作品分成了85组。

在统计10组沈从文的作品和其他9位作家的85组作品用字的情况时，我们使用了《汉日语料库通用分析工具》。首先我们利用该工具的NGRAM抽取统计功能进行了这95组作品中汉字的使用情况调查。NGRAM一般是指文章中相邻的N个汉字组成的汉字串。当N=1时，实际上就是单个汉字，这时的NGRAM频度就是单个汉字的频度。统计的结果是，这10位作家的作品中共使用了4926个不同的汉字。在得到每组作品的汉字使用频度后，我们使用该工具的字词分布功能，统计了每一个汉字在各组中的分布情况。图2.13为其中的一部分。

用《汉日语料库通用分析工具》的分布统计功能我们得到的每一组作品中汉字出现的频度。根据相互信息的计算公式，每一个汉字出现的作品篇数是计算相互信息时所必须要知道的。因此我们必须对上述数据进行进一步调整。为此我们将 95 组作品中用字的分布情况数据调入 EXCEL 做进一步调整和分析。这种调整主要是适应相互信息的计算需要，将某一个汉字在某一组中出现的情况用 0 和 1 来表示，如果某一个汉字在某一组作品中出现的频度大于 0，我们认为这个汉字在这组作品中出现了，其出现情况就设为 1；否则设为 0。图 2.14 为用 EXCEL 调整后的情况。

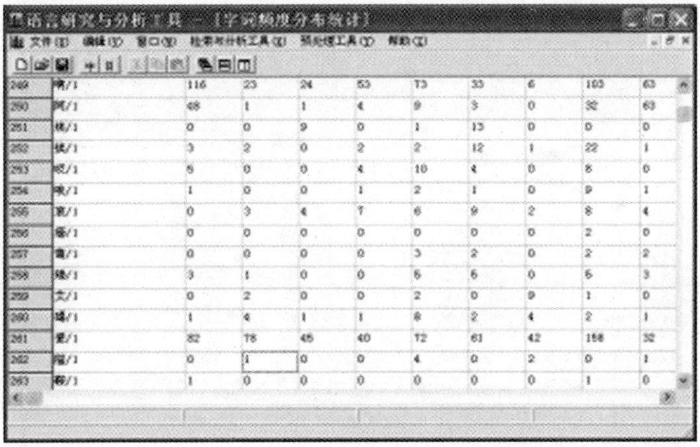

图 2.13　样本中特征汉字的出现情况

图 2.14　样本中特征汉字是否出现

下面以汉字"阿"为例,求沈从文的作品和"阿"的相互信息。

	沈从文作品	其他作家作品
"阿"出现篇数	X11=1	X10=38
"阿"未现篇数	X01=9	X00=47

实际上,我们可以用EXCEL很方便地统计出每一个汉字的X11、X01、X10、X00。

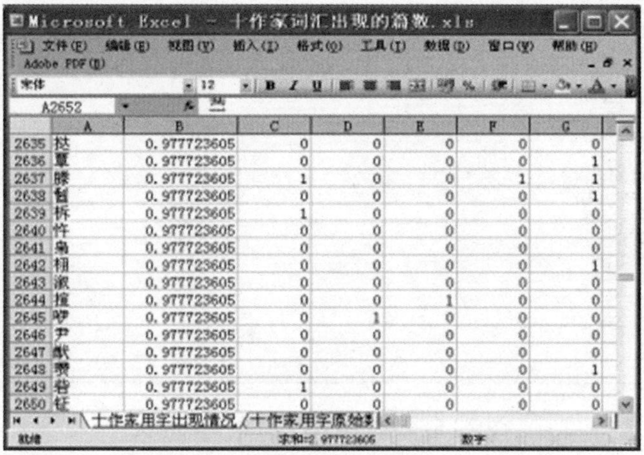

图 2.15 特征汉字和样本的相互信息

根据公式(15),汉字"阿"和沈从文写作特点的相互信息可按如下方法计算:

$$MI(阿, 沈从文) = \log \frac{95 \times 1}{(1+38) \times (1+9)} = -0.6133$$

同样道理我们也可以利用EXCEL计算出所有的4926个汉字和沈从文作品的相互信息。图2.15是其中的一部分。

这里我们根据相互信息的值对汉字进行了排序,表中出现的都是相互信息最高的汉字。从表中可以看出,相互信息较高的这些汉字都是一些生僻的汉字,这些汉字由于具有特定的含义,因此和文章的内容关系比较大。

比如"滕"字，沈从文在遗作《凤凰观景山》中提到的一个人姓"滕"，叫滕老四。如果不是提到这个人，沈从文也不会用"滕"字。因此这个汉字是和文章的内容有关的，和沈从文的写作风格没有太大关系。由此我们也可以看出，相互信息值最高的这些汉字是和文章的内容有关的。

我们再考察一下相互信息值等于 0 的汉字的情况。图 2.16 是相互信息值为 0 的部分汉字。

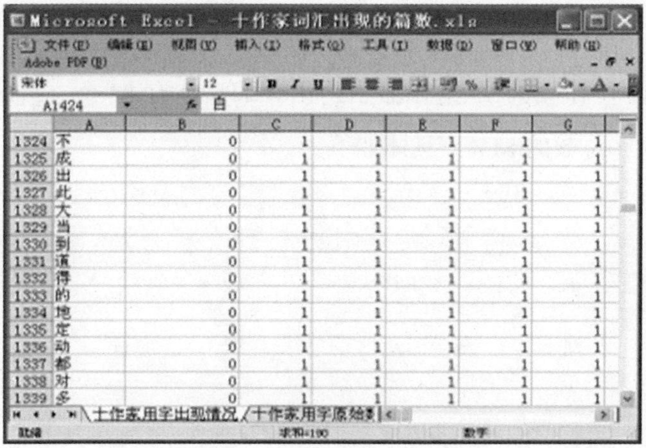

图 2.16　和样本相互信息为 0 的汉字情况

在我们的实验中相互信息值为 0 的汉字共出现了 101 个，如下：

不	成	出	此	大	当	到
道	过	看	气	说	要	正
得	好	可	嵌	他	也	证
的	很	来	情	天	一	吱
地	后	揽	去	头	已	只
定	会	老	然	外	以	中
动	几	里	人	为	用	浊
都	己	了	上	我	有	着

对	家	岭	生	下	又	子
多	见	茂	狮	吓	于	自
而	渐	们	时	箱	元	
发	禁	面	实	祥	再	
副	静	那	使	想	在	
歌	就	能	试	小	这	
个	觉	起	是	样	振	

其中 10 位作家的 95 组作品中均出现的汉字有 82 个，占所有相互信息为 0 的汉字总数的 81%。具体如下：

不	动	几	们	时	想	再
成	都	已	面	实	小	在
出	对	家	那	使	样	这
此	多	见	能	是	要	正
大	而	就	起	说	也	知
当	发	觉	气	他	一	只
到	个	看	情	天	已	中
道	过	可	去	头	以	着
得	好	来	然	外	用	子
的	很	老	人	为	有	自
地	后	里	上	我	又	
定	会	了	生	下	于	

由于这些汉字在 10 位作家的 95 组作品中均出现，而且这 95 组作品内容均不相同，因此我们可以认为这 82 个汉字的使用不依赖于文章内容，它们不是文章内容的主要表达词汇。另一方面，对这些汉字的词性进行归

类后发现，这些汉字中绝大多数是助词、连词、代词、介词、副词等功能词汇，这些词汇是任何文章中不可缺少的，其意义比较虚。另外也有一部分动词、形容词甚至名词，但是这些实词的意义也比较虚，也是和文章内容联系不很紧密的。由于这些词汇和文章内容没有太大关系，因此可以排除这些词在文章的使用情况会受到文章内容的影响。那么同一作家的不同作品对这些词的使用是否具有相同特点，而不同作家的作品其使用情况是否不一样，也就是说这些词是否承载着作家的写作风格特征呢？为了说明这个问题，我们选取三位作家沈从文、林语堂、朱自清的作品来进行考察。限于篇幅限制，我们只考察"的、地、得、过、了、着"等六个助词。我们将这六个助词放在坐标系的横轴上，用坐标系纵轴表示使用频率，单位用千分率表示。这样可以描绘出三位作家使用这六个助词的风格曲线图。首先我们将这三位作家使用这六个助词的频率分别统计出来。由于三位作家的作品分别分成了若干组，沈从文为 10 组，林语堂为 10 组，朱自清为 9 组。我们统计出了每一个助词在每一组的使用频率，根据这些频率值计算出了每位作家使用这几个助词的平均频率。具体如下表：

表 2.17 三位作家作品样本助词使用情况

	沈从文	林语堂	朱自清
的	27.13	37.07	40.56
地	3.86	2.55	3.09
得	3.63	2.71	4.33
过	3.40	1.88	2.46
了	10.01	3.79	12.72
着	3.29	1.71	7.65

根据这些值以及上述横轴的规定我们可以描绘出三位作家使用这六个助词的风格曲线图如下：

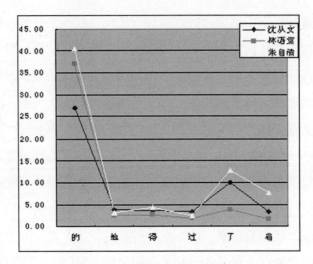

图 2.17　三位作家助词分布情况

　　根据上面三位作家的风格曲线图，我们可以发现三位作家在"的、了、着"等三个助词的使用上有着明显的差别。沈从文"的"字的使用频率最低，朱自清"的"字使用频率最高。数值来看，朱自清使用"的"字的频率比沈从文高将近 13 个点，与沈从文和朱自清相比林语堂却不怎么喜欢使用"了、着"这两个助词。综合这六个助词的使用情况，可以很明显地看到这三位作家写作风格上的差异。

　　根据以上分析，相互信息为 0、分布较广、词义比较虚的词汇，虽然写作时大家都离不开他们，但是，每个人在使用这些词汇时习惯是不一样的，有的使用得多，有的使用的少。可以说这些词汇使用频率，反映了作家写作风格上的差异。由此我们也可以认为相互信息在提取作家写作风格特征时是能够发挥作用的，只不过和基于内容的文本分类相反，在进行作家风格特征分析时，我们需要提取相互信息为 0 的语言单位。

　　本章主要介绍了计量文体学研究中经常使用的一些统计学概念和知识。开展文体计量研究的关键是寻找能够反映文体特征的语言表达形式，这也是文体计量研究中人文学者发挥自己特长的地方。这些文体特征的分析和探寻除了可以使用人文研究传统的方法外,也可以利用本章所介绍的一些统计学知识和工具,如频率、方差、相关系数、相互信息等。当然这些知识和工具随着统计学理论的发展会层出不穷。这里介绍的只是一些最常用的和最基础的。

第三章　文体计量研究相关重要概率分布和定理

如果把文体的某个特征看成是一个随机变量，这个随机变量的概率分布情况就是对某个作家文体之所以区别于其他作家文体的科学而形象的描述。在获得文体特征的具体语言表达形式以后，如何利用计量的方法分析某一作家的文体和其他作家不一样，如何推断某一篇文章和已知作家的风格是否一致，随机变量的概率分布及相关定理可以为我们提供有效而且科学的工具。

第一节　文体特征随机变量的分布

分布是统计学的重要概念。分布是指随机变量的取值和取值可能性之间的关系，这种关系通常可以用随机变量的分布函数来描述。分布能够充分表达某一个随机事件发生的状况，如果随机变量的分布函数找到了，那么随机事件发生的规律也就清楚了。任何一个随机变量的取值是不可能固定的，随着实验的进行，其取值会落在一定的范围内，而且其取这个范围内的每一个值的机会（可能性）是由随机变量的性质而决定的。不同性质的随机变量取某一范围内每一个值的机会都会呈现出自己独特的规律和特性。这种随机变量的取值和其取该值的机会之间的关系就是这个随机变量的分布。

比如一个足球运动员射门具有区别于其他运动员的特殊规律。这个规律实际上可以反映在足球从某一点进入球门的可能性上。也就是说,每一个足球运动员射门时有无数个可能进入球门的点,从每一个点进入球门的概率是不一样的。概率分布就是描述每一个点进入球门的概率情况的。我们以足球进入球门时的点在地上的投影(我们姑且称之为落点)和球门在地面上的中点距离作为衡量运动员射门特点的随机变量。运动员射门时这个距离取小于门柱距离 1/2 的所有的值都是有可能的,只不过取某些值的可能性大,取某些值的可能性小而已。而到底取哪些值的可能性大,取哪些值的可能性小,是根据运动员的不同而不同的。每一个运动员射门时的这个距离值和其取值可能性之间会有自己独特的规律(分布),这个规律可以用一个函数(分布函数)来表示。我们如果知道了这个分布函数,那么就可以算出运动员每一个射门的落点发生的可能性(概率值)。这个分布规律(或者分布函数)如何得到是统计学的重要问题。通过少数次的射门,我们也许观察不出其规律。但是让他反复多次射门,我们统计每一次射门足球落点偏离球门中点的距离及其发生的次数,我们就可以观察到,这个运动员射门时哪些落点的可能性大、哪些落点的可能性小,从而就可以描述出该运动员射门时足球落点的分布规律。而每一个运动员射门的这个规律是不一样的。通过这个足球的落点规律,即使我们不现场观看其射门,也可以区分不同的运动员,也就是说我们可以利用足球落点的分布规律来区分出不同球员的射门风格和射门习惯。

同样道理,我们也可以将随机变量的分布应用到作家的文体分析中。一般来说,一个作家使用某一个与文章内容无关的词汇(比如:助词"的"),其千字出现的次数是一个随机事件。就如同足球运动员射门一样。假设有作家 A 的 100 万字作品,我们按 1000 字为单位将这 100 万字作品平均分成 1000 等分,统计每一个等分中"的"出现的频率,然后统计每一个频率值所出现次数。这个频率值和其出现的次数就形成了作家 A 在使用助词"的"时的分布。这个分布既可以用以频率值为横轴、以其出现的次数为纵轴的二维图直观地描述出来，也可以用一个函数精确地或者近似地表达出来。这个图就是作家 A 使用"的"的分布图、函数就是其分布函数。由于每一个作家的这个分布图和分布函数是不一样的，因此这个随机事件的统计规律就可以反映一个作家使用某一个汉字的习惯和风格。

为了说明这个问题，我们收集了苏童、余秋雨、沈从文、林语堂等 4 位作家的各十个样本，朱自清的 9 个样本，考察 5 位作家作品中"的"的分布情况。"的"在每一个样本中出现的次数和样本总汉字数情况如表 3.1。

表 3.1　5 位作家作品样本中"的"使用情况

样本编号	苏童		余秋雨		林语堂		沈从文		朱自清	
	的频度	样本字数	的频度	样本字数	的频度	样本字数	的频度	样本字数	的频度	样本字数
1	187	5139	257	5555	286	4112	175	4958	372	8435
2	179	5558	467	10678	87	4682	159	5304	296	6128
3	222	4626	174	4383	268	4454	171	5246	574	8554
4	253	5463	418	9402	220	7337	208	5502	400	7705
5	218	5496	205	4075	103	5046	152	5952	524	9920
6	172	4845	395	8489	131	3580	165	5317	367	7763
7	314	5288	197	5178	196	4257	128	4869	346	7503
8	242	5314	352	7937	201	4749	253	7030	336	7891
9	240	5339	237	4704	369	5513	140	4238	328	7679
10	187	5018	307	8725	137	3802	244	6877		

由于"的"出现的次数和样本的总字数是相关的，即字数越多的样本

中"的"出现的次数越多。我们考察"的"分布情况时都是采用"的"千字出现的频率。即每一位作家他写 1000 字的文章，其中"的"出现的频率。这个频率和其出现的样本数之间的关系就是"的"使用的分布情况。由于"的"的使用频率是一个实数值，求其等于某一个特定值时的样本数是没有意义的，我们通常计算这个值落在某个区间上的样本数。这样这个值和其所在区间的样本数之间就会存在一种函数关系，这个函数就是"的"使用频率的分布函数。这种对应关系我们也可以用二维图形表示出来。下面就是这 5 位作家"的"使用频率。

表3.2　5 位作家"的"使用频率

样本编号	苏童	余秋雨	林语堂	沈从文	朱自清
1	36.39	46.26	69.55	35.3	44.1
2	32.21	43.73	18.58	29.98	48.3
3	47.99	39.7	60.17	32.6	67.1
4	46.31	44.46	29.99	37.8	51.91
5	39.67	50.31	20.41	25.54	52.82
6	35.5	46.53	36.59	31.03	47.28
7	59.38	38.05	46.04	26.29	46.11
8	45.54	44.35	42.32	35.99	42.58
9	44.95	50.38	66.93	33.03	42.71
10	37.27	35.19	36.03	37.67	

我们以 10 为一个区域，按照频率值落在某一区域范围内的样本个数可以得出如下频率和样本数对应表。

表 3.3 频率和样本数对应表

苏童		余秋雨		林语堂		沈从文		朱自清	
频率范围	样本数	频率范围	样本数	频率范围	样本数	频率范围	样本数	频率范围	样本数
32.21	5	35.19	3	18.58	1	25.54	3	42.58	6
35.5		38.05		20.41	2	26.29		42.71	
36.39		39.7		29.99		29.98		44.1	
37.27		43.73	5	36.03	2	31.03	7	46.11	
39.67		44.35		36.59		32.6		47.28	
44.95	4	44.46		42.32	2	33.03		48.3	2
45.54		46.26		46.04		35.3		51.91	
46.31		46.53		60.17	3	35.99		52.82	
47.99	4	50.31	2	66.93	3	37.67	7	67.1	1
59.38	1	50.38		69.55		37.8			

据上表中"的"使用频率的取值范围以及落在该取值范围的样本数,以"的"频率范围为横轴、样本数为纵轴,就可以得到关于 5 位作家"的"使用情况的如图 3.1 的分布图。

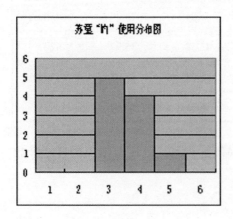

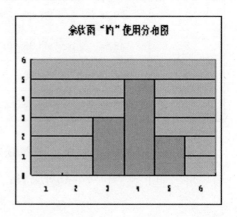

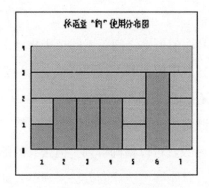
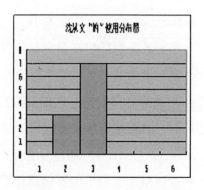
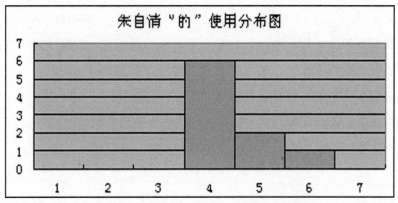

图 3.1　5 位作家 "的" 使用分布直方图

从 5 位作家的上述 "的" 使用情况的分布图我们可以清楚地看出这五位作家在 "的" 的使用上具有各自不同的习惯。从分布图上显示出来的差别，只是从视觉效果上来讲的。虽然视觉上可以看出来大概的差别，但是如果碰到使用习惯十分接近的情况，可能从视觉效果上不太容易分辨出来，这就需要用与分布图相对应的分布函数对 "的" 使用的分布情况进行精密描述。

随机变量的分布之所以重要，是因为我们不但可以根据分布情况区分随机事件发生的规律，而且我们可以根据分布函数计算某一事件发生的概率（即可能性）。这样我们就可以用它来估计某一个事件发生的可能性的大小、有没有可能发生等。在文体分析上就可以用它来分析某一个作品是某一个作家所写的可能性的大小。

分布函数是对随机变量的取值及其取值概率之间关系的精密描述。有些随机变量因为我们可以精确计算出其概率值，所以这些随机变量的分布函数是比较容易得到的。比如，我们有一套外语考试的客观题，共有100道选择题，每道题有4个选择项。假设完全靠"懵"选对每道题的概率为1/4，那么这套题所有可能得分的分布函数就可以精确得到。但是有的随机变量的取值概率我们不能够精确计算，只能够用统计的方法来观察，如上面的关于助词"的"的使用情况。这时我们只能够通过大量的数据统计来估计其概率值，并用一些已知的分布来近似地描述它。根据统计学取得的已有成就，统计学家们已经总结出了多种分布类型及分布函数，客观世界的许多现象一般都可以用这些分布中的一种来描述或近似地描述，包括我们进行作家、作品文体分析时所碰到的随机变量的分布情况。

在下面的章节中我们就这些常用分布的特征及其分布函数进行介绍。

第二节　文体计量研究相关的几个重要概率分布

根据第二章的内容我们知道，随机变量可分为离散型随机变量和连续型随机变量两种。离散型随机变量的取值是有限的，而连续型随机变量在某一区间上的取值是无限的。离散型随机变量取某一个值和取该值的概率之间存在一一对应关系。描述离散型随机变量的取值和取该值的概率之间关系的函数我们称之为离散型随机变量的分布函数。而对于连续型随机变量来讲，也许取某一个特定值在现实生活中可能是没有意义的，人们通常更注重连续型随机变量在某一区间内取值的可能性，也就是说对于连续型随机变量来讲更重要的是其落在某一区间内的概率。比如，某一个学校学生的身高是一个连续型随机变量，我们只将注意力集中在某一个特定的高度（比如180cm）是没有意义的，因为也许精确高度为180cm的学生在这学校 1 个也没有，但是我们不能够说身高 =180cm 的概率为 0；这时我们更注重的是身高在 180cm 附近的学生数是多少，也就是说身高落在 180cm 附近某个区间的概率是多少，这是可以统计出来的。因此描述连续型随机变量的分布时使用上述离散型随机变量的分布函数是没意义的，因为我们要描述的是随机变量落在某一区间上的概率是多少。形象地说，我们需要统计落在某一个面积上的点有多少，这就要引入密度的概念。通常描述连续型随机变量的概率分布时我们使用概率密度函数，这就是连续型随机变量和离散型随机变量其分布描述上的差别。

下面我们讨论文体计量分析经常要使用的几种连续型或者离散型随机变量的分布及其概率分布函数或者概率密度函数。

正态分布

正态分布是我们在日常生活中经常碰到的一种概率分布。人们普遍掌握这样一个常识，就是极端的事物总是比较少的，无论是极端的好，还是极端的差，绝大多数事物都是处于极端好与极端差之间。这就是朴素的正态分布的意识。比如，男性成年人的身高。经过大量统计我们会发现，大多数成年人的身高都集中在所统计成年男性身高的平均值周围，偏离这个平均值越远的人数越少，即所谓的"中间粗、两头尖"现象。这样的情况用分布图形描写出来就会形成如图 3.2 的样子：

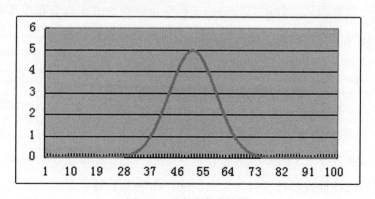

图 3.2　正态分布曲线图

正态分布曲线图是一个以平均值为中轴的对称图形，与古代的钟十分相似。日常生活的大多数现象都是呈正态分布的，而且有的即便不是严格意义上的正态分布也可以用正态分布来近似描述。因此正态分布在统计学上有着极其重要的应用。可以说没有正态分布就没有现代统计学理论。

正态分布的概率密度函数如下：

$$f(x)=\frac{1}{\sqrt{2\pi}\sigma}e^{-\frac{(x-\mu)^2}{2\sigma^2}} \quad \cdots\cdots 3.1$$

这里，x 为随机变量，μ 为随机变量 x 的期望值，σ 为随机变量 x 的标准差。这样的正态分布我们记为 N（μ，σ^2）

这里由于 π 和 e 都是常数，因此正态分布的特性主要依赖于随机变量的均值和标准差。从图形上讲，所有的正态分布曲线图形都是"钟"的形状，但是不同的正态分布的"钟"的开口幅度和"钟"的对称轴的位置是不一样的，而标准差正好决定了其开口幅度，均值（期望值）决定了其对称轴的位置。当随机变量 x 的均值 $\mu=0$，方差 $\sigma^2=1$ 时，其密度函数变为：

$$f(x)=\frac{1}{\sqrt{2\pi}}e^{-\frac{x^2}{2}} \quad \cdots\cdots 3.2$$

我们称这种均值为 0，方差为 1 的随机变量 X 服从标准正态分布。任何一种服从正态分布的随机变量都和服从标准正态分布的随机变量存在函数关系，而且我们可以求得这种关系，这个过程叫作标准化。通过标准化我们就可以将服从一般正态分布的随机变量放到标准正态分布中考察。正态分布标准化的方法如下：

$$Z=\frac{X-\mu}{\sigma} \quad \cdots\cdots 3.3$$

公式 3.3 的意义是，对于服从任何正态分布的随机变量 X，当其均值为 μ、标准差为 σ 时，那么由公式 3.3 得到的新的随机变量 Z 是服从均值为 0、标准差为 1 的标准正态分布 N（0,1）的。标准正态分布曲线的一个最明显的特征就是其"钟"形曲线的对称轴为 Y 轴。

二项分布

二项分布是概率论研究历史上最早提出来的一种概率分布,它是人们发现正态分布和普哇松分布的基础,因此二项分布在概率统计理论上也占有很重要的地位。

假设一种现象只有两种可能的结果,比如扔钱币,其结果只可能是两个,要么是正面,要么是反面。假设我们将正面结果的值设为 1,反面结果的值设为 0,那么其正面出现的概率可表示为 p=f(1),反面出现的概率可表示为 p=f(0)。由于结果只有两种可能性,因此两种结果出现的概率的和是 1,也就是说 f(0)+f(1)=1。通常情况下我们只要知道其中一个结果出现的概率 p,那么另外一个结果出现的概率 1-p 也就知道了。

假设我们现在做一个抛钱币的实验,总共抛 n 次,其中正面出现的次数为 x 次,反面出现的次数为 n-x 次。从可能性的角度上讲这 n 次抛掷钱币的试验中,钱币正面可能出现的次数有 1,2,3,4,5……n,但是每种可能出现次数的概率是不一样的。如果以 X 代表钱币正面出现的次数,p 为钱币正面出现的概率,那么每种可能出现次数的概率,即 f(X=x) (x=1,2,3,4……n) 我们可以用如下公式计算:

$$f(x)=C_n^x \ P^x(1-p)^{n-x} \cdots\cdots\cdots\cdots\cdots\cdots\cdots\cdots\cdots\cdots 3.4$$

这里 C_n^x 为 n 次抛掷试验中正面出现 x 次的组合表达式,组合可按如下方法计算:

$$C_n^x = \frac{n!}{x!(n-x)!} \cdots\cdots\cdots\cdots\cdots\cdots\cdots\cdots\cdots\cdots 3.5$$

! 表示阶乘,如 n! 表示 n 的阶乘,其计算方法如下:

$$n!=n \times (n-1) \times (n-2) \times (n-3) \cdots \times 1 \cdots\cdots\cdots\cdots 3.6$$

上述同一操作反复进行 n 次,观察 n 次操作中某一现象出现概率的试验就是概率论中著名的贝努利试验。上述随机变量所服从的分布函数由于和二项式的展开式紧密相关,因此我们将这种分布称之为二项分布。

每一种分布的数字特征在统计学中有着特别重要的作用,尤其是期望值和方差。二项分布的期望值和方差分别是：

$$期望值：E(X)=np \quad\quad\quad\quad\quad\quad\quad\quad\quad\quad 3.7$$

$$方差：V(X)=np(1-p) \quad\quad\quad\quad\quad\quad\quad 3.8$$

实际上，二项分布的均值就是正面出现的频度。正是因为这一点，二项分布在有关频率的估计和检验中应用非常广泛。而语言研究中涉及词频、字频的问题很多，文体研究更是如此。因此二项分布在文体计量研究中有很重要的应用。那么，二项分布的曲线呈什么样的形状呢？

假设抛掷 10 次质地不均匀的硬币，每次硬币正面出现的概率为 25%，硬币正面出现记为 1，否则为 0。10 次抛掷，正面出现的次数有 11 种可能的结果，即 0,1,2,3,4,5,6,7,8,9,10，每种结果出现的概率不可能一样，这些结果的出现规律呈二项分布，其分布图如图 3.3：

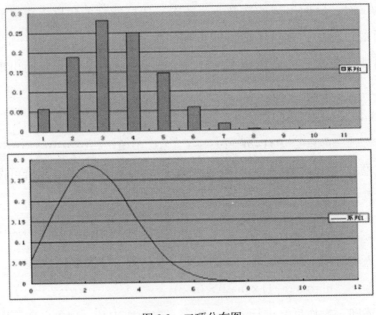

图 3.3　二项分布图

理解二项分布的关键是以下两点：

1.同一试验重复 N 次，N 次试验整体作为一个随机变量，观察这个随机变量每种可能取值的概率。

2. 这被重复 N 次的试验，其每一次试验只有两种可能的取值，每一种取值均有自己的概率，而且两种可能取值的概率之和为 1。

由于二项分布具有上述特性，其在语言的统计分析以及语言教学测试分析中应用极为广泛。为了方便读者理解二项分布的使用，我们分别以这两个领域为例进行说明。

首先举一个语言测试中经常使用的例子，我们经常使用客观题来对学生的外语能力进行评估。有人认为客观题由于提供选择项，学生即便不掌握试题的相关知识，也可以猜对试题的答案，因此客观题不能很好地反映考生对语言的实际掌握情况。但是，客观题考试模式是有非常科学的统计学理论基础和依据的。这个理论依据我们可以用二项分布来进行解释。

假设我们设计了一套英语的客观试题，这套试题由 100 道选择题组成，每道选择题提供 4 个选择项，答对 1 道题得 1 分。我们在出题过程中充分考虑每个学生的能力情况，使得试题难度正好符合学生的能力程度，使得学生如果不掌握相关考题知识，完全靠猜测答题，他选对每一道题的可能性为 1/4，即其答对每一道题的概率为 25%。假设这次考试的及格线为 60 分，我们计算某一个同学完全靠猜测能够考及格的可能性。

根据上述描述，我们可以看到这个考试和上面钱币试验有一些相似又有一些不同。相似的是，我们答每一道题就好比扔一次钱币，答 100 道题就好比扔 100 次钱币；不同的是，扔钱币只有正反两种结果，而做这种选择题有 4 种可能性。如果我们将两者之间的不同点转化成相同点，那么这种考试就完全和扔钱币试验一致了。实际上这种转化是可能的，我们可以稍微转变一下思维，虽然每一道题提供了 4 个选择项，但是这四个选择项只有两类，即一类是正确的，一类是错误的。尽管四个选择项中只有 1 个是正确的，其他 3 个都是错误的。如果在考试过程中，学生选了正确的选择项我们就认为是 1，相当于抛钱币时出现正面；如果学生选择其他三项中的任何一项我们都认为其为 0，相当于扔钱币出现反面，这时我们可以不用管其到底选择了那个错误的选择项。经过这样的转换我们就可以将考试完全看成是同扔钱币一样的试验，当然答对一道题和每次扔钱币正面出现的概率是不一样的。

根据以上所述，我们完全可以将这套考题看做一个成功概率为 25% 的试验被重复了 100 次的随机事件，其完全符合贝努利试验的条件，因此我们也就可以应用二项分布的思路去解决这个问题。由于及格线为 60 分，也就是说我们要计算学生完全依靠猜测答题得 60 分的概率，从上述描述我们可以知道，X=60，n=100，p=25%，根据公式 3.4：

$$f(x=60)=C_{100}^{60} \times 25\%^{60} \times (1-25)\%^{100-60} \quad\cdots\cdots\cdots\cdots\cdots\cdots 3.9$$

其中 C_{100}^{60} 可用下列方法计算：

$$C_{100}^{60} = \frac{100!}{60!(100-60)!} = \frac{100 \times 99 \times 98 \cdots \times 61}{40 \times 39 \times 38 \cdots 1}$$

由于这里涉及的数据非常庞大，用手工计算比较复杂，我们可以用 EXCEL 计算。组合 C_{100}^{60} 我们可以借助 EXCEL 中组合计算函数 COMBIN（num1, num2）计算，这里 num1=100,num2=60。式 3.9 在 EXCEL 中表达如下：

$$F(X=60)=COMBIN(100,60)*0.25^{\wedge}60*(1-0.25)^{\wedge}(100-60)=1.04*10^{-13}$$

用 EXCEL 进行计算的具体情况如图 3.4：

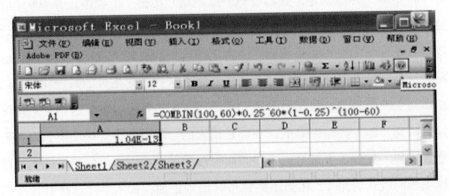

图 3.4　二项分布概率计算方法

即如果一个考生的知识和能力没有达到这份试卷所要求的水平，完全依靠瞎猜，其最后成绩能得到 60 分的概率为 $1.04*10^{-13}$。这是一个几乎为零的非常小的值，这种学生的考试成绩能够达到及格的可能性几乎为零。也就是说，即便是客观试题，学生可以靠猜测答题，但是学生完全靠猜测能够考及格几乎是不可能的。这就是二项分布对目前流行的客观试题考试模式的科学性的有力说明。

二项分布在计量文体学中也有重要应用。词汇的频率值是计量文体学中经常使用的统计量。尽管我们现在还不能够完全确定某一种语言中的某一个单词的频率值是服从二项分布的，但是，从单词的频率的统计特征上看我们发现某个单词的出现情况和贝努利试验是相似的。比如考察 1000 字文章中助词"的"出现的情况。假设我们对 1000 字的文章进行如下操作，即将其中的每个"的"替换成 1，而非"的"汉字替换成"0"，那么这样的操作就和扔 1000 次钱币，碰到正面时记"1"，碰到反面时记"0"的操作相似的。尽管我们不知道"的"在文章中每一个位置出现的概率到底是多少，但是经过对多篇字数相同的文章的统计我们会发现助词"的"千字出现次数的可能性应该近似服从二项分布的。

为了说明这个问题我们统计了池莉、韩少功、余秋雨、林语堂、苏童、贾平凹、王蒙、朱自清、沈从文、老舍等作家的共 148 万字的作品，绘制了"的"字千字频率的分布图。具体做法如下：

我们将这些作品共分成 95 组，使得每一组的字数尽可能差不多。

我们利用"汉日语料库通用分析工具"中的"NGRAM 频率统计"功能抽取"的"出现的频率，这里频率以千分率计算（这相当于 1000 字文章中"的"出现的次数）。

由于"的"字的千分率是连续的实数值，而二项分布是离散分布，所以我们将千分率的实数值四舍五入取整变成整数值。

统计"的"千分率的值落在 10—20、20—30、30—40、40—50、50—

60、60 以上的组数。

  概率统计上的分布描述的是随机变量的取值及其概率之间的关系，通过上述三步我们只获得了"的"在每一组的千分率取值，还不知道每一个取值的概率。我们知道，每一个频率出现的组数和出现的可能性是有关的，即每一个千分率出现的组数越多，说明这个千分率出现的可能性越大，即这个千分率出现的概率越大。但是由于千分率是一个连续的实数值，根据前面知识我们知道，在统计过程中连续型随机变量的某一个特定值的出现的可能性极小，因此统计它是没有意义的。因此，我们通常统计某一个值落在某一区间上的可能性。因此这里，我们统计"的"千分率的值落在 20 以下、20—30、30—40、40—50、50—60、60 以上这几个区间上的组数。其具体的统计情况如下：

区间	20 以下	20—30	30—40	40—50	50—60	60 以上
组数	4	24	45	19	5	1

  根据上述统计数据，我们使用 EXCEL 绘制其分布图如图 3.5：

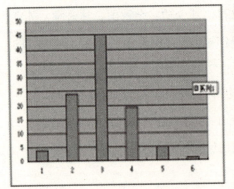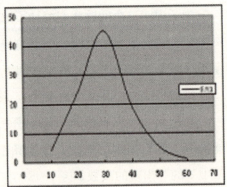

图 3.5 "的"字使用频率分布图

  由上述分布图我们可以看出，汉字"的"在文章中千字使用频度的分布曲线，和图 3.3 二项分布的曲线的形态十分近似。所以我们在进行语言频率相关分析时经常使用二项分布来近似语言现象的频率分布。但是这里我们必须清楚，扔钱币时，如果钱币是均匀的话我们知道正面和反面出现的概率分别是多少；而文章中每一个字的位置出现"的"的概率我们不知道。不过这没有关系，统计学就是解决概率不知道的情况下，某个随机事件发生的可能性的问题的，我们可以通过统计学上的大数定理和中心极限定理解决这个问题。这两个定理我们将在后面的内容中介绍。

普哇松分布

当二项分布的 n 非常大而 p 却非常小时，如果按照二项分布公式计算某一事件的概率时，其计算过程是非常复杂的。比如，1000 字的文章中，其中每一个字的位置出现"你"的可能性是非常小的，我们假设"你"在每一字的位置上出现的概率为 p=0.0036。那么，1000 字的文章中"你"出现 3 次的可能性有多大呢？实际上这就是求 1000 字的文章中出现三个"你"的概率大小问题。根据二项分布的计算公式 3.4，这个概率值可以用如下方法计算：

$$f(x=3)=C_{1000}^{3} \times 0.0036^{3} \times (1-0.0036)^{997} \quad\cdots\cdots\cdots\cdots 3.9$$

虽然我们给出了这个概率值的计算方法，但是，如果采用手工计算我们是无法完成这个任务的。即便用计算机来完成也是比较复杂的。这里 n 我们给定了具体的值，而实际问题中往往 n 很大，有的甚至接近无穷大，或者大到无法给定具体值，这样即便有计算机也无法用二项分布的公式去计算概率值。这时我们就可以使用普哇松分布。实际上二项分布是普哇松分布的一个特殊情况，即 n 比较小，p 比较大的情况。普哇松分布是二项分布的推广，即 n 非常大，p 比较小的情况的二项分布。

根据普哇松小数法则，当 $n \to \infty$，$p \to 0$，$np \to \lambda$，那么二项分布出现下列情况：

$$f(x)=C_n^x p^x(1-p)^{n-x} \to \frac{e^{-\lambda}\lambda^x}{x!}$$

即

$$f(x)= \frac{e^{-\lambda}\lambda^x}{x!} \quad\cdots\cdots\cdots\cdots\cdots\cdots\cdots\cdots\cdots\cdots\cdots\cdots\cdots\cdots\cdots\cdots\cdots\cdots\cdots 3.10$$

这种概率分布我们称之为普哇松分布。普哇松分布的均值和方差相等均为 λ，即：

$$E(X)= \lambda, \qquad V(X)= \lambda$$

普哇松分布图如图 3.6 和图 3.7：

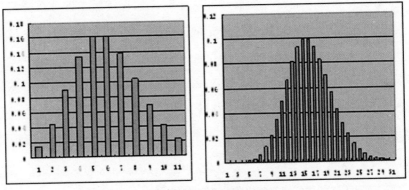

图 3.6　N=10 时的普哇松分布

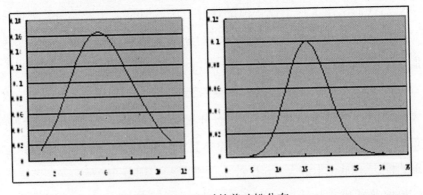

图 3.7　N=30 时的普哇松分布

从上图我们可以看出当自由度 n 越大时普哇松分布越接近正态分布。

实际生活中有很多现象服从或者近似服从普哇松分布。实际上，我们统计某一个字在文章出现的概率就近似服从普哇松分布。通常我们统计汉字出现的频率时，所使用的语料是很大的，即 n 很大，而某一字的使用概率通常很小，往往用千分率计算。这些都是普哇松分布的重要特征。当然，文章中的字和字之间不一定是独立的，所以我还不能完全认为汉字出现的概率分布完全服从普哇松分布，但是用普哇松分布进行逼近是可行的。这一点我们可以从二项分布和普哇松分布的计算结果得到验证。式 3.9 的计算结果为

$$f(x=3)=C_{1000}^{3} \times 0.0036^{3} \times (1-0.0036)^{997}=0.2127502$$

由于 np → λ=3.6，那么我们用普哇松分布公式 3.10 计算，

$$f(x=3)= \frac{e^{-3.6} \times 3.6^{3}}{3!} =0.2124693$$

由此我们可以看出，两种计算方法所得出的"你"在一千字的文章中出现 3 次的概率是非常接近的。这从一个侧面说明了普哇松分布和二项分布的内在联系，另一方面，也说明语言现象也可以用普哇松分布进行逼近。

第三节 文体分析中的大数定律和中心极限定理

大数定理和中心极限定理是概率统计中的两个极其重要的"大定理"。我们之所以能够运用统计的方法从有限的样本观察分析事件整体的特征情况，我们之所以能够在大样本的情况下用正态分布来近似其他分布进行统计分析，其理论依据就是来自这两大定理。

大数定律

从文体分析的角度讲，我们经常提到一个表达方式的频率，经常利用频率来对我们感兴趣的问题进行描述。但是，从前面介绍的内容来看，描述事情的可能性时却都是使用概率。那么频率和概率到底有什么关系，从理论上讲频率到底能不能够当概率来使用？这就是大数定理要解决的问题。

实际上大数定理我们在第二章中就涉及了。当时我们观察扔钱币正面出现的概率和频率的关系时发现，当扔钱币的次数越大时，正面出现的频率会和其概率很接近。由于当时没有涉及太多的概率的知识，所以对这一现象没有做深入的解释。事实上，**大数定理的一个特殊情况就是，当样本足够大时，样本频率接近概率**。现在我们学了二项分布，这个问题用二项分布的理论就可以从根本上得到解释。

我们假设钱币是均匀的，那么理论上正面出现的概率就应该是p=0.5。现在我们观察抛掷 10 次时，正面出现次数的分布情况。假设抛掷 10 次正面出现的次数为随机变量r，第n次为x_n，当抛掷第n次时出现正面则x_n为1，否则x_n为0。那么，抛掷 10 次，正面出现的次数就是：

$$r = x_1 + x_2 + x_3 + x_4 + x_5 + \cdots\cdots + x_{10}$$

我们知道，这里随机变量 r 是服从自由度为 10 的二项分布，其均值和方差如下：

均值 E（r）=np=10*0.5=5,

方差 V（r）=np(1-p)=10*0.5*0.5=2.5

现在我们来看，抛掷 10 次的情况下，钱币正面出现的频率r/n分布情况。

$$r/n = (x_1 + x_2 + x_3 + x_4 + x_5 + \cdots\cdots + x_{10})/n$$

根据二项分布公式（3.4）

$f(x) - C_n^x p^x (1-p)^{n-x}$ 则有如下式子成立：

$$r/n = \frac{C_n^r 0.5^r (1-0.5)^{n-r}}{n} \quad\cdots\cdots\cdots\cdots\cdots\cdots\cdots\cdots\cdots 3.11$$

根据上述情况我们可以得到抛掷 10 次钱币时各种频率出现的概率分布表：

r/10	0.0	0.1	0.2	0.3	0.4	0.5	0.6	0.7	0.8	0.9	1
概率	0.001	0.010	0.044	0.117	0.205	0.246	0.205	0.117	0.044	0.010	0.001

从上面分布表我们看出，抛掷 10 次钱币，正面出现 5 次，也就是说

正面出现的频率为 50% 的概率是 0.246，虽然与其他情况相比这个概率比较大，但是还不能够算高。下面我们增大抛掷的次数，继续观察正面出现的频率落在 50% 附近（比如 50%±10% 这个范围）的概率：

10 次：P（40%<r/10<60%）=0.65625

20 次：P（40%<r/20<60%）=0.73682

30 次：P（40%<r/30<60%）=0.79951

40 次：P（40%<r/40<60%）=0.84614

50 次：P（40%<r/50<60%）=0.88108

100 次：P（40%<r/100<60%）=0.96780

从上面的结果我们可以发现，当抛掷的次数越多，钱币正面出现的频率在 50% 附近出现的可能性越大，当抛掷的次数达到 100 次时，钱币正面出现的频率在 50% 附近（即 40% 至 60% 范围内）出现的概率为 0.9678，也就是这个可能性非常大。从这里我们就可以清楚地看出，当进行大量试验时，频率在概率周围出现的可能性很大，接近于概率。用数学语言表达就是，当试验次数 $n \to \infty$ 时，不管 ε 多么小，总有：

$$P(|r/n-0.5| \leq \varepsilon) \to 1$$

即，当试验次数接近无穷大时，总能够找到一个比较小的数，使得频率值和概率值的差小于这个数的概率接近于 1。通俗一点讲，当试验次数趋近于无穷大时，频率值接近于概率值的可能性也几乎达到 100%。这就是大数定理的第一种情况。正是因为大数定理从理论上证明了，如果样本足够大，我们根据样本的特征就能够相当程度地把握整体的情况，因此利用统计的方法进行总体的情况的推断就有了科学的理论依据。这也是统计推断理论产生的基础。大数定理的应用非常广泛，人们在实际生活中，都有意识无意识地在使用大数定理。比如，各个国家的选举，媒体总是预先用抽样方式调查参选人的民意支持度。当然我们知道全数调查的结果最能够准确地反映一个参选人的实际民意支持度，但是，如果在全部选民中进行全数调查，结果虽然准确，但是将来的选举就会变得没有意义。因此选举制度绝对不允许媒体作这样的调查。但是，根据大数定理，当我们抽查的人数达到一定规模，其结果同样能够相当程度地反映所有选民的民意情况。另外，还有一种情况就是调查产品的寿命时，由于如果进行全数检验就会使所有产品都报废，因此我们通常也采取抽样调查来检验所有产品的情况。这种调查的理论依据也是大数定理。

在分析语言现象时，大数定理的应用也是十分重要的。我们知道，和抛掷钱币、骰子不一样，语言现象的实际概率是没有办法精确计算的，而且语言有无限能产的特性，我们也无法通过全数调查来确定概率的大小。但是在信息爆炸的大数据时代，我们进行语言调查时可以得到几百万甚至几千万乃至数以亿计的语言样本数据，从这样大的样本数据中统计某种语言表达的频率已经不是什么难事，根据大数定理，从这么大规模的语言样本中统计出来的频率，在实际研究中将其当做概率应该是有科学依据的。**我们在文体研究中用频率值替代概率值进行计算的理论依据就是大数定理。**

我们可以利用二项分布证明大数定理存在，同时使我们能够清楚地看到当调查的样本数达到足够大时，频率值接近概率值。这只是大数定理的一种特殊情况。实际上，根据上面的分析我们知道随机变量（r/n）的平均值就是总体的频率值，其样本平均值就是样本频率。也就是说，根据大数定理，当样本足够大时，服从二项分布的随机变量的样本平均值和总体平均值是非常接近的，通常可以用样本平均值来替代总体平均值。实际上，这个规律不仅限于二项分布，服从其他分布的随机变量也服从这个规律。因此，**大数定理所讲的一般情况是，当样本足够大时，样本平均值接近总体平均值。**用数学公式表达就是：

$$P(|\overline{X}_n - \mu| \leq \varepsilon) \quad (n \to \infty)$$

关于大数定理的一般情况的证明比较复杂，超出了本书所要论述的范围，所以这里不再赘述。但是，大数定理的内容在实际研究中我们一定要熟练掌握，准确运用。

中心极限定理

前面在介绍随机变量的分布时，有多处提到当样本足够大时我们可以用正态分布来替代其他分布。这一点非常重要，因为我们在进行文体研究时许多语言现象的分布情况是不知道的。正是因为有了中心极限定理，我们才有依据用正态分布来近似描述语言现象的分布情况。

首先我们来看中心极限定理的一个特殊情况，即用正态分布近似描述二项分布的情况，也即是著名的拉普拉斯定理：

中心极限定理一（拉普拉斯定理）：假设进行 n 次贝努利试验，每次试验事件 X 发生的概率为 p，那么 n 次试验 X 发生的次数随机变量 r 服从二项分布。当 n→∞ 时，可以对随机变量 r 进行标准化：

$$Z=\frac{r-np}{\sqrt{np(1-p)}} \cdots\cdots\cdots\cdots\cdots\cdots\cdots\cdots\cdots\cdots\cdots\cdots 3.12$$

并且，Z 近似服从期望为 0，方差为 1 的标准正态分布。

即当 n 很大时，随机变量 r 近似服从正态分布，对其进行标准化后，式 3.12 服从均值为 0，方差为 1 的标准正态分布 N（0,1）。

由于语言现象的频率分布近似服从二项分布，因此，我们在进行文体分析时经常会使用公式 3.12 对语言现象的频度进行标准化，然后使用正态分布进行分析。

拉普拉斯定理描述的是当 n 很大时二项分布可以用正态分布来逼近的情况，即二项分布的正态分布近似问题。实际上其他分布也和二项分布一样，当样本很大时也可以用正态分布来近似。这就是中心极限定理的一般情况。

中心极限定理二：假设随机变量 $X_1.X_2.X_3……X_n$ 相互独立，并且服从相同的分布。其期望和方差分别是：

$$E(X_i)=\mu, V(X_i)=\sigma^2, i=1,2,3,\cdots\cdots n \quad \cdots\cdots\cdots\cdots 3.13$$

记 $Y_n = \sum_{i=1}^{n} X_i$，那么随机变量 Yn 可以标准化：

$$Z = \frac{Y_n - n\mu}{\sqrt{n}\sigma} \quad \cdots\cdots\cdots\cdots\cdots\cdots\cdots\cdots\cdots\cdots\cdots\cdots 3.14$$

并且，当 n 充分大时，Z 服从期望为 0，方差为 1 的标准正态分布。

中心极限定理的证明比较复杂，超出了本书所要解释的知识范围，所以这里省略。

由于中心极限定理解释了进行大规模抽样统计时可以用正态分布去逼近其他分布，这就为我们利用正态分布来替代未知分布，进行未知分布的计算提供了科学依据。我们在进行文体分析时所碰到的分布可能大多数是未知或者不确定的，我们可以充分依靠中心极限定理，使用正态分布去进行逼近和分析。

第四章　文体计量分析中的抽样和抽样分布

在第二章和第三章中我们重点介绍了文体计量分析中经常涉及的随机变量的数字特征、概率，以及概率分布等概念和定理，即文体分析中所要使用的概率统计理论的基础知识。概率论主要研究事件发生的理论可能性问题，即概率及其分布问题。比如，文体分析中涉及的某种语言现象发生的概率到底有多大，服从什么样的分布等。如果我们知道了这些语言现象的概率分布或者其发生的概率的计算方法，那么就可以计算同一种表达方式不同作家之间使用可能性大小的差别，从而可以判断作品和作家之间的关系。概率论的研究成果已经揭示了许多现象的分布规律，总结出了大量的概率分布类型，如：正态分布、二项分布、普哇松分布等等。但是，还有许多自然现象的分布仍然不是十分清楚，比如文体计量分析中所涉及的语言现象的分布问题。那么，语言现象的概率分布没有彻底解决是不是就意味着我们就不能够对文体进行计量分析了呢？回答是否定的。在概率分布未知的情况下如何对文体进行计量分析，这就需要使用统计的方法。实际上，**统计学就是利用概率论的理论通过对来自一个未知总体的有限样本进行分析，最后推断出整个总体情况的数学方法**。比如，一个作家使用某一个特定汉字的习惯，应该包括他在已经写成的作品中的使用习惯，以及现在还没有写、将来要写的作品中的使用习惯。假如现在我们想知道这个作家使用这个汉字的习惯就必须要搞清楚这两部分作品的所有情况。作家现有作品中的使用频率我们很容易计算，关键是我们如何才能够计算他的那些尚未面世的作品中这个汉字的使用频率。如果我们知道这个作家使用这个字的概率，那么这个问题很容易就可以解决。但是，根据现有的概率知识，语言现象的概率分布是一个没有解决的问题。直接用语言现象的分布函数进行计算是不可行的。但是，根据现有的概率知识，我们可以通过对这个作家的足够的作品进行分析，推断出他使用这个汉字的频率。如果作家的写作习惯没有改变的话，他今后创作过程中这个汉字的出现频率应该与我们通过他已知作品得到的频率是基本一致的。这就是统计学的方法。由此，我们可以看出概率论是统计学的基础，统计学是概率论在实践中的应用，是通过局部观察整体的数学方法。统计学作为一门独立的科学有它自身的特点、规律，其应用领域广泛。在计量文体分析中，会大量使用统计的方法从已知文本或者部分作品来推断作家或者作品的写作风格。

第一节　文章的抽样调查和抽样方法

我们知道，要整体上把握某一现象发生的规律，一个简单的办法就是把包含这个现象的所有事情都调查一遍，即全数调查。比如，我们要想知道一个学校的男生和女生的比例，我们可以将这个学校的所有学生都集中起来，逐个统计，就可以精确地得到这个数据。但是，不是每一个事情都可以这么做的。比如，上述作家的写作习惯问题，因为作家的写作习惯不仅流露在他已经出版的作品中，还将流露在他未出版的作品中。全数调查只能够搞清他的已知作品的情况，对尚未面世的作品却无能为力。再比如，我们要检查某一批灯泡的使用寿命，如果我们用全数调查的方法，那么调查工作结束，所有灯泡也被破坏了。所以这些情况下，全数调查的方法是不能够胜任的。我们必须使用统计的方法，从这些对象中抽取足够的样本，通过对样本的分析来把握总体的情况。

在研究文体风格特征时，某种语言表达方式出现的可能性（即概率）是非常重要的。获得概率的手段无非两种，一是对研究的对象进行全数调查，另一种是知道研究对象的分布函数。由于语言的无限能产性，使得我们无法对语言现象进行全数调查。同样由于语言现象的复杂性，我们目前还没有彻底搞清语言现象发生的规律及其分布函数。因此，我们只能够以概率论的定理为依据，运用统计学方法，从有限的语言样本入手，观察语言整体的情况，逐步摸清语言现象的分布规律。根据前面内容我们可以知道，描述一个随机现象的分布或者分布函数，有两个数字特征是必不可少的，即随机变量的期望（平均值）、方差（衡量随机变量取值的离散程度的参数）。如果我们能够搞清楚这两个参数，对于我们掌握语言现象的分布情况，进而掌握语言现象发生的可能性（概率）至关重要。下面我们就介绍，如何利用有限的语言样本，运用统计手段，分析语言现象分布相关的数字特征以及分布规律。

在运用统计学方法分析实际问题的过程中，样本和总体是我们经常要碰到的基本概念。所谓的**总体就是我们所要研究的对象的全体**。比如我们要研究巴金的写作风格，那么，巴金所写的所有作品都是我们的研究对象，巴金的所有作品就是我们进行统计分析的总体。这里值得注意的是像巴金这样已经去世的作家，由于不可能再有作品问世，因此，巴金作品的总体是可以把握的。但是对于在世的作家（比如王蒙），研究他的文体特征时，我们要研究对象的总体应该是王蒙已经面世的作品以及他还没有创作将来要创作作品的总和。所谓**样本就是我们按照一定的规则从总体中抽取的一部分研究对象**。

在统计中，样本的提取必须要能够反映总体的情况，也就是说上面提到的"规则"十分重要。这个规则必须确保总体中的所有对象都有同等的机会被抽取到样本中来。这个规则必须确保所抽取的样本能够代表总体。比如一个地区百姓的收入往往呈现多种情况，有高收入群体、有中等收入群体、也有低收入群体。我们通过统计手段抽样调查这个地区的收入时，必须保证每个收入群体的家庭都要有平等的机会被抽到样本中来。如果我们所获得的样本中高、中、低收入群体的比例不平衡，那么我们将来分析的结果就会出现很大的偏误。在对作家进行文体分析时，也会碰到同样的问题。比如我们要分析冰心写作风格是否发生变化时，必须要保证冰心在每个时期所写的作品都有平等的机会被抽取到我们的样本中来。如果我们的样本中所抽取的作品集中在某一个时期，那么就不可能分析出冰心写作风格变化的正确轨迹。

我们抽取样本时，**样本中对象的数量叫作样本容量**。样本容量的大小也是十分重要的。我们有一个直观的经验，就是我们要把握一个群体的情况，对这个群体进行全数调查所获得的数据是最能够反映这个群体的真实情况的。比如我们要把握某一所学校女同学的身高情况，最精确的做法是把所有女学生的身高都测量一遍。但是，不是所有的群体都能够像调查女学生身高那样可以进行全数调查的。比如上述提到的研究某个在世作家的写作风格，这个作家已经写出来的作品的写作风格我们可以调查，但是，他尚未创作出来的作品的写作风格我们就无法进行调查。这种情况，我们就要对他的作品进行抽样，当然抽样调查时，样本除了要确保每一个对象都有平等的机会进入样本，使得样本的分布尽量和总体的分布保持一致之外，样本容量越大越能够反映整个群体的情况。

从上面的论述中我们可以看到，样本的抽样方法十分重要，它关系到我们得到的样本能否反映总体的实际情况，也关系到基于样本数据的统计推断结论的正确性。抽样是用统计方法解决实际问题的第一步，这个环节的数据至关重要，这个环节的数据失之毫厘，后期的分析方法不管有多么恰当，结果可能会谬之千里。

1936年美国非常有影响的《文摘》杂志对美国总统选举的预测错误就

是一个著名的案例①。1936年美国总统的竞选在现任总统民主党的罗斯福和共和党的兰顿之间展开。《文摘》杂志为了预测竞选结果，在1000万民众中进行调查，回收230万份反馈。从样本的规模上讲，样本容量已经足够大了，但是令《文摘》意想不到的是他们在此样本基础上所做预测的结果和竞选的结果完全相反，也就是说《文摘》的统计结果是错误的。这个错误的结果致使《文摘》付出了惨重的代价，最终在第二年破产。学者们在分析《文摘》的统计错误时认为，其主要原因是《文摘》在抽样阶段出了问题，1000万调查对象大多数是《文摘》的订户，还有那些有车、有电话的富裕阶层。而普通选民很少进入到这个范围之内。另外，回收的230万份反馈中，绝大多数都是希望罗斯福下台的人，而支持罗斯福连任的，却没有得到反馈。这个原因使得《文摘》所获得样本不具代表性，也就是样本的分布情况和整个美国选民的分布情况不一致。由此我们可以看到，样本抽取在统计分析中是多么重要。美国作家马克·吐温有句名言：世界上有三种谎言，第一是谎言，第二是糟糕的谎言，第三是统计数据。虽然马克·吐温的这句名言对于统计学来说并不公允，但是从一个侧面说明统计抽样的重要性。我们在进行抽样时必须保证以下两点，一是保证抽样数据能够代表总体，二是必须保证样本数量足够大。否则，正如马克·吐温所言统计数据将会成为谎言。

　　为了确保总体中的个体能够都有均等的机会被抽到，使得样本的分布尽量能够和总体分布一致，除了应该确保样本容量必须具备一定规模之外，抽样的方法也十分重要。只有使用正确科学的抽样方法，才能确保上述两个条件。人们在长期的科学实践中总结出了多种科学的抽样方法。常用的抽样方法，有随机抽样和等距离抽样等。

　　随机抽样是一种能够确保总体中的所有对象都有相等的机会被抽取到样本中来的抽样方法。也就是说随机抽样的样本，只要其样本容量符合要

---

① 本例来自陆立强编著，《让数据告诉你》，上海：复旦大学出版社，2008年，第35页。

求,样本特征就能够代表总体特征。正确进行随机抽样需要分两步进行:一是将总体中的所有对象都进行编号;二是找到一个生成随机数的方法。下面以调查某一作家使用标点符号的距离为例说明随机抽样方法的使用。

假设我们要调查鲁迅使用标点符号时每两个标点符号之间使用汉字个数的习惯。由于鲁迅已经去世,鲁迅作品基本都已经出版,当然我们可以使用全数调查的方法进行。但是,全数调查毕竟需要耗费更大的人力和财力,所以我们采用抽样调查。下面以鲁迅《且介亭杂文》中所收录的《中国语文的新生》[①]为例说明随机抽样调查。这里假设《中国语文的新生》为总体,我们用随机抽样的方法抽取样本,然后考察随机抽样的样本是否能够反映总体的情况。抽样调查的第一步必须要确定调查的对象。由于要调查标点符号间隔距离的情况,所以我们要调查的对象应该是处于两个标点之间的文字。那么我们可以将《中国语文的新生》一文两标点内的文字提取出来放在一行,并将每一行进行编号。下面为杂文《中国语文的新生》按标点符号分割并编号后的情况。

1 中国语文的新生	43 清末的办白话报,	85 那些识得《
2 中国现在的所谓中国字和中国文,	44 五四时候的叫"	86 十三经》
3 已经不是中国大家的东西了。	45 文学革命",	87 的名目的学者,"
4 古时候,	46 就为此。	88 灯红"
5 无论哪一国,	47 但还只知道了文章难,	89 会对"
6 能用文字的原是只有少数的人的,	48 没有悟出中国等于并没有文字。	90 酒绿"
7 但到现在,	49 今年的提倡复兴文言文,	91 的文人
8 教育普及起来,	50 也为此,	92 并无用处,

---

① 《中国语文的新生》据说是瞿秋白所作、以鲁迅的名义发表。从计量文体学的角度,以此为例具有应用价值。读者可以以此分析鲁迅和瞿秋白作品的文体差别。

（续表）

9 凡是称为文明国者，	51 他明知道现在的机关枪是利器，	93 却全靠大家的切实的智力，
10 文字已为大家所公有。	52 却因历来偷懒，	94 是明明白白的。
11 但我们中国，	53 未曾振作，	95 那么，
12 识字的却大概只占全人口的十分之二，	54 临危又想侥幸，	96 倘要生存，
13 能作文的当然还要少。	55 就只好梦想大刀队成事了。	97 首先就必须除去阻碍传布智力的结核：
14 这还能说文字和我们大家有关系么？	56 大刀队的失败已经显然，	98 非语文和方块字。
15 也许有人要说，	57 只有两年，	99 如果不想大家来给旧文字做牺牲，
16 这十分之二的特别国民，	58 已没有谁来打九十九把钢刀去送给军队。	100 就得牺牲掉旧文字。
17 是怀抱着中国文化，	59 但文言队的显出不中用来，	101 走那一面呢，
18 代表着中国大众的。	60 是很慢，	102 这并非如冷笑家所指摘，
19 我觉得这话并不对。	61 很隐的，	103 只是拉丁化提倡者的成败，
20 这样的少数，	62 它还有寿命。	104 乃是关于中国大众的存亡的。
21 并不足以代表中国人。	63 和提倡文言文的开倒车相反，	105 要得实证，
22 正如中国人中，	64 是目前的大众语文的提倡	106 我看也不必等候怎么久。
23 有吃燕窝鱼翅的人，	65 但也还没有碰到根本的问题：	107 至于拉丁化的较详的意见，
24 有卖红丸的人，	66 中国等于并没有文字。	108 我是大体和《
25 有拿回扣的人，	67 待到拉丁化的提议出现，	109 自由谈》
26 但不能因此就说一切中国人，	68 这才抓住了解决问题的紧要关键。	110 连载的华圉作《

（续表）

27 都在吃燕窝鱼翅，	69 反对，	111 门外文谈》
28 卖红丸，	70 当然大大的要有的，	112 相近的，
29 拿回扣一样。	71 特殊人物的成规，	113 这里不多说。
30 要不然，	72 动他不得。	114 我也同意于一切冷笑家所冷嘲的大众语的前途的艰难；
31 一个郑孝胥，	73 格理莱倡地动说，	115 但以为即使艰难，
32 真可以把全副"	74 达尔文说进化论，	116 也还要做；
33 王道"	75 摇动了宗教，	117 愈艰难，
34 挑到满洲去。	76 道德的基础，	118 就愈要做。
35 我们倒应该以最大多数为根据，	77 被攻击原是毫不足怪的；	119 改革，
36 说中国现在等于并没有文字。	78 但哈飞发见了血液在人身中环流，	120 是向来没有一帆风顺的，
37 这样的一个连文字也没有的国度，	79 这和一切社会制度有什么关系呢，	121 冷笑家的赞成，
38 是在一天一天的坏下去了。	80 却也被攻击了一世。	122 是在见了成效之后，
39 我想，	81 然而结果怎样？	123 如果不信，
40 这可以无须我举例。	82 结果是：	124 可看提倡白话文的当时。
41 单在没有文字这一点上，	83 血液在人身中环流！	125 九月二十四日。
42 智识者是早就感到模糊的不安的。	84 中国人要在这世界上生存，	

第二步我们用随机抽样的办法抽取 25 行作为《中国语文的新生》的样本。随机数我们使用 EXCEL 产生。首先在 EXCEL "工具——加载宏"中勾选 "分析工具库"，然后 "工具" 栏中会出现 "数据分析"。点开 "数

据分析"中的"随机数发生器"。由于我们要从总体中随机抽取 25 行作为样本，必须使得总体中的每一行都有相等的机会被抽取到，所以我们必须使用均匀分布产生随机数。由于《中国语文的新生》总体行数为 125 行，因此随机数的范围必须在 1—125 之间。随机数发生器的具体设置如图 4.1：

图 4.1　随机数发生器参数设置

按照上图设置后按"确定"会产生 25 个随机数。由于这 25 个随机数不是整数，我们可以用四舍五入的办法将随机数取整。得到如下结果：

| 48 | 13 | 75 | 112 | 111 | 120 | 3 | 52 | 108 | 18 | 31 | 7 |
| 5 | 21 | 28 | 3 | 36 | 44 | 70 | 45 | 47 | 45 | 114 | 59 | 54 |

我们从上面经过整理的《中国语文的新生》125 行文字总体中将对应于上述 25 个随机数的行抽取出来，形成《中国语文的新生》的一个样本。

下面我们来考察，由随机抽样得到的这个样本能否反映总体的情况。也就是用这种办法得到的样本是否能够代表总体。根据前面几章内容，随机变量的分布情况主要是由分布类型、期望值、方差等三个要素决定的。如果样本的这三个要素和总体的这三个要素基本相当，那么我们就可以认为这个样本是可以代表总体的。这个例子中，如果将《中国语文的新生》一文中标点符号之间的间隔距离（汉字数）作为一个随机变量，那么根据均值和方差的计算公式,我们可以计算出《中国语文的新生》总体中每两个标点符号之间的间隔距离(字符数)这个随机变量的两个数字特征——均值和标准差分别是:

$$\mu=8.56;\ \sigma=4.02 \cdots\cdots\cdots\cdots\cdots\cdots\cdots\cdots\cdots\cdots\cdots\cdots\cdots\cdots 4.1$$

我们根据上述办法抽到的样本的标点符号的间隔距离如表 4.1:

表 4.1　标点符号间隔距离样本

行号	3	3	5	7	13	18	21	28	31
字数	13	13	6	5	10	9	10	4	6
行号	36	44	45	45	47	48	52	54	59
字数	13	7	6	6	10	14	7	7	12
行号	70	75	108	111	112	114	120		
字数	9	6	6	5	4	24	11		

根据样本平均值和样本方差的计算方法可以得到这个样本的均值和标准差[①]分别是:

$$\overline{X}=8.92;\ S=4.39 \cdots\cdots\cdots\cdots\cdots\cdots\cdots\cdots\cdots\cdots\cdots\cdots\cdots 4.2$$

比较式 4.1 和 4.2 可以很清楚地发现,由随机抽样得到的这个样本的两个数字特征——均值和均方差与总体的均值和均方差非常接近。由此也可以说明,用上述随机抽样的方法得到的样本,当样本容量足够大时,样本的情况和总体的情况基本上是一致的,也就是说,这样得到的样本能够反映总体的情况。

样本的抽取方法,除了随机抽样外,还可以使用**等距离抽样**。这里仍以《中国语文的新生》中标点符号的间隔距离为例说明等距离抽样的方法。抽样之前也必须完成第一步工作,即将《中国语文的新生》每两个标点符号之间的文字放在一行内,然后对其进行编号。

---

① 样本平均值和样本方差的计算方法将在后面介绍。

第二步：确定样本大小。这里仍然将样本容量确定为 25。

第三步：确定抽样距离。通俗地讲就是确定每隔多少行抽取一行。这里相隔的行数必须相等，也就是等距离。由于总体的行数为 125 行，我们要从中抽取 25 行，而且抽取时相隔的行数要相等，因此通过简单除法就可以知道，这个间隔距离是 5 行。

由此，我们抽到的行编号应该是：

5　10　15　20　25　30　35　40　45　50　55　60　65　70　75　80　85　90　95　100　105　110　115　120　125

根据这种办法我们抽到的标点符号间隔距离的样本如表 4.2：

表 4.2　标点符号间隔距离样本

行号	5	10	15	20	25	30	35	40	45
字数	6	10	7	6	7	4	14	9	6
行号	50	55	60	65	70	75	80	85	90
字数	4	12	4	13	9	6	9	5	3
行号	95	100	105	110	115	120	125		
字数	3	9	5	7	8	11	7		

根据样本平均值和样本均方差的计算方法计算由等距离抽样得到的样本的均值和标准差分别如下：

$$\bar{X}=7.36；S=3.026 \cdots\cdots\cdots\cdots\cdots\cdots\cdots\cdots\cdots\cdots\cdots\cdots 4.3$$

等距离抽样是我们在实践中经常使用的方法，有时候用它来替代随机抽样。多数情况下这种替代是可行的，但是，个别时候也会出现等距离抽样得到的样本不能够反映总体的情况。这一点我们从上述例子也可以看出，比较由等距离抽样所得到的样本和总体的两个数字特征可以发现，等距离抽样得到的样本的特征不像随机抽样所得到的样本那样能够高度地反映总体的情况。但是基本上还是可以接受的。由此也可以说，由等距离抽样得到的样本,也大体上可以反映总体的情况。

当等距离抽样不能够很好地反映总体情况时,这时候我们必须在进行等距离抽样前认真考虑一下等距离抽样是否会有出现偏差的现象,如果会出现,那么就需要对等距离抽样的距离进行调整,以保证样本特征能够反映总体的特征。

第二节 文体的统计量和抽样分布

前面我们介绍了随机变量的数字特征和分布的知识。这些数字特征和分布情况是就事件的总体情况而言的。在文体分析过程中,事件的总体情况一般我们是不知道的,也是我们需要通过统计方法进行求证的。统计方法对事件总体情况的求证主要是通过观察分析从总体中抽取的样本的情况进行推断。比如我们要分析一个作家句子长度的习惯,通常是利用作家的一部分作品(即样本)来分析推断其全部作品的情况。这样,对样本的统计分析就显得十分重要,必须有一整套科学的方法。数理统计学已经为这方面的工作做好了理论准备。

前面我们介绍的随机变量的均值、方差、分布函数、概率密度函数等,都是针对随机变量(事件的总体)的。而对样本进行分析实际上是对部分事件进行描述,和对总体进行统计分析时一样,对样本进行统计分析时,也需要描述数据分布的中心位置和数据的分散程度,即样本均值、样本方差等数字特征,同时还需要用样本分布形式来对样本的分布特征进行描述。

样本均值和样本方差

样本的均值称之为样本平均值,通常用 $\overline{X}$ 来表示;样本的方差称之为样本方差,通常用 S^2 表示。假设有样本 X:x_1、x_2、x_3……x_n,那么,样本平均值为:

$$\overline{X} = \frac{1}{n}\sum_{i=1}^{n} X_i \quad\cdots\cdots\cdots\cdots\cdots\cdots\cdots\cdots\cdots\cdots\cdots\cdots\cdots\cdots\cdots\cdots\cdots 4.4$$

样本方差则为:

$$S^2 = \frac{1}{n-1}\sum_{i=1}^{n}(X_i - \overline{X})^2 \quad\cdots\cdots\cdots\cdots\cdots\cdots\cdots\cdots\cdots\cdots\cdots 4.5$$

样本的标准差记为 S:

$$S = \sqrt{\frac{1}{n-1}\sum_{i=1}^{n}(X_i - \overline{X})^2} \quad\cdots\cdots\cdots\cdots\cdots\cdots\cdots\cdots\cdots 4.6$$

这里值得注意的是,样本方差不是除以样本容量n,而是除以n–1。但是,当样本容量很大时,由于 1/n 和 1/(n–1) 的值十分接近,为了计算方便有时也可以用 1/n。前面一节中的式 4.2 和式 4.3 就是由这个公式计算得来的。当然在对实际的样本进行计算时可以利用 EXCEL 等计算机工具进行。

样本均值和样本方差,在利用统计方法进行统计推断时经常用到。它们还有下列性质:

样本均值的均值就是总体的期望值,即:

$$E(\overline{X}) = \mu \quad\cdots\cdots\cdots\cdots\cdots\cdots\cdots\cdots\cdots\cdots\cdots\cdots\cdots\cdots\cdots\cdots\cdots 4.7$$

样本均值的方差是总体方差的 1/n,即:

$$D(\overline{X}) = \frac{\sigma^2}{n} \quad\cdots\cdots\cdots\cdots\cdots\cdots\cdots\cdots\cdots\cdots\cdots\cdots\cdots\cdots\cdots 4.8$$

由于样本的数字特征存在这样的性质,因此,常常使用样本的数字特征来估计总体的数字特征,这就是后面章节要涉及的参数估计问题。

抽样分布

假设 X_1、X_2、X_3……X_n 为来自某个总体的样本,由这个样本为自变量构成的函数 $f(X_1、X_2、X_3……X_n)$ 是一个随机变量,我们通常称这种由样本为自变量所构成的随机变量为**统计量**。统计量是以样本为自变量的,可以说统计量是对样本的概括,它反映了样本的特性。由于样本的均值和样本的标准方差，都是由样本所构成的函数，因此，样本均值和标准差都是统计量，而且是我们运用统计手段解决实际问题时经常要使用的统计量。从式 4.7 和式 4.8 我们可以看到，样本均值的期望等于总体期望、样本均值的方差等于总体方差的 1/n，正是由于样本的统计量和总体数字特征之间存在着这样的关系，因此可以说统计量是联系样本和总体的重要纽带。这也是我们经常使用样本去观察总体情况的重要原因。常用的统计量除了样本均值和样本标准差外，还有样本方差、样本相关系数等等。

根据前面的内容我们知道，描述随机变量的特点除了均值和方差这两个数字特征外，随机变量的分布形式也是必需的。作为随机变量的统计量，也存在自己的分布形式。统计量的分布和总体的分布密切相关，其分布形式可以由总体的分布形式推导出来。反过来，我们根据统计量的取值规律也可以计算总体的分布。通常我们将统计量的概率分布叫作抽样分布。前文我们说过，求得一个随机变量的精确分布是一个非常困难的事情，统计量的抽样分布的精确描述也是非常困难的。不过，经过统计学家们的艰苦努力，统计学界在描述一些和正态总体有关的抽样分布形式方面已经取得了许多突破，给出了这些分布的概率的计算表。同时现在许多计算机统计分析工具也给出了这些分布的计算方法。我们在实践中经常使用的这些抽样分布有 x^2 分布、T 分布、F 分布等。由于在进行文体分析时我们会经常使用这些分布，所以下面简要介绍这几个常用的抽样分布知识。

A) x^2 分布

x^2（开方）分布在检验两个总体之间的数据均匀程度（方差）是否一致时经常用到，是统计假设检验中常用的重要分布。x^2 分布和正态分布有着非常密切的关系，可以说 x^2 分布是由正态分布导出的。

假如有 n 个服从标准正态分布 N（0,1）（即均值为 0，方差为 1）的随机变量：X_1、X_2、X_3……X_n，它们的平方和也是一个随机变量，即：

$$U = X_1^2 + X_2^2 + X_3^2 \cdots\cdots X_n^2 \quad\quad\quad\quad 4.9$$

这个随机变量服从的分布叫作 x^2 分布，我们记为 $U \sim x^2(n)$。这个服从 x^2 分布的随机变量的均值（期望）和方差分别是：

E（U）=n，V（U）=2n，n 是组成开方随机变量的正态随机变量的个数，我们称之为 x^2 分布自由度。x^2 分布的分布曲线如图 4.2 所示。

图中 df 的值为自由度 n，自由度 n 越小曲线越偏，自由度 n 越大曲线趋于对称，越接近于正态分布曲线。x^2 分布的概率密度函数比较复杂，这里不做具体介绍。由于 x^2 分布在实践中有着广泛的应用，统计学界的专家们已经制作了 x^2 分布表，我们在应用 x^2 分布解决实际问题时可以使用 x^2 分布表。同时随着计算机软件技术的进步，许多统计方面的软件工具也提供 x^2 分布的计算函数，如 EXCEL 等。我们可以很方便地利用这些工具实现我们的目的。

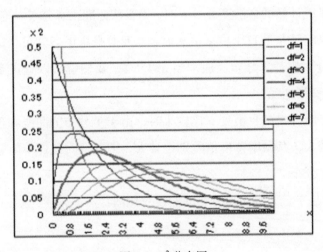

图 4.2 x^2 分布图

B）T 分布

和 x^2 一样 T 分布也属于抽样分布，我们在运用统计学理论进行文体分析时会经常使用 T 分布和 T 检验。

T 是由符合以下两个条件的随机变量 X 和 Y 的函数，其中随机变量 X 必须服从标准正态分布，即 X~N（0,1）；随机变量 Y 服从 x^2 分布，即 $Y \sim x^2$（n），

而且随机变量X和Y相互独立,那么函数:

$$T = \frac{X}{\sqrt{Y/n}} \quad\cdots\cdots\cdots\cdots\cdots\cdots\cdots\cdots\cdots\cdots\cdots\cdots\cdots\cdots\cdots 4.10$$

T服从自由度为n的T分布,可以记成T~t(n)。由于T分布的概率密度函数十分复杂,而且实践中我们没有必要手工根据T分布的概率密度函数对T统计量进行计算,因此,T分布的概率密度函数这里不做详细介绍。T分布的概率密度函数计算可以利用T分布表以及计算机软件工具轻松解决。T分布的计算虽然可以利用计算机解决,但是T分布的性质必须要认真掌握,这对我们熟练运用T分布解决文体分析的实际问题,掌握运用T分布的条件十分有用。T分布有以下重要性质:

1. T分布的概率密度曲线是关于0对称的;

2. 当T统计量的自由度$n \to \infty$时,T服从标准正态分布N(0,1);

3. 当T统计量的自由度n很大时,T近似服从正态分布。这时我们可以用正态分布代替T分布。通常当n>45时,我们就可以查正态分布表来得到T的概率密度值;

4. 当T统计量的自由度n比较小时,由于T分布的曲线和正态分布曲线的区别较大,其概率密度值差别也较大,因此这时我们不能够用正态分布来代替T分布。

图4.3是T分布和正态分布的曲线对比图:

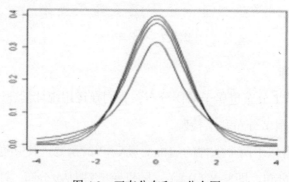

图4.3 正态分布和T分布图

上图钟形顶端从上到下依次为：最上端为正态曲线 N（0,1）；其次为自由度为 10 的 T 分布曲线 T(10);第三条曲线为自由度为 4 的 T 分布曲线 T（4）；最下面的是自由度为 1 的 T 分布曲线 T（1）。由上图我们也可以看出，当 T 分布的自由度越大时，T 分布曲线越向正态分布曲线靠近。我们在实际操作过程中，当自由度超过 45 时，我们通常就用正态分布来替代 T 分布。

根据式（4.10）我们可以构造出下面服从 T 分布的统计量 t：

$$t = \frac{\bar{X} - \mu}{\sqrt{\frac{S^2}{n}}} \quad \cdots\cdots\cdots\cdots\cdots\cdots\cdots\cdots\cdots\cdots 4.11$$

这里，$\bar{X}$ 为样本平均值，μ 为总体的期望值，S 为样本标准差，n 为自由度。我们知道，如果总体的标准差为 σ，那么，样本平均值 $\bar{X}$ 是服从期望为 μ、方差为 σ^2/n（根据式 4.8）的正态分布的，因此有：

$$Z = \frac{\bar{X} - \mu}{\sqrt{\frac{\sigma^2}{n}}} \quad \cdots\cdots\cdots\cdots\cdots\cdots\cdots\cdots\cdots\cdots 4.12$$

服从均值为 0、方差为 1 的标准正态分布。由于式（4.11）可以变换成：

$$t = \frac{\bar{X} - \mu}{\sqrt{\sigma^2/n}} \bigg/ \sqrt{\frac{(n-1)S^2}{\sigma^2} \bigg/ (n-1)} \quad \cdots\cdots\cdots\cdots 4.13$$

这样式 4.13 就满足了 T 分布的两个条件，即分子服从标准正态分布，分母服从 x^2 分布。由于式 4.13 和式 4.11 是等价的，由此就可以证明，式 4.11 也是服从 T 分布的。

这个结论非常重要，因为我们进行统计分析时，通常总体的标准差是不知道的，即便知道式 4.12 服从标准正态分布也无法应用式 4.12 进行计算。有了式 4.11 我们就好办多了。因为尽管不知道总体的标准差，但是样本标准差 S 是很容易得到的，而且通过上面的证明，式 4.11 是服从 T 分布的，所以利用 T 统计量进行概率计算就变得非常方便。这也是我们在总体方差不知的情况下经常使用 T 统计量进行统计分析的原因。

C）频率的抽样分布

频率是我们衡量词使用情况的指标。作家的写作习惯通常会在一些词的使用上流露出来，另外体裁不同的文章其遣词造句的方法也不相同，这也能够在一些词的使用和品词的比例上体现出来。因此，文体分析时经常使用到品词的比例和词频的计算。那么样本中频率分布会呈现出什么样的规律呢？这就涉及频率的抽样分布问题。

根据第三章的知识，我们知道事件的频度通常是服从二项分布的。一个单词的频度通常也近似服从二项分布。假设我们统计 n 字的文章中汉字"了"出现的次数 m。实际上 m 是一个近似服从二项分布的随机变量，假设"了"发生的概率为 p，则有随机变量 m 的期望为 np，其方差为 np(1−p)。而"了"的频率 f=m/n 也是近似服从二项分布的，f 的期望值为 np/n=p，其方差值为 np(1−p)/n=p(1−p)。

我们在对一个作家使用"了"字习惯进行估算时，通常是抽取一个作家的若干字文章作为样本进行分析，因此就存在这个抽样样本的频率 f 的分布问题。这实际上也是抽样分布。根据式 4.7 和式 4.8 抽样分布均值和标准差的性质，可以得到抽样分布的均值和方差分别是：

$$E(f)=p \quad\quad\quad\quad\quad\quad\quad\quad\quad\quad\quad\quad 4.14$$

$$D(f)=\sigma^2/n=\frac{p(1-p)}{n} \quad\quad\quad\quad\quad\quad\quad\quad 4.15$$

由于进行文章的统计抽样，通常样本很大，一般超过 1000，有时超过几万甚至更多。所以根据中心极限定理，我们可以将"了"字在这样的大样本中的出现频率 f 的分布用均值为 p，方差为 p(1−p)/n 正态分布来近似。也由此可知，经过标准化的下面的统计量是服从均值为 0、方差为 1 的标准正态分布的：

$$Z=\frac{P-p}{\sqrt{\dfrac{p(1-p)}{n}}} \quad\quad\quad\quad\quad\quad\quad\quad 4.16$$

这个结论对我们估计一个作家的词汇量和作家使用某一个字的频率非常有用，因此式 4.16 在计量文体分析中十分重要。

概率的大小通常代表着事件发生的可能性，一个作家使用某种表达方式的可能性往往代表这个作家的写作习惯和写作风格，因此作家的这种习惯和风格可以用概率进行计量。通过概率描述作家的这种习惯和风格使得我们对作家文体的分析变得更加科学、更加精密。概率的计算必须依靠随机变量的分布函数和概率密度函数。在第三章中介绍的三种分布函数或概率密度函数和这里所给出的三种抽样分布函数是我们在文体分析中经常使用的分布函数。其中第三章中介绍的二项分布、普哇松分布、正态分布是基础，通过这些分布我们就可以计算出某种文体特征发生的概率；x^2 分布、T 分布都是抽样分布，我们通过抽取某个作家作品的样本来分析他的写作习惯和写作特点时，经常使用这两个分布对样本进行假设检验等统计分析。

第五章　文体计量分析中的参数估计问题

根据前面几章内容我们知道统计学是通过局部情况来了解整体情况的数学方法，概率论为统计学提供理论基础。在这些章节中我们虽然举了很多有关文体和作家写作风格计量分析的例子，但是这些例子主要用来说明文体计量分析中所使用的概率论和统计学基础知识和基本概念的，虽然有些例子涉及了一些文体分析的实际问题，但是并不是主要的。在文体分析中主要需要解决的问题是某一个作家写作上有什么特点，或者某种体裁作品的表达方式上有什么特点。而我们通常面对的是作家一篇一篇的具体作品，或者某种体裁作品中的具体的文章，我们所要做的是从这一篇篇具体文章中总结、归纳出某一作家或是某一体裁作品的总体上的特征。正是因为文体研究通常是从少数的、个别的文本考察作家的总体写作风格，或者是一类体裁的文体特征。计量文体分析研究的这种性质，使得在文体分析过程中使用统计学的方法成为可能。

在实际生活中，我们经常想知道事件整体的实际情况，但是由于事件整体数量庞大，或者由于事件还在不断发展过程中，导致无法对事件整体进行全数统计分析，只好通过对事件进行抽样分析，用从样本分析中得到的有限数据来估计事件整体的情况。比如我们想知道中国男女比例是否已经失调，要想知道这个事情准确情况，对中国13亿人口进行全部调查是最直接的。但是，在13亿人口中进行全数调查并非易事，需要耗费的人力和财力是巨大的，通常也是现实情况所不允许的。因此进行抽样调查，利用样本的比例来估算整体的情况，是一般人最朴素的想法。在美国总统大选时，很多媒体都在民众中间进行候选人支持率的调查，以此来估计候选人将来的得票率，从而预测未来的总统。这种情况下不可能进行全数调查，因为大选还没有开始，如果进行全数调查就等于进行了一次普遍意义上的选举，会使后面真正意义上的大选变得毫无意义，这是不能允许的。这种情况下只能用抽样调查的方法来估计候选人将来的得票率。

计量文体学研究的对象是特殊文体风格所反映出的数量特征。我们通常需要用数量对文体特征和风格进行描写。某个作家或者某种体裁的作品的独特性会反映在其作品遣词造句的习惯上，而这些习惯往往又可以量化。一个作家在使用其喜欢的词时会无意间流露出其独特的数量特点，而且通常一个作家一定量的作品中所包含的词汇量也有别于其他作家。某种特定体裁的作品，其中使用的句式、品词的使用等方面也会呈现出特殊的量化特点。比如，摘要中名词要多于其他品词；景物描写的文章中名词较少，而形容词、副词等品词较多；动作描写的文章中名词、形容词等较少，而动词却较多。

上面提到的例子中的这些数值，无论是男女的比例、候选人的支持率还是代表作家写作风格或者是某一类体裁文章文体的量化特征，往往在现实生活中有很重要的意义，都是人们在事先梦寐以求的东西。能够利用统计方法求得这些数值对我们来讲很有诱惑。根据前四章的内容我们知道，从理论上讲，确定一个随机变量的分布规律最重要的因素有三个，即随机变量的均值、方差和分布形式，而均值和方差是决定分布函数的重要的参数。比如，反映作家写作习惯的字词的频率，在概率论和统计学里实际上是二项分布的均值，是二项分布的参数。上述例子中对比率的估计实际上就是对二项分布重要参数之一——均值的估计。如果能够从样本确定这些参数的值，不但能够满足人们先知为快的现实需求，而且可以解决概率分布的重要的理论问题。

从文体分析的角度看，一篇文章如果不是太长，其量化特点可以通过对作品进行全数统计，而且可以得出一个精确的数据。但是，如果是对一类作品或者是对某一位作家的写作习惯进行分析，使用全数统计的方法就不太可能。因为一种体裁的作品，其包含的作品数量庞大，无法穷尽；而一位在世的作家，特别是他还在从事写作，那么对他的作品也不可能做全数统计。另外根据概率论的基础知识，如果知道了能够反映作家写作习惯和某个体裁文体特点的随机变量所服从的概率分布，我们也可以精确计算出这些量化特点的值。但是，文体特征的概率分布情况至今尚不十分清楚，特别是描述分布所必需的参数（如均值、方差等）和分布形态一般都是未知的。因此，我们只能够对其写作上的量化特点（分布的参数）进行估计。当然这种估计必须用科学的方法，才能获得符合实际的结果。统计学为我们提供了这种估计的科学方法，即点估计和区间估计的理论。

第一节 文体特征参数的点估计

上述文体特征的量化特点用"多、少"这样比较模糊的表述方法可以描述，但是，通常人们会需要一个更具体的数量来对文体特点进行描述。就像美国媒体在报道总统的支持率时，总是会给出一个具体的数值，比如40%。这个数值是美国媒体用前面章节中介绍的抽样方法，从老百姓中调查得到的。这个数字能不能够代表老百姓对总统支持的真实情况，是不是有科学依据？我们想知道一个作家使用某一个字（词）的习惯，就要知道他使用这个字（词）的频率，一个最朴素的方法就是像调查总统支持率一样抽取该作家的一部分作品，统计这部分作品中这个字（词）的使用频率。这样做能不能够反映这个作家使用该字（词）习惯的真实情况，这就是这一节内容要讲述的问题。

正如前面所述的那样，作家使用某一个字（词）的习惯（使用频率）对衡量作家的写作风格十分重要，这个值对确定其分布形式也十分重要。但是这个量化特征的精确值在作家在世时我们是没有办法得到的，我们只能够利用作家作品的样本对其进行推断，这在统计学上就叫作**估计**。为了估计总体的值而使用的样本的这些统计量，我们通常称之为**估计量**。由于均值、方差等参数对确定随机变量的分布至关重要，因此，统计学上通常所要估计的总体的参数主要有总体的均值、总体的方差、总体的相关系数等。我们在分析作家的写作习惯时，通常从这个作家的一部分作品（样本）中统计某一个字（词）的频率，并将其作为这个作家使用这个字（词）总体频率的估计值。其实，这里就不自觉地使用了估计这个统计学方法。像这样使用来自样本的**一个具体值**（如样本平均值）来估计总体值的统计方法叫作**点估计**。因为这时的估计值是一个具体的数值，是一个点。

在利用样本的统计量对总体参数进行点估计时，必须要保证样本统计量的无偏性，即样本统计量的值必须集中在总体值的周围。比如，我们统计某一个班级的考试成绩时，代表这个班级整体成绩的统计量可以有这么几个：平均值、中位数、众数等。那么这三个统计量中哪一个能够作为总体平均值的估计量呢？当然我们需要的是分布在总体平均值周围（即无偏）的那个统计量。根据概率论的中心极限定理我们知道，样本平均值的期望就是总体期望。也就是说样本平均值总是围绕总体平均值分布的，因此，样本平均值是总体平均值的一个无偏估计量。

那么，样本方差能否作为总体方差的无偏估计量呢。假设 X1.X2.X3.Xn 为来自总体的一个样本，其样本平均值为 $\overline{X}$，根据第二章公式 2.9，我们可以用如下方法计算样本方差：

$$S^2 = \frac{1}{n} \sum_{i=1}^{n} (X_i - \overline{X})^2 \quad \cdots\cdots\cdots\cdots\cdots\cdots\cdots\cdots\cdots\cdots\cdots\cdots 5.1$$

由此我们得到

$$E(S^2) = \frac{n-1}{n}\sigma^2 \cdots\cdots\cdots\cdots\cdots\cdots\cdots\cdots\cdots\cdots\cdots\cdots\cdots\cdots 5.2$$

由公式 5.2 我们明显看到，如果按照公式 5.1 计算样本方差，那么样本方差的平均值和总体方差之间差 1/n 倍。显然，这样算出来的样本方差不是总体方差的无偏估计量。为了消除这个差距，保证样本方差为总体方差的无偏估计，我们必须对公式 5.1 进行调整，将乘以 1/n 改成乘以 1/(n-1)。这样得到下面的公式：

$$S^2 = \frac{1}{n-1}\sum_{i=1}^{n}(X_i - \bar{X})^2 \cdots\cdots\cdots\cdots\cdots\cdots\cdots\cdots\cdots\cdots 5.3$$

这就是第四章中样本方差要用公式 5.3，而不用 5.1 的原因。

总体期望和总体方差对描述总体情况以及随机变量分布非常重要，我们经常要用统计学的方法对这两个参数进行估计。由于样本均值和样本方差 5.3 为总体均值和总体方差的无偏估计，所以常用样本均值来估计总体均值，样本方差来估计总体方差。

选择点估计统计量的标准除了无偏性外，还有一致性、有效性等，这里不一一介绍。

下面是来自朱自清的散文《荷塘月色》的两段文字，我们以此为例来讲述点估计的计算步骤。

曲曲折折的荷塘上面，弥望的是田田的叶子。叶子出水很高，像亭亭的舞女的裙。层层的叶子中间，零星地点缀着些白花，有袅娜地开着的，有羞涩地打着朵儿的；正如一粒粒的明珠，又如碧天里的星星，又如刚出浴的美人。微风过处，送来缕缕清香，仿佛远处高楼上渺茫的歌声似的。这时候叶子与花也有一丝的颤动，像闪电般，霎时传过荷塘的那边去了。叶子本是肩并肩密密地挨着，这便宛然有了一道凝碧的波痕。叶子底下是脉脉的流水，遮住了，不能见一些颜色；而叶子却更见风致了。

月光如流水一般，静静地泻在这一片叶子和花上。薄薄的青雾浮起在荷塘里。叶子和花仿佛在牛乳中洗过一样；又像笼着轻纱的梦。虽然是满月，天上却有一层淡淡的云，所以不能朗照；但我以为这恰是到了好处——酣眠固不可少，小睡也别有风味的。月光是隔了树照过来的，高处丛生的灌木，落下参差的斑驳的黑影，峭楞楞如鬼一般；弯弯的杨柳的稀疏的倩影，却又像是画在荷叶上。塘中的月色并不均匀；但光与影有着和谐的旋律，如梵婀玲上奏着的名曲。

假设上述文字是用随机抽样的办法从朱自清的文章中抽到的样本，我们想对朱自清的标点符号的间隔距离、"的"字使用频率，以及朱自清的用字量等代表朱自清写作习惯的参数进行估计。

首先是标点符号间隔距离的样本平均值和样本方差。由于文字量不大，我们可以手工将这两段文字进行断句，然后导入到 EXCEL 中统计并计算。具体情况如下表：

两个标点间的文字	标点距离	两个标点间的文字	标点距离
曲曲折折的荷塘上面，	10	而叶子却更见风致了。	10
弥望的是田田的叶子。	10	月光如流水一般，	8
叶子出水很高，	7	静静地泻在这一片叶子和花上。	14
像亭亭的舞女的裙。	9	薄薄的青雾浮起在荷塘里。	12
层层的叶子中间，	8	叶子和花仿佛在牛乳中洗过一样；	15
零星地点缀着些白花，	10	又像笼着轻纱的梦。	9
有袅娜地开着的，	8	虽然是满月，	6
有羞涩地打着朵儿的；	10	天上却有一层淡淡的云，	11
正如一粒粒的明珠，	9	所以不能朗照；	7
又如碧天里的星星，	9	但我以为这恰是到了好处——	13
又如刚出浴的美人。	9	酣眠固不可少，	7
微风过处，	5	小睡也别有风味的。	9

（续表）

两个标点间的文字	标点距离	两个标点间的文字	标点距离
送来缕缕清香，	7	月光是隔了树照过来的，	11
仿佛远处高楼上渺茫的歌声似的。	15	高处丛生的灌木，	8
这时候叶子与花也有一丝的颤动，	15	落下参差的斑驳的黑影，	11
像闪电般，	5	峭楞楞如鬼一般；	8
霎时传过荷塘的那边去了。	12	弯弯的杨柳的稀疏的倩影，	12
叶子本是肩并肩密密地挨着，	13	却又像是画在荷叶上。	10
这便宛然有了一道凝碧的波痕。	14	塘中的月色并不均匀；	10
叶子底下是脉脉的流水，	11	但光与影有着和谐的旋律，	12
遮住了，	4	如梵婀玲上奏着的名曲。	11
不能见一些颜色；	8		

根据上面数据我们可以计算这个样本的标点符号的间隔距离的平均值为：9.813953；样本方差为：7.440753；我们可以用这两个值来作为朱自清散文标点符号间隔距离的均值和方差的点估计值。

其次，我们看"的"使用频率的点估计值。根据第二章和第三章的内容，我们可以假设某个字的使用频度服从二项分布，假设"的"字的频率值为p，则二项分布的均值其实就是样本容量乘以频率（n*p），二项分布的方差为np（1-p）。由于样本均值是总体均值的无偏估计，那么我们可以将由样本得到的样本均值 n*p 作为总体均值的点估计，即 n*p 是"的"字在总体中频度的点估计，n*p 除以样本容量 n 所得到的样本频率值也就是"的"字在总体中的频率的点估计，因此，要计算"的"字在总体中的频率值的点估计，只要计算其在样本中的频率值就行了。由于这段文字的总字数是422字（含标点），"的"出现了31次，因此，在这段文字中"的"使用频率是31/422=73.46‰，我们可以以此作为朱自清使用"的"频率的点估计。

再次，用字量的点估计。所谓用字量是指作家在一定量的作品中所使用的不同汉字的个数。比如一个作家在 1000 字的文章中所使用的不同汉字数为 500 个，那么这个作家在这篇作品中的用字量为 500/1000=50%。用字量对于特定的作家来讲，有可能是相对固定的，因此，也可以用它来衡量作家的写作特点。用字量其实也可以认为近似服从二项分布的，其点估计的计算方法也和上述"的"的使用频率的计算方法一样。朱自清这段文章中的总字数为 422 字（含标点），不同的汉字数为 200（含标点），因此朱自清这段文字中的用字量为 200/422=47.39%，我们可以以此作为朱自清写文章时的用字量的一个点估计。

第二节 文体特征参数范围的估计

一般情况下，表示文体特征的随机变量的均值、方差等分布参数是不知道的，是需要人们通过统计手段对其进行估计推断的。这种估计推断主要是通过随机抽样，从考察对象的总体中随机抽出若干文字作为样本，然后根据样本特征以及概率论和统计学原理计算其总体的分布特征参数。估计这些特征参数的方法主要有两种，即前一节我们介绍的点估计和这一节将要介绍的区间估计。点估计是我们经常接触到的，是人们由样本特征对总体特征进行估计推断的一种朴素的、直观的方法。比如，在美国大选之前，我们在媒体中会经常听到，通过对民众的调查，某某候选人支持率是百分之多少多少。这就是用样本的特征值对总体的特征值所进行的点估计。点估计的想法很直观比较容易理解和接受，计算也比较简单，而且某种意义上可以代表总体的特征。但是，由于样本毕竟不是总体，样本的特征值和总体的特征值之间有可能一致、也有可能存在差异，而且一致往往是偶然的，存在差异却是必然的。因此点估计值只能给我提供总体情况的大概映像，不能对总体参数进行精确描述。

区间估计给我们提供了根据样本特征估计总体特征的更加科学的方法。与点估计用一个具体值估计总体特征的那种粗糙方法不一样，区间估计能够根据样本的特征给出总体参数可能的范围，并且能够告诉我们总体参数落在这个范围的可能性有多大，即总体参数取某一范围内值的概率有多大。比如，电视里经常让在场的观众估计一个商品的价格，有的观众会直接给一个数字，比如2998元，这就是点估计，这种估计猜对的可能性比较小；有的观众可能会给出价格的范围，比如商品价格在1998元至2998元之间，这就是区间估计，由于给定的是一个范围，因此猜对的可能性就会大一点。从这一点上讲，区间估计比点估计更精确、更科学。

我们利用区间估计的方法可根据样本的特征推断总体特征参数可能会落在哪一个区间内，并且可以知道落在这个区间内的概率是多少。这个区间叫作**置信区间**，可用数学方法表示为$[\theta_1, \theta_2]$，其上限值θ_1叫作**置信上限、下限值**θ_2叫作**置信下限**。上述例子中价格区间可表示为[1998,2998]。总体参数值落在这个区间的可能性的大小（概率）叫作**置信水平或者置信度**。假设某一作家的平均句子长度在40字至50字之间的置信度为95%的话，那么我们可以认为，从这个作家的所有作品中进行100次抽样，分别计算各个样本的平均句子长度，这个作家100个样本的平均句子长度落在[40,50]内的有95个样本，样本平均句子长度落在这个区间之外的样本只有5个。

统计学上一般我们所要估计的是均值、方差、比率这些反映随机变量所服从分布的特征参数的区间。从计量文体学的角度，我们所要估计的经常是代表作家写作习惯、作品风格的文体特征的数量范围，如单词的长度、句子长度、品词的比例、词汇量、用字量、虚词（字）频率等等。

首先我们以总体方差已知的情况下总体均值的区间估计为例介绍均值区间估计的基本原理和思路。区间估计也是利用样本的特征去推断总体的情况的统计学方法。在文体的计量分析中，为了取得比较好的效果，我们通常需要使用比较大的样本，下面的分析在不做特别交代的情况下，所用样本都是指大样本，这样就能够确保多数情况下可以使用正态分布对总体情况进行推断。

根据中心极限定理随机变量均值的分布一般呈正态分布，假设总体的均值为 μ，标准差为 σ，样本的均值为 $\overline{X}$，我们抽取的样本的容量为 n，由第三章和第四章的知识我们可以知道下列式子中的 Z 服从均值为 0，方差为 1 的标准正态分布：

$$Z = \frac{\overline{X}-\mu}{\sigma/\sqrt{n}} \quad \cdots\cdots 5.4$$

由于区间估计的主要任务是根据样本均值的情况推断总体均值的情况。也就是说总体的均值我们是不知道的，我们需要求的就是它所在的区间。也就是说，公式 5.4 中的 μ 是一个未知数。根据前文所述的情况我们知道，在对统计量的值进行区间估计时一般都要对其置信度提出要求，也就是说我们希望总体均值落在所求得的区间内的概率是多少一般要事先确定。这个值可以根据实际需要由我们自行确定。通常如果希望所得的区间具有非常高的可信度的话，那么可以将其设定为 99%，这样就可以保证总体的均值落在所求区间的概率为 99%。也就是说要保证 Z 发生的概率为 99%。由于 Z 是服从标准正态分布的，要使 Z 发生的概率为 99%，根据正态分布表我们可以得到 Z 的取值范围应该在 [−2.58, 2.58] 这个区间内。由于我们假设了总体方差 σ 是已知的[①]，样本均值 $\overline{X}$ 又可以从抽取的样本中计算出来，Z 的取值范围也确定了，因此公式 5.4 中只有 μ 一个未知数。这样就可用以下方法计算出 μ 的区间范围了：

由于 $-2.58 \leqslant Z \leqslant 2.58$

---

① 根据方差是已知还是未知、样本容量的大小等情况，计算总体参数区间时所选择的计算公式是不一样的，这里我们假设总体方差已知，而且样本比较大，所以选择公式 $Z = \frac{\overline{X}-\mu}{\sigma/\sqrt{n}}$ 来计算。

因此 $-2.58 \leq \dfrac{\overline{X}-\mu}{\sigma/\sqrt{n}} \leq 2.58$

$-2.58\sigma/\sqrt{n} \leq \overline{X}-\mu \leq 2.58\sigma/\sqrt{n}$

$-\overline{X}-2.58\sigma/\sqrt{n} \leq -\mu \leq -\overline{X}+2.58\sigma/\sqrt{n}$

$\overline{X}-2.58\sigma/\sqrt{n} \leq \mu \leq \overline{X}+2.58\sigma/\sqrt{n}$

这样就得到了总体均值 μ 在置信度为 99% 的情况下其置信区间为 $[\overline{X}-2.58\sigma/\sqrt{n}, \overline{X}+2.58\sigma/\sqrt{n}]$。

在实际应用过程中，如果要求不高，置信度可以取 90%，如果要求较高，置信度可以取 95%，如果要求很高，置信度可以取 99% 以上。由于 Z 是服从标准正态分布的，为了方便应用，大家可以记一下 Z 的两个常用取值区间所发生的概率，即 $|Z| \leq 1.96$ 时的概率为 95%，$|Z| \leq 2.58$ 时的概率为 99%。

由于代表文体特征的随机变量的性质不一样，有的是连续型随机变量，有的是离散型随机变量，而且各种随机变量所服从的概率分布也不一样，因此这些文体随机变量特征参数的区间估计方法也是不一样的。由于文体分析主要是分析不同作者写作习惯的差异和不同体裁文章的语言风格上的差异。这些写作习惯的不同和风格的差异，通常会表现在对语言表达方式的不同选择上。而这种语言表达方式的不同选择经过量化后都可以用随机变量的分布来对其进行描述。比如前文介绍的，动作描写、景物描写、摘要等不同体裁的文章其品词的构成比是不一样的，也就是说这三种体裁的作品在品词的选择上是不一样的，这种文体上的不一样就反映在了其对品词的选择上。再比如，不同作家的写作习惯可能就反映在其对某一些词汇的偏好上面，特别喜欢使用某一类词，特别不喜欢某一类词，这种喜好就可以用一定量的文章中含有某一类词的比例来量化。对这些文体特征进行量化后就形成了服从某一特定分布的随机变量，因此，写作风格的不同也就反映在了语言风格量化后形成的随机变量所服从分布的形态上了。决定随机变量分布的要素有三个，即随机变量的分布形式、随机变量的均值、随机变量的方差。通常情况下，文体特征量化后的随机变量所服从的分布形式、均值、方差都是未知的,是我们必须通过对不同作家或者作品的有限样本进行观察、用区间估计等统计学方法对其进行推断的。对于文体特征随机变量所服从的分布我们可以用已知的一些分布来对其进行近似描述,对于均值、方差等参数,我们可以根据中心极限定理、大数定理,用样本参数来对其进行估计。因此,区间估计主要是要通过样本来估计总体的均值和方差这两个参数。如果能够确定文体特征随机变量的分布形式、均值、方差等参数,我们也就可以算出文体特征的不同,从而也就可以对不同的文体进行计量。因此,文体特征随机变量的均值、方差等的估计是计量文体学所要解决的重要问题。下面介绍文体分析中经常碰到的几种情况的区间估计方法。

第三节 文体特征平均值范围的估计

文体的计量分析主要是对量化后的文体特征随机变量进行统计分析。反映作家写作风格和习惯的文体特征,英语中常用句子长度、词汇长度等;汉语中常用标点符号的间隔距离、用字量等。在文体计量分析方法的应用中,一个主要的任务是探索一个作家区别于其他作家的写作习惯是什么,一类作品区别于其他作品的文体特征是什么等问题。如果我们能够用计量的方法求出包括上述反映某个作家或者作品独特文体特征变量的具体量化指标,那么鉴别不同作家的不同作品就不那么困难。区间估计就是可以用来进行这种分析的统计学方法。标点符号使用的间隔距离和作家千字文章的用字量都能够反映作家的写作特点和写作风格,因此,这里我们使用这两个文体的特征变量作为例子,探索如何运用随机变量的区间估计进行文体的计量分析。

5.3.1 标点符号的间隔距离的区间估计

在前面几章内容中我们讲述了,不同的作家其在标点符号的使用上会表现出自己独特的写作风格,其标点符号的间隔距离也具有自己的独特特点。这里我们以朱自清的散文为例探讨朱自清使用标点符号时其间隔距离的区间。

在对随机变量的均值进行区间估计时,通常分两种情况:总体方差已知的情况和总体方差未知的情况。

1. 总体方差已知情况下均值的区间估计

在总体方差已知的情况下,进行均值的区间估计时,其计算公式通常采用公式 5.4,概率计算时通常使用正态分布概率表。这一点非常重要,总体方差已知的情况和总体方差未知的情况,其所采用的区间估计的方法的差别就在于此。总体方差已知的情况下,采用标准正态分布进行区间估计。

这个我们以《朱自清散文全篇》中收录的朱自清散文为例进行计算。《朱自清散文全篇》中共收录朱自清的散文 21 篇。我们用《汉日语料库通用分析工具》对其按标点符号进行分割并删除所有的标点符号,得到标点符号之间的文字片段。下面是经过上述加工的朱自清的散文《绿》,文字后面的数字表示这段文字的汉字数。由于文字片段取自于两个标点符号之间,其长度这里用汉字数来表示,因此,这个数字就表示标点符号之间的间隔距离。

绿	1	但我觉得像杨花	7	宛然一块温润的碧玉	9
我第二次到仙岩的时候	10	格外确切些	5	只清清的一色但你却看不透她	13
我惊诧于梅雨潭的绿了	10	轻风起来时	5	我曾见过北京什刹海拂地的绿杨	14
梅雨潭是一个瀑布潭	9	点点随风飘散	6	脱不了鹅黄的底子	8
仙岩有三个瀑布	7	那更是杨花了	6	似乎太淡了	5
梅雨瀑最低	5	这时偶然有几点送入我们温暖的怀里	16	我又曾见过杭州虎跑寺近旁高峻而深密的绿壁	20

（续表）

走到山边	4	便倏的钻了进去	7	从叠着无穷的碧草与绿叶的	12
便听见花换换的声音	10	再也寻它不着	6	那又似乎太浓了	7
抬起头	3	梅雨潭闪闪的绿色招引着我们	13	其余呢	3
镶在两条湿湿的黑边儿里的	12	我们开始追捉她那离合的神光了	14	西湖的波太明了	7
一带白而发亮的水便呈现于眼前了	15	揪着草	3	秦淮河的也太暗了	8
我们先到梅雨亭	7	攀着乱石	4	可爱的	3
梅雨亭正对着那条瀑布	10	小心探身下去	6	我将什么来比拟你呢	9
坐在亭边	4	又鞠躬过了一个石穹门	10	我怎么比拟得出呢	8
不必仰头	4	便到了汪汪一碧的潭边了	11	大约潭是很深的	7
便可见它的全体了	8	瀑布在襟袖之间	7	故能蕴蓄着这样奇异的绿	11
亭下深深的便是梅雨潭	10	但我的心中已没有瀑布了	11	仿佛蔚蓝的天融了一块在里面似的	15
这个亭踞在突出的一角的岩石上	14	我的心随潭水的绿而摇荡	11	这才这般的鲜润呀	8
上下都空空儿的	7	那醉人的绿呀	6	那醉人的绿呀	6
仿佛一只苍鹰展着翼翅浮在天宇中一般	17	仿佛一张极大极大的荷叶铺着	13	我若能裁你以为带	8
三面都是山	5	满是奇异的绿呀	7	我将赠给那轻盈的舞女	10
像半个环儿拥着	7	我想张开两臂抱住她	9	她必能临风飘举了	8
人如在井底了	6	但这是怎样一个妄想呀	10	我若能挹你以为眼	8
这是一个秋季的薄阴的天气	12	站在水边	4	我将赠给那善歌的盲妹	10
微微的云在我们顶上流着	11	望到那面	4	她必明眸善睐了	7

（续表）

岩面与草丛都从润湿中透出几分油油的绿意	19	居然觉着有些远呢	8	我舍不得你	5
而瀑布也似乎分外的响了	11	这平铺着	4	我怎舍得你呢	6
那瀑布从上面冲下	8	厚积着的绿	5	我用手拍着你	6
仿佛已被扯成大小的几绺	11	着实可爱	4	抚摩着你	4
不复是一幅整齐而平滑的布	12	她松松的皱缬着	7	如同一个十二三岁的小姑娘	12
岩上有许多棱角	7	像少妇拖着的裙幅	8	我又掬你入口	6
瀑流经过时	5	她轻轻的摆弄着	7	便是吻着她了	6
作急剧的撞击	6	像跳动的初恋的处女的心	11	我送你一个名字	7
便飞花碎玉般乱溅着了	10	她滑滑的明亮着	7	我从此叫你	5
那溅着的水花	6	像涂了	3	女儿绿	3
晶莹而多芒	5	明油	2	好么	2
远望去	3	一般	2	我第二次到仙岩的时候	10
像一朵朵小小的白梅	9	有鸡蛋清那样软	7	我不禁惊诧于梅雨潭的绿了	12
微雨似的纷纷落着	8	那样嫩	3	2月8日	4
据说	2	令人想着所曾触过的最嫩的皮肤	14	温州作	3
这就是梅雨潭之所以得名了	12	她又不杂些儿尘滓	8		

我们对《朱自清散文全篇》都做了这样的加工，共得到10700余条这样的文字片段，并据此计算出所有的标点符号间隔距离。我们以这10700余条文字片段作为我们进行朱自清散文标点符号间隔距离均值区间估计的总体。根据这个总体，我们可以计算《朱自清散文全篇》标点符号间隔距

离的总体方差为 16.44。

下一步我们从这个总体中按照随机抽样的办法抽取 50 个距离作为我们进行标点符号间隔距离平均值区间估计的样本。具体做法请参照第四章中有关的抽样方法。这 50 个样本如下：

4，6，1，4，9，2，3，7，15，3，7，10，6，5，3，2，2，8，12，4，4，7，5，2，2，13，7，7，7，3，10，11，20，5，3，4，4，10，4，2，7，7，6，7，4，14，2，10，2，14

根据上述 50 个样本，我们可以计算这个样本的平均值：

$$X = \frac{\sum_{n=1}^{50} x_i}{50} = 6.32$$

由于总体方差为 $\sigma^2=16.44$，$\sigma=4.055$ 则根据公式 5.4 有下列等式成立：

$$z = \frac{\overline{X}-\mu}{\sigma/\sqrt{n}} = \frac{6.32-\mu}{4.055/\sqrt{50}} \quad\cdots\cdots 5.5$$

我现在假设需要求区间估计的可信度为 99%，从正态分布表可以查到，当概率大于 99% 时，Z 的值在区间 [-2.58, 2.58] 上，因此由上面的 5.5 式可变为：

$$-2.58 \leq Z = \frac{X-\mu}{\sigma/\sqrt{n}} = \leq 2.58$$

$$-2.58 \leq \frac{6.32-\mu}{4.055/\sqrt{50}} \leq 2.58$$

$$-2.58 \leq \frac{6.32-\mu}{0.57} \leq 2.58$$

$$-2.58 \times 0.57 \leq 6.32-\mu \leq 2.58 \times 0.57$$

$$1.47 \leq 6.32-\mu \leq 1.47$$

$$1.47-6.32 \leq -\mu \leq 1.47-6.32$$

$$6.32-1.47 \leq \mu \leq 6.32+1.47$$

$$4.85 \leq \mu \leq 7.79$$

根据这个结果和上述区间估计的原理，我们有 99% 的把握认为《朱自清散文全篇》标点符号间隔距离的平均值在 4.85 个汉字和 7.79 个汉字之间。

2. 总体方差未知情况下均值的区间估计

上面对《朱自清散文全篇》标点符号间隔距离平均值的区间估计是在假设已知《朱自清散文全篇》总体方差的情况下进行的。《朱自清散文全篇》由于量不是很大，所以用计算机计算出其总体方差并不是一件多么困难的事情。统计学的价值在于通过有限的样本来估计推断无限总体的情况。大多数情况下，总体的方差、平均值、分布等情况是事先不知道的，我们必须用统计学的方法对其进行推断。以《朱自清散文全篇》作为总体，由于这个总体是有限总体，因此其方差、平均值等情况可以进行计算。但是如果以朱自清所有的作品作为总体，要计算这个总体的方差和平均值就不那么简单了，这就需要用统计的方法进行估计。因此在进行某个作家标点符号间隔距离平均值的区间估计时，总体方差通常是不知道的，也就是说总体方差未知是一般情况，总体方差已知或者可以计算则是特殊情况。那么总体方差未知的情况下，如何进行某个作家和某一类作品总体平均值的区间估计就是计量文体学所面临的更实际的问题。下面我们就探讨这个问题。

一、总体方差未知，样本很大时均值的区间估计

前面的知识我们知道，大样本的情况下，样本方差和样本均值是总体方差和总体均值的无偏估计。这样我们即便不知道总体方差是多少，我们可以暂时使用样本方差进行计算。根据前面内容我们知道，样本方差 S^2 和总体方差 σ^2 存在以下关系：

$$E(S^2) = \frac{n-1}{n} \sigma^2 \quad \cdots\cdots\cdots\cdots\cdots\cdots\cdots\cdots\cdots 5.6$$

这里的 n 是样本的大小。从这个公式我们可以看出，当 n 很大时 n−1 和 n 的值很接近，也就是说 $\frac{n-1}{n}$ 近似等于 1，即当样本非常大时，我们可

以认为样本方差 S^2 和总体方差 σ^2 基本相等,这样就可以用样本方差的值代替总体方差,因此下列公式中的 Z 也可以看成是服从均值为 0,方差为 1 的标准正态分布的。

$$Z = \frac{\overline{X} - \mu}{\frac{S}{\sqrt{n}}} \quad \cdots\cdots 5.7$$

因此根据第四章中样本标准差公式 4.6,我们从《朱自清散文全篇》中抽取的上述 50 个样本的样本标准差 S 可按如下方法计算:

$$S = \sqrt{\frac{1}{n-1} \sum_{i=1}^{n} (X_i - \overline{X})^2}$$

根据前面内容我们可以得到这个样本的样本平均值如下:

$$\overline{X} = \frac{\sum_{n=1}^{50} x_i}{50} = 6.32$$

因此,这个样本的标准差也可以用如下方法算出:

$$S = \sqrt{\frac{1}{50-1} \sum_{i=1}^{n} (X_i - 6.32)^2} = 4.11$$

根据公式 5.7,我们就可以利用这个样本进行总体方差未知情况下标点符号间隔距离平均值的区间估计。

$$Z = \frac{\overline{X} - \mu}{\frac{S}{\sqrt{n}}} = \frac{6.32 - \mu}{\frac{4.11}{\sqrt{50}}} = \frac{6.32 - \mu}{0.58} \quad \cdots\cdots 5.8$$

假如,我们要求标点符号间隔距离平均值区间估计的可信度为 99%,经查阅正态分布表可以得到 $|Z| \leq 2.58$,则公式 5.8 变为:

$$2.58 \leq |Z| = \left| \frac{6.32 - \mu}{0.58} \right|$$

由此可得到

$$-2.58 \leqslant \frac{6.32-\mu}{0.58} \leqslant 2.58$$

$$-2.58 \times 0.58 \leqslant 6.32-\mu \leqslant 2.58 \times 0.58$$

$$6.32-2.58 \times 0.58 \leqslant \mu \leqslant 6.32+2.58 \times 0.58$$

$$4.82 \leqslant \mu \leqslant 7.82$$

由此，我们在完全不知道《朱自清散文全编》标点符号间隔距离总体方差的情况下，依靠随机抽样得到的50个样本，就能够估计出整个《朱自清散文全篇》标点符号间隔距离总体的平均值应该在4.82至7.82之间，而且这种估计的可信度可达到99%。将这个区间和前文总体方差已知的情况下所得到的区间[4.85,7.79]对比我们发现，这两个区间非常接近。由此我们也可以看到，用抽样的方法可以对总体的情况做出精确度非常高的估计，我们也看出统计学在文体分析中的作用和威力了。

二、总体方差未知，样本不足够大时，总体均值的区间估计

根据公式5.6，当样本不足够大，也就是说n不足够大时，由于n和n−1的比值不能够认为近似等于1，根据公式5.6，不能够将样本方差看成是等于总体方差的。因此小样本时的总体方差必须还要用下列公式进行计算：

$$E(S^2) = \frac{n-1}{n}\sigma^2$$

$$即\ \sigma = \sqrt{\frac{n}{n-1}S^2}$$

我们据此可以构筑如下统计量：

$$t = \frac{\overline{X}-\mu}{\frac{\sigma}{\sqrt{n}}} = \frac{\overline{X}-\mu}{\frac{\sqrt{\frac{n}{n-1}S^2}}{\sqrt{n}}} = \frac{\overline{X}-\mu}{\frac{S}{\sqrt{n-1}}}$$

根据第四章的内容，这时的统计量t不服从均值为0，方差为1的标准正态分布，而是服从t分布。因此我们在设定好区间估计的置信度后求

t 的值时，就不能够按照前面的方法去查标准正态分布表，而必须要去查 t 分布表。进行区间估计时必须用 t 分布的公式：

$$t = \frac{\overline{X} - \mu}{\frac{S}{\sqrt{n-1}}} \quad \cdots\cdots\cdots\cdots\cdots\cdots\cdots\cdots\cdots\cdots\cdots\cdots 5.9$$

下面我们来探讨用 t 分布，进行小样本、总体方差未知情况下总体均值的区间估计的方法，仍然以《朱自清散文全编》为例。

首先我们必须从《朱自清散文全编》中抽取小样本，如样本容量为 25。为了简单起见，我们从上述容量为 50 的样本中每两个数字中间抽取一个作为我们所要的小样本，具体情况如下：

4，1，9，3，15，7，6，3，2，12，4，5，2，7，7，10，20，3，4，4，7，6，4，2，2

我们使用 EXCEL 可以很方便地计算出这个小样本的平均值 $\overline{X}$ 和样本标准差 S。具体做法如下：

将上述样本导入到 EXCEL 表的一行中或者一列中。

将光标放到 EXCEL 表中任一空白栏中，从菜单中选取"插入"→"函数"→"average"→"averger(A1:A25)"，即可计算出这个样本的样本平均值；

将光标放到 EXCEL 表中任一空白栏中，从菜单中选取"插入"→"函数"→"stdev"→"stdev(A1:A25)"，即可计算出这个样本的样本标准差[①]。

这样可计算得到样本均值：$\overline{X}$=5.96；样本标准差：S=4.47。

借助 EXCEL 计算出样本标准差和样本平均值后，我们就可以利用公式 5.9，根据上述得到样本容量为 25 的小样本数据，对《朱自清散文全篇》的标点符号间隔距离进行区间估计了。

首先设定区间估计的可信度，为了便于比较，这里设定置信度为

---

① EXCEL 计算方差和标准差时有多个函数，这多个函数主要有两类，一类是计算总体的标准差和方差，另一类是计算样本方差和样本标准差的。这里选择计算样本标准差的函数 STDEV。

99%，这样我们通过查 t 分布表可以得到 |t| ≤ 2.79，因此可以得到下面的结果：

$$-2.79 \leq t = \frac{\overline{X} - \mu}{\frac{S}{\sqrt{n-1}}} \leq 2.79$$

$$-2.79 \leq \frac{5.96 - \mu}{\frac{4.47}{\sqrt{25-1}}} \leq 2.79$$

$$-2.79 \leq \frac{5.96 - \mu}{0.91} \leq 2.79$$

$$5.96 - 2.79 \times 0.91 \leq \mu \leq 5.96 + 2.79 \times 0.91$$

$$3.43 \leq \mu \leq 8.5$$

这样，在小样本且方差未知的情况下，用 t 分布我们就得到了《朱自清散文全编》标点符号间隔距离平均值的区间估计。从这里我们可以看到，这里得到的区间比前面大样本情况下得到的区间扩大了。由此也可以看出，样本的大小对区间估计的精确度是有影响的。样本越大，根据样本估计出的区间越精确，反之则区间范围较大，精确度降低。

实际上，我们在总体方差未知，大样本的情况下也可以采用 t 分布进行区间估计。根据前面的计算，可以得到样本容量为 50 的大样本的情况下，样本平均值和样本方差分别是：

$$\overline{X} = \frac{\sum_{n=1}^{50} x_i}{50} = 6.32$$

$$S = \sqrt{\frac{1}{50-1} \sum_{i=1}^{50} (X_i - 6.32)^2} = 4.11$$

由此可以得到容量 50 的大样本情况下的 t 统计量如下：

$$t = \frac{\overline{X} - \mu}{\frac{S}{\sqrt{n-1}}} = \frac{6.32 - \mu}{\frac{4.11}{\sqrt{50-1}}} = \frac{6.32 - \mu}{4.11/7} = \frac{6.32 - \mu}{0.587}$$

这里同样设定可信度为 99%，查 t 分布表可以得到当概率大于 99% 时，t 的范围应该是 $-2.79 \leqslant t \leqslant 2.79$，根据上式可得到如下结果：

$$-2.79 \leqslant t = \frac{6.32-\mu}{0.587} \leqslant 2.79$$

$$6.32-2.78 \times 0.587 \leqslant \mu \leqslant 6.32+2.79 \times 0.587$$

$$4.68 \leqslant \mu \leqslant 7.96$$

由此我们得到，样本容量为 50 的大样本情况下，用 t 分布所得到的标点符号间隔距离平均值的区间为 [4.68,7.96]。下表为置信度为 99%，三种不同情况下的《朱自清散文全篇》标点符号间隔距离平均值的区间估计：

样本情况	使用分布	区间值	置信度
大样本（容量=50）	标准正态分布	[4.82,7.82]	99%
大样本（容量=50)	T 分布	[4.68, 7.96]	99%
小样本（容量=25）	T 分布	[3.42,8.5]	99%

对比三种情况下求得的区间可以清楚地看到，大样本情况下不管是使用标准正态分布还是使用 T 分布，所得到的区间非常接近。因为正态分布比较容易理解并且其概率分布表比较直观易查，因此通常情况下，如果是大样本，即便总体方差未知，也使用标准正态分布进行平均值的区间估计。

从上面的对比中还可以看到，如果是大样本不管使用正态分布还是使用 t 分布，在同样的可信度下（这里是 99%）区间估计的结果比较接近，但是如果是小样本，可信度一样，区间估计的结果和大样本所得到的结果的差距比较大。这也说明，用小样本所得到的区间范围比较大，相对而言精度比较低。在文体分析的实际运用中，如有可能应尽量使用大样本，这样才能保证所得到的结论能够充分反映客观事实。

5.3.2 作家用字量和用字频率的区间估计

一个作家在一定量的文章中的用字量应该具有自己独特的特点。如果能够估计出作家一定量的作品中的用字量，也就能够用这个量来对多个作家进行某种程度上的比较研究。另外，一些常用汉字的使用频率也是因人而异的。特别是那些与文章内容无关的虚字、虚词，如"的、地、得"等。这些也是能够用来衡量作家写作习惯和作品风格特征的文体特征变量。因此，这些文体特征的量化差别也是进行文体计量分析的重要指标。对这些文体特征的量化值进行估计，特别是估计其区间对文体的计量分析具有重要意义。

作家的用字量通常使用一定量文章中所使用的不同汉字的比例来描述。从概率统计的角度讲，这种情况下的随机变量就是不同汉字所占的比率。因此，我们可以将用字量的区间估计看成是不同汉字所占比率的区间估计，即频率的区间估计。另外，某个作家在使用常用字的时候也会表现出不同的习惯，这个习惯通常反映在这个作家在写1000字的作品中使用这个字的次数的多少上，也就是这个字的千字频率是多少。这个频率区间我们也可以使用统计学的区间估计的办法对其进行计算。

在第三章和第四章已经介绍了，频率的分布一般可以用二项分布进行逼近，但是频率很小的随机变量通常可以用普哇松分布进行近似。一篇文章中不同汉字的数量在整篇文章所占的比例一般是比较大的。比如，朱自清的散文《绿》中，不含标点符号在内，总共使用了不同的汉字382个，《绿》的总汉字数为（不含标点符号）956个。朱自清在散文《绿》中用字量为382/956=40%，这是一个比较大的比例，这就可以用二项分布来进行近似。我们再来看一下，朱自清在《绿》中使用汉字"的"频率。朱自清在《绿》中"的"共使用了64次，"的"使用率为$64/956 \approx 6.69\%$，比较小。但是，"的"是汉语文章中单字使用频率最高的汉字，其他汉字的使用频率都小于"的"。实际上朱自清的散文《绿》中，每个汉字平均使用了956/382=2.5次，每个汉字的平均使用频率是$2.5/956 \approx 2.62‰$。这就是一个很小的比例。因此，单字的使用频率可以使用普哇松分布来进行近似。

由于频率大小的不同，其分布不同，因此，用字量的区间估计和某一常用字的使用频率的区间估计所使用的方法是有所区别的。用字量的区间估计由于是大比率区间估计，比率比较大时其随机变量服从二项分布，根据前面的知识，服从二项分布的大样本，我们可以使用正态分布对其进行近似。因此在对其进行区间估计时，可以使用正态分布。而单字使用频率，由于是小比率，对其进行区间估计时，我们就不能够使用正态分布来近似，这时需要使用普哇松分布。

一、千字用字量的区间估计

根据上述内容，千字用字量是一千字的文章中所含不同汉字的个数。这个比率比较大，我们可以将其近似看成服从二项分布。这里我们估计朱自清散文中的千字用字量的区间。

（一）样本抽取

首先，我们从《朱自清散文全篇》中抽取 1000 字左右的语言片段作为我们进行区间估计的样本。在前面我们进行标点符号间隔距离平均值的区间估计时，将《朱自清散文全篇》按照标点符号将其中所有的文章进行了分割，形成了 10000 多个语言片段，我们从这里利用随机抽样的办法抽取 150 个语言片段作为朱自清散文千字用字量的样本。样本的具体抽取办法如下：

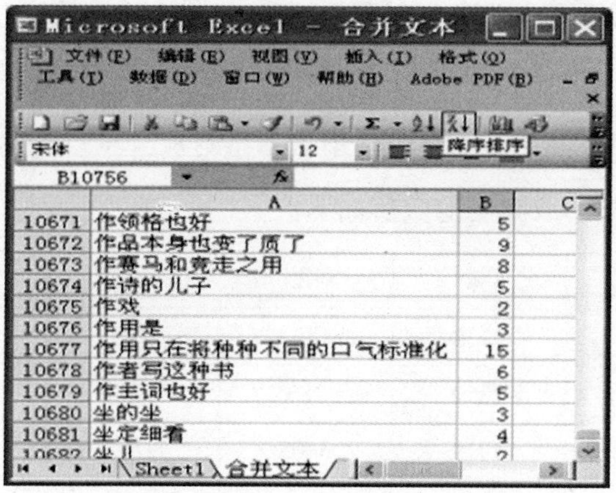

图 5.1　样本标点符号距离的计算

（1）将《朱自清散文全篇》按标点符号切分后的样本纳入到 EXCEL 中，每一个片段占一行，总共是 10701 个语言片段。用 LEN 函数计算出每个语言片段的汉字数。如图 5.1。

（2）使用"工具→数据分析→随机数发生器"，并作如图 5.2 设定。

因为我们要抽取 150 个语言片段作为样本，所以随机数个数设定为 150；为了保证《朱自清散文全篇》中的每一个语言片段都有平均的机会被抽取，因此设定分布为"均匀"分布。由于《朱自清散文全篇》被切分成了 10701 个片段，我们在这个范围内进行样本抽取，因此，抽取范围参数设定介于 0 与 10701 之间。按"确定"后就会自动产生 150 个随机数。

图 5.2　随机数发生器参数设置

（3）上述方法产生的 150 个随机数由于不是整数，我们用 round 函数对其进行四舍五入取整，取整后的数值如下：

4088	1077	6383	9621	9466	10257
155	4360	9238	1483	2622	487
346	1756	2350	183	3050	3671
5924	3824	3979	3805	9741	4987
4560	3252	10441	8632	10607	2742

（续表）

10184	572	7545	8738	10407	4990
3213	8028	3761	8300	796	2123
685	3835	5212	5471	3996	10550
436	2469	53	9911	1073	2747
8301	7273	8658	7751	910	1415
8092	6704	1858	4332	5910	7614
5941	1939	10383	7351	5659	8525
8621	2806	1904	9275	1229	637
8149	7902	10554	9905	9672	5832
5359	7223	5242	1560	406	8521
7186	7830	6255	1629	9547	4043
2145	2202	3574	3479	3213	8584
7449	2905	9674	419	7587	4855
5529	2745	3117	8584	8443	7233
8083	10150	6628	7727	10359	3944
9100	5961	9343	4720	2330	9193
3000	7526	7570	4022	3528	920
10453	3055	5718	4359	10677	9574
8677	9723	6148	7556	4296	1188
9603	4134	1025	8322	8385	7124

（4）上述这 150 个数字就是我们进行样本抽取时，从总体的 EXCEL 表中所要抽取的行号。我们将上述数字所代表的 EXCEL 表格行中的语言片段抽取出来，并保存到一个文本文件中。

（5）用"汉日语料库通用分析工具"统计其中的不同汉字数和总字数。由于我们分析的对象是汉字的情况，因此去除文本中所含的英文字符等汉字以外的字符，得到 150 句样本中的总字数为 1063 字，不同汉字数为 451 字。

（二）用字量的区间估计

根据前面分析，由于我们抽取的样本数为 150，样本规模比较大，因此一千字中所含不同汉字数这一随机变量可以认为是近似服从二项分布。如果不同汉字的比例为 p，根据二项分布可知，二项分布的均值为 n×p，二项分布的方差为 n×p×（1-p）。

在大样本的情况下，样本比例 P 的抽样分布近似服从均值为 p，方差为 p（1-p）的正态分布。经过标准化后可得到下式

$$Z = \frac{p-P}{\sqrt{\frac{p(1-p)}{n}}} \quad \cdots\cdots 5.10$$

服从均值为 0，方差为 1 的标准正态分布。

根据样本均值和样本方差的计算方法，上述 1063 字朱自清散文样本可计算：

$$p = 451/1063 = 0.4243$$

$$p(1-p) = 0.4243 \times (1-0.4243) = 0.24427$$

由于抽取的样本比较大，根据大数定理，我们可以用样本方差来代替总体方差。根据中心极限定理我们可以构造正态统计量如下：

$$Z = \frac{p-P}{\sqrt{\frac{p(1-p)}{n}}} = \frac{0.4243-P}{\sqrt{\frac{0.24427}{1063}}}$$

$$Z = \frac{0.4243-P}{\frac{0.494237}{32.6038}} = \frac{0.4243-P}{0.015159}$$

通过 Z 统计量我们可以估计《朱自清散文全篇》中每 1000 个字使用不同汉字的数量的区间值。如果将区间估计的可信度设定在 99%，经查正态分布表可知，|Z| ≤ 2.58 时的累积概率值为 99%。即如果要保证所求区间的可信度为 99%，则有下式成立：

$$|Z| \leq |\frac{0.4243-P}{0.015159}| 2.58$$

由此得到

$0.4243-2.58 \times 0.015159 \leq P \leq 0.4243+2.58 \times 0.015159$

$0.38519 \leq P \leq 0.46341$

由此我们可以计算得到，《朱自清散文全篇》的汉字使用量在 385.19‰ 至 463.41‰ 之间。也就是说，《朱自清散文全篇》1000 字的文章中所使用的不同汉字量在 385 个汉字至 463 个汉字之间，这个估计值的可信度可达到 99%。

在进行佚名作者的文章鉴定时，作者的用字量可以作为一个重要的区别指标。可根据作家某个样本用以上方法估计作家的用字量，然后进行用字量对比即可在一定程度上区别出两篇文章是否出自同一个作家之手。

二、常用字使用率的区间估计

用字量一般指一定量的文章中不同汉字所占的比例，这个比例通常有百分之几十，是一个比较大的比率。由于这个比率比较大，所以进行区间估计时采用正态分布公式 5.10。另外，常用字的比率也能够反映文体的特征。通常不同作家使用常用字的习惯不同，各自具有自己的特点，这种特点会反映在这些常用字的比率上。但是，这些常用字的比率往往只有千分之几，比如在《朱自清散文全篇》中出现率最多的常用字"的"的频率只有 4.9%，其他汉字的使用频率更少。由于常用汉字的频率太小，其分布用二项分布近似则比较粗糙。根据第三章和第四章的内容知道，二项分布是普哇松分布的一种特殊形式，当频率很低时，其分布用普哇松分布来近似会比用二项分布近似更加精确。因此，对频率很低的汉字使用频率的区间估计应该使用普哇松分布公式进行计算。下面我们以《朱自清散文全篇》为例对汉字"在"的使用频率的区间进行估计。

区间估计是一种通过样本情况来推断总体情况的一种方法。和前面的情况一样,我们的目标是抽取一定量的文本作为样本,通过样本中"在"的情况来推断《朱自清散文全篇》整体的情况。

为了节省篇幅和方便起见,这里的样本仍然采用上述估计汉字使用量区间时使用过的样本,因此,这里样本的抽取过程从略。

上述1063字的样本中,常用字"在"共出现了9次,"在"的出现频率是p=9/1063=8.467‰。如果将n设为1000,则np≈8.47。根据普哇松分布的知识,np是λ的估计量,普哇松分布的均值和方差都是λ。而根据中心极限定理,当n很大时,统计量$\frac{X-\gamma}{\sqrt{\gamma/n}}$近似服从正态分布。这样,我们就可以计算"在"在《朱自清散文全篇》中出现的频率范围。假设我们要有95%的把握推断"在"使用频率的范围,那么,根据标准正态分布有下列式子成立:

$$-1.96 \leq \frac{X-\gamma}{\sqrt{\gamma/n}} \leq 1.96$$

$$-1.96 \leq \frac{X-8.47}{\sqrt{8.47/1000}} \leq 1.96$$

$$8.47-0.18 \leq \bar{X} \leq 8.47+0.18$$

$$8.29 \leq \bar{X} \leq 8.65$$

由此,我们可知《朱自清散文全篇》中"在"的出现频率范围有95%把握认为是在[8.29,8.65],即在8.29‰至8.65‰之间。

第四节 文体特征参数范围估计与作家风格比较

任何一个人在从事写作时,他所喜欢用的字、词都具有自己的特点,他使用标点符号的习惯以及词汇量也是和别人不一样的。这些特点决定了他所写的文章具有自己独有的风格。当然这些风格是反映一个作家写作特点的最本质的东西,在这些本质特征上面还会有一些文学的和创作上的特征。一个人的词汇量和用字量在其知识体系形成以后不会有太大的变化,如果能够利用统计的方法计算出作家的用字量、爱用字的频率范围,那么作家写作时的本质特征也就基本上可以把握了。另外,一个作家的写作风格也会在其使用标点符号的习惯上流露出来,比如他喜欢间隔多少字使用一个标点符号,都是作家在无意之中流露出来的写作特点,不但与其写作习惯,甚至和他的呼吸习惯是密切相关的。如果能够把握住这些本质特征,我们对现实社会中存在的有关文献作者的鉴别等实际问题的解决就有了有效的方法和手段。实际上,我们利用这一章前面介绍的知识,是能够做到这一点的。下面我们通过分析鲁迅和瞿秋白的作品,来介绍文体特征参数范围估计在分析作家写作风格方面的实际应用。

鲁迅和瞿秋白是 20 世纪 30 年代我国文坛上著名的杂文大家。他们以犀利的笔锋,毫不留情地揭露了当时反动政府以及一些无耻文人的丑恶嘴脸,结下了深厚的战斗友谊。特别是,瞿秋白同志在被迫离开共产党的领导岗位后,以鲁迅为榜样,仍然以笔为武器坚持战斗,写下了许多抨击时弊的杂文,得到了鲁迅的高度评价。有 12 篇甚至以鲁迅的笔名在报刊上公开发表,并被收入鲁迅全集。由于这 12 篇,是经过鲁迅修改后发表的,风格上和鲁迅十分相似,所以鲁迅和瞿秋白杂文的比较研究成了学界非常关注的问题。有学者专门以这 12 部作品的思想内容、创作风格和背景等为对象,从宏观上对鲁迅和瞿秋白的杂文进行了比较,分析了二人在杂文创作上的异同。张梦阳(1980)认为,瞿秋白的杂文"与鲁迅那诡峭诙谐、尖锐泼辣的风格宛然相同"。他对鲁迅和瞿秋白杂文异同的分析可归纳以下四点:1. 都具备揭露时弊的战斗特色;2. 都借用生动、形象的典故阐发深邃抽象的思想和道理;3. 两人的杂文语言都诙谐、幽默;4. 瞿秋白的杂文"明白晓畅、真有才华",但深刻含蓄不够。张梦阳所归纳的这些特点是非常宏观的,有的是思想上的差异。对于我们一般读者来说,可能很难辨别这些差异。也就是说，如果将《鲁迅全集》中瞿秋白和鲁迅合作的作品拿给那些从来都不知道这回事的人去辨别，恐怕很难区分出哪些是鲁迅写的，哪些是瞿秋白写的。那么，鲁迅和瞿秋白的作品从写作风格上讲到底有没有区别，其区别在什么地方，如何判别其区别？《鲁迅全集》中瞿秋白的作品，都经过鲁迅之手进行了修改，除了思想深刻性的差异之外，这些杂文在写作风格上多大程度上还保留了瞿秋白的风格，又有多大程度上带上了鲁迅的风格？带着这些问题，我们使用本章介绍的文体特征参数估计的方法尝试解决这些问题，以检验这种方法在分析不同作家的写作风格时是否有效，多大程度上有效。

由于鲁迅全集中的瞿秋白的作品均是经过鲁迅之手修改过的，多少附上了鲁迅的风格，已经不能够算作是瞿秋白独自的作品，也不能够完全反映瞿秋白的风格。因此，我们从《瞿秋白文集》中选取了6篇作品，这6篇作品分别是《脆弱的二元人物》《告别》《文人》《历史的误会》《盲动主义和立三路线》《我和马克思主义》。同时我们从《鲁迅全集》选取了11篇杂文，分别是《不求甚解》《从讽刺到幽默》《从孩子的照相说起》《从幽默到正经》《多难之月》《看图识字》《论雷峰塔的倒掉》《拿来主义》《难行和不信》《文人无文》《以夷制夷》。由于鲁迅的这些文章均比较短，为了保证样本长度达到一定量，并且和瞿秋白的样本长度基本保持一致，我们将上述11篇杂文合并成了5组样本，分别是《从讽刺到幽默》和《从孩子的照相说起》一组、《从幽默到正经》和《看图识字》一组、《多难之月》《论雷峰塔的倒掉》《不求甚解》为一组、《拿来主义》和《难行和不信》为一组、《文人无文》和《以夷制夷》为一组。下面我们将围绕上述问题，用本章提出的方法对鲁迅和瞿秋白作品的写作风格进行分析。这里我们主要以鲁迅和瞿秋白在标点符号上的使用习惯为例，利用区间估计的办法分析二人的文体差别。

标点符号的使用习惯可能表现在许多方面，比如各种标点符号的使用情况、标点符号之间的间隔距离。我们这里主要以标点符号的间隔距离来衡量标点符号的使用习惯。我们的主要目的是以上述鲁迅 11 篇作品、瞿秋白 6 篇作品为对象，进行加工形成 11 组文本（鲁迅 5 组、瞿秋白 6 组）的样本，通过对这些样本分析，计算鲁迅和瞿秋白作品标点符号的间隔距离的平均值及其标准差。根据前几章的知识，我们知道，随机变量的分布可以清楚地显示两个随机变量是否属于同一系统。比较鲁迅和瞿秋白标点符号的间隔距离的分布情况，就可以区别其在标点符号的使用习惯上是否存在差别。而均值和标准差是决定随机变量分布的关键数字特征。如果我们能够计算出鲁迅和瞿秋白平均间隔多少字使用一个标点符号，即标点符号间隔距离的均值及其标准差，就基本上可以确定鲁迅和瞿秋白使用标点符号间隔距离的分布是否一致。这是确定鲁迅和瞿秋白使用标点符号的习惯是否存在差别的一个方法。另外，如果没有刻意模仿，或者一个作家的作品没有被另一个作家修改，那么作家标点符号的使用习惯是固定的，其标点符号的间隔距离的平均值会在一定的范围摆动，这个范围我们可以用这一章的区间估计的方法进行计算。如果我们能够计算出鲁迅和瞿秋白标点符号间隔距离平均值的区间范围，对这个范围进行比较，我们就可以分析出鲁迅和瞿秋白在使用标点符号的习惯和风格上是否存在差别。

首先我们统计鲁迅和瞿秋白的上述文章中标点符号的间隔距离存在哪些类型。如果用统计学的术语说的话，如果我们将标点符号间隔距离作为一个随机变量，那么标点符号间隔距离的类型实际上就是这个随机变量的取值范围。标点符号的间隔距离我们可以这么定义，即上一个标点符号后面的字符为起始字符到下一个标点符号（包含后一个标点符号）之间的字符数。

统计时，我们可以使用文本编辑工具将二位作者上述文章的标点符号后面打上回车符号，然后用 EXCEL 进行统计。具体做法如下：

用 WORD 或者 EMEDITOR 等编辑工具，用文本替换的办法，在标点符号后面插入回车符号。如在 WORD 中，可使用替换功能，"查找内容"栏中输入标点符号，如"。"；"替换为"栏中输入标点符号^p，如"。^p"，如图 5.3。这样，文本中所有的句号后面都会插入回车符换行。其他标点符号也可按照此法进行操作。

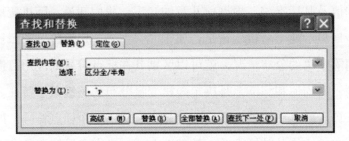

图 5.3　WORD 中文本的替换操作

下面是经上述办法加工、导入到 EXCEL 后的部分文本如表 5.1：

表 5.1　部分样本标点间隔距离

文章内容	间隔距离	文章内容	间隔距离
从讽刺到幽默	6	最先是说他冷嘲，	8
讽刺家，	4	渐渐的又七嘴八舌的说他漫骂，	14
是危险的。	5	俏皮话，	4
假使他所讽刺的是不识字者，	13	刻毒，	3
被杀戮者，	5	可恶，	3
被囚禁者，	5	学匪，	3
被压迫者罢，	6	绍兴师爷，	5
那很好，	4	等等，	3
正可给读他文章的所谓有教育的智识者嘻嘻一笑，	22	等等。	3
更觉得自己的勇敢和高明。	12	然而讽刺社会的讽刺，	10

（续表）

文章内容	间隔距离	文章内容	间隔距离
然而现今的讽刺家之所以为讽刺家，	16	却往往仍然会"	7
却正在讽刺这一流所谓有教育的智识者社会。	20	悠久得惊人"	6
因为所讽刺的是这一流社会，	13	的，	2
其中的各分子便各各觉得好像刺着了自己，	19	即使捧出了做过和尚的洋人或专办了小报来打击，	22
就一个个的暗暗的迎出来，	12	也还是没有效，	7
又用了他们的讽刺，	9	这怎不气死人也么哥呢！	11
想来刺死这讽刺者。	9		

经过上述加工后，我们就可以用 EXCEL 计算上述标点符号间隔距离、字符间隔距离的取值范围，以及各取值的频率统计。

1.EXCEL 字符间隔距离的计算

我先将上面加工后的文本调入到 EXCEL 的 A 列中，使得文本的一行在表格中占一行的位置。在 B1 中输入"=LEN（A1）"，回车后 B1 中出现的数值就是 A1 中内容的标点符号间隔距离，这个距离是用 A1 内容的字符数来计算的。然后用鼠标双击 B1 右下角的"+"就会计算出所有的标点符号间隔距离，并填充 B 列。

2.标点符号间隔距离随机变量取值范围及取值频度的统计

在计算标点符号间隔距离后，就可以统计这个间隔距离的取值范围，以及间隔距离取某一个值的频度。某个作家在写一篇文章时，会隔一段距离点一个标点，这个间隔距离的长度有时会相同，有时又会有不同；有时这个距离的值可能会重复很多次，其取值不是无限的，是在有限的几个距离上重复。因此，标点符号的间隔距离取值范围是可以统计出来的，同时，每一个间隔距离的重复次数也是可以统计的。如果文章不是太长,数据量不是太大,这种统计是可以用EXCEL实现的。具体方法是,在上一步骤中计算出每一行的间隔距离后,按字符间隔距离进行排序,然后用EXCEL的"分类汇总"功能对间隔距离进行汇总,统计每一个间隔距离取值的频度。注意设定"分类汇总"的参数时应将"分类字段"设定为"间隔距离"(B2),"汇总方式"设定为"计数"。具体如图5.4:

图 5.4　分类汇总计算频度时的参数设置

经过上述操作后,我们就可以得到上述文本中标点符号间隔距离的取值及其出现的频度,具体如表5.2:

表 5.2　标点间隔距离的频度

取值	2	3	4	5	6	7	8	9	10	11	12	13	14	16	19	20	22
频度	1	5	3	4	3	2	1	2	1	1	2	2	1	1	1	1	2

为了说明标点符号间隔距离及其出现频度的统计步骤,我们只用了鲁迅和瞿秋白样本数据的一小部分。我们所取的鲁迅和瞿秋白所有的样本中标点符号的间隔距离及其出现的频度情况如表5.3:

表 5.3 鲁迅和瞿秋白标点间隔距离的出现频率

间隔距离	鲁迅频度	鲁迅频率	瞿秋白频度	瞿秋白频率
1	3	0.0021	1	0.0006
2	58	0.0402	22	0.0141
3	181	0.1256	222	0.1419
4	123	0.0854	87	0.0556
5	216	0.1499	120	0.0767
6	124	0.0861	107	0.0684
7	145	0.1006	117	0.0748
8	128	0.0888	99	0.0633
9	96	0.0666	111	0.0709
10	100	0.0694	93	0.0594
11	59	0.0409	90	0.0575
12	60	0.0416	80	0.0511
13	51	0.0354	72	0.0460
14	29	0.0201	68	0.0435
15	16	0.0111	55	0.0351
16	18	0.0125	30	0.0192
17	8	0.0056	37	0.0236
18	5	0.0035	24	0.0153
19	6	0.0042	26	0.0166
20	3	0.0021	20	0.0128
21	4	0.0028	15	0.0096
22	3	0.0021	7	0.0045
23	1	0.0007	12	0.0077
24	1	0.0007	9	0.0058

（续表）

间隔距离	鲁迅频度	鲁迅频率	瞿秋白频度	瞿秋白频率
25	0	0	7	0.0045
26	2	0.0014	3	0.0019
27	0	0	4	0.0026
28	0	0	9	0.0058
29	0	0	5	0.0032
30	0	0	2	0.0013
31	1	0.0007	4	0.0026
32	0	0	2	0.0013
33	0	0	2	0.0013
34	0	0	1	0.0006
38	0	0	1	0.0006
41	0	0	1	0.0006

根据以上统计结果，可以绘制出鲁迅和瞿秋白标点符号间隔距离的分布情况如图5.5和图5.6。

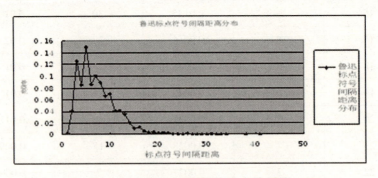

图5.5　鲁迅标点间隔距离分布散点图

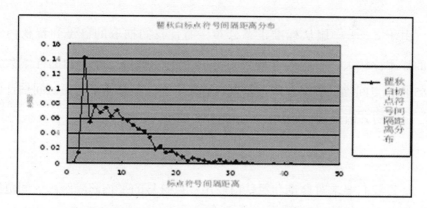

图 5.6　瞿秋白标点间隔距离分布散点图

从以上标点符号分布图我们可以看出这两位作家标点符号间隔距离的分布曲线是不一样的，也就是说他们在标点符号的使用上是各具自己的风格的。

下面我们再来看一看，这两位作家使用标点符号时，其间隔距离的平均值的区间范围是否一样。

由于我们抽取的样本比较大，因此我们使用正态分布的方法对这两个作家的标点平均间隔距离进行区间估计。这里我们假设鲁迅和瞿秋白标点符号间隔距离的样本平均值分别为 $\overline{X1}$ 和 $\overline{X2}$。其样本标准差分别为 S1 和 S2。根据我们对样本的统计，可以得到：

$$\overline{X1} = \sum_{i=1}^{n} x_i f_i \approx 7.31$$

$$\overline{X2} = \sum_{i=1}^{n} x_i f_i \approx 9.64$$

$$S1 = \sqrt{\sum_{i=1}^{n} (x_2 - \overline{X1})^2 f_i} \approx 3.92$$

$$S2 = \sqrt{\sum_{i=1}^{n} (x_2 - \overline{X2})^2 f_i} \approx 5.95$$

由于 $Z=\dfrac{\bar{X}-\mu}{\sigma}$ 服从标准正态分布，而且我们抽取的鲁迅和瞿秋白作品的样本比较大，鲁迅的样本数为 1441 例标点间隔，瞿秋白的样本数为 1565 例标点间隔，根据总体方差未知情况下大样本总体平均值区间估计原理，下面的 Z 值是近似服从标准正态分布的。

$$\frac{\bar{X}-\mu}{S/\sqrt{n}}$$

假设我们要求对鲁迅和瞿秋白使用标点符号的平均间隔距离区间范围的估计精度达到 99% 以上，那么查询标准正态分布表可知 Z 值应该是 2.58，即：$Z=|\dfrac{\bar{X}-\mu}{S/\sqrt{n}}| \leqslant 2.58$ 时，可以确保所算出的总体标点符号间隔距离的区间精确度为 99%。由这个计算式按如下步骤推算即可算出鲁迅和瞿秋白使用标点符号的间隔距离区间。

鲁迅：

$$-2.58 \leqslant \frac{\bar{X}-\mu}{S/\sqrt{n}} \leqslant 2.58$$

$$-2.58 \leqslant \frac{7.31-\mu}{3.92/\sqrt{1441}} \leqslant 2.58$$

$$7.04 \leqslant \mu \leqslant 7.58$$

鲁迅使用标点符号的平均间隔距离应该在 [7.04,7.58] 这个区间里面。

瞿秋白：

$$-2.58 \leqslant \frac{\bar{X}-\mu}{S/\sqrt{n}} \leqslant 2.58$$

$$-2.58 \leqslant \frac{9.64-\mu}{5.95/\sqrt{1565}} \leqslant 2.58$$

$$9.25 \leqslant \mu \leqslant 10.03$$

瞿秋白使用标点符号的平均间隔距离应该在 [9.25,10.03] 这个区间上面。

从上面的计算结果看，鲁迅和瞿秋白在使用标点符号时，其平均间隔距离还是有比较大的差别的。瞿秋白使用标点符号的间隔距离比鲁迅要长一些。

从计算鲁迅和瞿秋白标点符号使用情况看，区间估计这个统计学的方法，在评价作者的文体和写作习惯的差别时是一个简单、方便，而且有效的方法。使用区间估计时要注意的是样本抽取要尽量大，尽量有代表性，否则会出现很大的误差。这一点也是使用统计学方法进行人文社科研究特别要注意的地方。

第六章 文体特征差异的假设检验

文体研究的重要目标是研究文章的写作特征和写作风格,文体研究要解决的具体问题是不同文章的写作特征的不同和不同作者的写作风格的差异。作者写作风格的差异通常表现在其作品的写作特征上,因此,我们通常以作者的作品为样本来考察作者的写作风格。以写作风格区别不同作者时往往也是以文章为依据的。根据文章的写作风格考证文章作者是否为同一个人的方法在实践中有很重要的应用,比如古代文学作品作者的考证、匿名信的来源、学术文章剽窃的鉴别,等等。统计学关于假设检验的理论和方法可以用来鉴别两组文章的写作风格是否一致,因而可以鉴别两组文章是否出自同一人之手。

《红楼梦》的作者问题是古代文学研究领域一个公认的悬案。20 世纪 50 年代,瑞典语言学家高本汉开始用统计的方法对这个问题进行研究。他对红楼梦的一些常用词进行了统计,根据其统计结果高本汉认为《红楼梦》的前 80 回和后 40 回是同一个作者。80 年代初,美国威斯康星大学的陈炳藻(1980)利用统计学中的相关系数对《红楼梦》的各回进行了相关计算,也认为前 80 回和后 40 回为同一作者。针对这两位学者的结论,陈大康(1987)利用假设检验的统计学方法对《红楼梦》作者进行了再次统计研究。陈大康主要是对同义词的选择、常用虚词的使用频率、句子长度等代表作者写作风格的特征参数进行了假设检验。根据其统计的结果,陈大康认为《红楼梦》前 80 回和后 40 回不是同一个作者,这个结论的可靠性为 95%。从陈大康的研究可以看出,用假设检验的方法不但可以区分不同风格的文章,而且还可以对其结论的可靠性进行科学的评价。这使得利用统计学方法进行文体研究的科学性得到了进一步证明。这一章我们开始讨论,如何运用统计学中的假设检验手段进行文体研究。

第一节 何为假设检验

我们知道,一篇文章的写作风格可以由很多特征来描述。前面我们介绍了,不同作者的标点符号的使用习惯是不一样的。那么标点符号的使用就是一个区别不同作者风格的重要的写作特征。从统计学的角度讲,标点符号的使用习惯可以用标点符号使用的间隔距离的分布情况来衡量。如果知道两篇文章的标点符号间隔距离的分布不一样,那么就可以说这两篇文章在标点符号使用习惯上是不同的。根据统计原理,决定分布的重要参数是平均值和方差,也就是说,如果知道两个变量的平均值和方差,那么就可以知道这两个变量的分布是否有区别。如果我们考察标点符号的使用情况这个写作习惯的话,那么,就可以将标点符号的间隔距离作为一个随机变量,我们考察标点符号使用习惯是否有差别,就可以考察标点符号间隔距离这个随机变量的均值和方差的情况,确定标点符号间隔距离的分布是否一致,进而确定文章在标点符号的使用上是否有一致的风格。

由于统计时所使用的文章都是从大量的作品中抽样出来的样本,每个样本的情况不可能完全一样,即便是出自同一个人所写文章的不同样本,其每个样本标点符号间隔距离的平均值和方差也不是完全一样的。也就是说,样本所反映出的文章写作特点的差异可能是由两种因素引起的,一种是因为样本来自于两个写作风格不同的作者的作品。由于作者不同,自然文章的写作风格不同,导致了所统计的样本的平均值和方差不一样。这是一个情况，另外还有一个情况就是，样本来自于同一个作者的作品，但是由于抽样的原因造成样本所反映出的写作风格特征的均值和方差不一样。前一种不同是由于两个不同系统（作家不同）所引起的，后一种不同是由于抽样时的偶然因素所引起的。如果有一种方法能够区别出这两种因素所导致的样本之间的差别，这对用样本的差别来考察总体之间是否存在差别具有非常重要的价值。

那么，如何才能够判断两个样本的均值和方差的差异是因为抽样时的偶然因素引起的，而不是因为样本是来自于两个作者这一实质性因素呢？或者相反，如何判断两个样本的写作特征的均值和方差的差异是因为样本来自两个不同作者这一实质性因素，而不是因为抽样时的偶然因素呢？这个问题的实质就是如何才能够确认两个样本是出自同一篇文章或者是出自同一个人之手？这就是统计学上的假设检验所要解决的问题。

假设检验是通过检验描述两个样本的随机变量分布的重要参数是否一致，来衡量两个随机变量是否服从同一个分布，从而确定两个样本是否来自于同一个总体。通常假设检验中最常用的描述随机变量分布的重要参数是随机变量均值和方差。具体到文体分析上，就是通过检验两个文章样本中描写某一写作习惯的随机变量（如标点符号的间隔距离）分布的重要参数（如标点符号间隔距离的均值和方差）是否一样，从而检验两个文章样本是否来自于同一个总体，也就是检验是否出自同一人之手。

我们考察两篇文章在标点符号的使用习惯上是否有区别，可以直接计算这两篇文章标点符号间隔距离的平均值和方差是否有区别，如果这两个参数有区别我们就可以说这两篇文章标点符号使用的间隔距离是有差别的。因为我们对这两篇文章进行了全面的调查，所统计出的标点符号的间隔距离的平均值和方差都是实际值，是我们衡量这两篇文章标点符号使用习惯是否有差别的绝对证据。因此，我们说这两篇文章标点符号间隔距离的均值和方差的值对区别这两篇文章的标点符号的写作习惯是有意义的。

然而，当这两篇文章是我们考察某两个作者标点符号使用习惯时所采集的样本时，那么这两篇文章标点符号间隔距离的平均值和方差相同能否说明这两个作者在标点符号的使用上具有相同的习惯呢？回答是否定的。为什么前者可以依据计算值直接下结论，而后者就不行了呢。因为，前者我们考察的对象是两篇文章本身，我们对两篇文章进行了全数调查，因为是全数调查，所以全数调查中统计出来的值就可以代表这两篇文章。而后者，虽然是同样的两篇文章，但是，这两篇文章只是两个作者所写作品的一小部分，是两个作者作品的样本。由这两个样本所得出的值最多只能够是两个作者所有作品值的估计值，这个估计值和真实值之间是有差别的，这个估计值多大程度上能够代表两个作者所有作品的标点符号间隔距离的平均值和方差，也就是说其概率有多大？我们能否依据这两个样本来推断两个作者在标点符号的使用习惯上是有区别的？我们有多大把握能够推断两个作者标点符号使用习惯是相同的还是不同的？这是在进行统计推断时必须要回答的问题。

这里我们首先应该搞清楚两件事情，假设两组文章分别是来自两个作者的作品，那么两个作者使用标点符号的不同习惯会反映到两组样本中，造成两组样本标点符号使用习惯的不同，我们认为这种情况下，两组样本标点符号使用习惯的不同是由不同的作者造成的，是系统造成，这种误差我们叫作系统误差；另外，两组样本的标点符号使用情况的不同还有可能是因为选择样本时的一些失误造成的，比如，假设我们的两组样本文章来自同一个作者，但是由于样本抽取时出现一些误差，也会造成样本文章的值和整体情况有出入，这种情况我们称之为抽样误差。抽样误差是不可避免的，无论进行什么样的抽样统计，总会有抽样误差的存在。我们进行假设检验时就是要区分抽样误差和系统差别，根据系统差别做出我们的结论。

用假设检验进行文体研究时就是要查明，样本文章所表现出来的写作风格的不同到底是因为样本所属总体本身存在差别（即系统差别），还是因为抽样时出现了误差(即抽样误差)。如果是因为样本文章所属总体本身存在差别,那么对我们进行文体分析是有意义的。因为据此我们可以用样本文章所表现的写作风格来推断样本文章所属作者的写作风格。如果是抽样时出现的误差,则对我们研究文体是没有意义的,我们就可以不必理会。因此,假设检验是依据样本文章写作风格的不同推断样本所属作者写作风格不同的一个重要的统计学方法。

假设检验的统计学方法在工厂控制和检查生产产品的质量时有着广泛的使用。为了便于理解,我们从日常生活中经常接触到的牛奶灌装的例子入手讲述假设检验。

一袋袋装牛奶的标准重量为243ml,灌装牛奶过程中允许一定的误差。因此,工厂在实际灌装牛奶时,每一袋牛奶的重量是一个随机变量。如果每一袋牛奶的误差在允许的范围之内,我们认为灌装牛奶的机器就没有出问题。根据一般经验,机器灌装牛奶每袋牛奶的重量呈正态分布,标准差为8ml。一天,为了检查机器是否正常,随机抽取了10袋牛奶。这10袋牛奶重量如下:

| 240 | 232 | 244 | 253 | 252 | 256 | 225 | 241 | 251 | 234 |

问:根据这10袋牛奶的样本重量能否确定这天牛奶灌装机器是否在正常工作?

根据上述情况可知,机器正常工作时,袋装牛奶重量应该服从均值为243,标准差为8的正态分布,即 $N(\mu, \sigma^2)$,$\mu=243$,$\sigma=8$。问机器是否在正常工作,就是要根据我们抽取的10个样本的数据推断,当天灌装的袋装牛奶的期望值是不是等于243ml。如果当天袋装牛奶的期望值为243ml,则可以认为机器在正常工作,否则则认为机器不在正常工作。为此我们可以提出下面两个假设:

假设1：机器正常工作，$\mu = \mu_0$（μ_0 为当天灌装牛奶的期望值）

假设2：机器不正常工作，$\mu \neq \mu_0$

假设检验就是要通过上述10个样本，做出接受假设1或者接受假设2的判断。

由于袋装牛奶的重量是随机变量，其值是围绕着期望值在一定范围内变动的，关键是这个范围不能够超出机器正常工作时的标准差的范围。否则我们就认为机器不正常工作。那么如何通过样本计算这个随机变量的取值在允许的正常范围内变化呢？根据参数估计的内容我们可以知道，样本平均值 $\bar{x}$ 是总体期望值的无偏估计，它可以一定程度上反映总体期望的实际情况。根据抽样分布定理，如果样本来自于 $N(\mu, \sigma^2)$ 的正态总体，那么样本均值 $\bar{x}$ 服从 $N(\mu, \sigma^2/n)$ 的正态分布；如果样本方差为 S^2，则 $\dfrac{(n-1)S^2}{\sigma^2} \sim x^2(n-1)$。这里我们暂时不考虑方差的情况。

由于样本均值 $\bar{x}$ 服从 $N(\mu, \sigma^2/n)$ 的正态分布，那么经过标准化后，下面的式子服从标准正态分布：

$$Z = \dfrac{\bar{X} - \mu}{\sigma/\sqrt{n}}$$

假设灌装牛奶的机器当天灌装每袋牛奶重量的期望值为 μ_0，方差为 σ^2，而由上述样本观察到的样本平均值为 $\bar{x}$，那么同样道理，下述表达式也应该服从标准正态分布：

$$Z = \dfrac{\bar{x} - \mu}{\sigma/\sqrt{n}} \quad \cdots\cdots\cdots\cdots\cdots\cdots\cdots\cdots\cdots\cdots\cdots\cdots 6.1$$

如果机器是正常的话，那么我们的观察值 $\bar{x}$ 应该都在期望值 μ_0 附近，偏离 μ_0 距离很远的概率也应该很小；反过来说，如果机器正常，观察值 $\bar{x}$ 不太可能偏离期望值 μ_0 很远。也就是说我们可以给定一个标准K，如果机器工况正常 $|\bar{x} - \mu_0| \leq K$ 的可能性很大，而 $|\bar{x} - \mu_0| \geq K$ 的可能性很小。这样做出机器是否正常的判断就变成了计算抽查样本的平均值偏离期望值的距

离的概率问题。

统计推断中有一个很有名的结论：**小概率事件在一次抽样中不可能发生**。比如，一个袋子中装有1000只白球，1只黑球，随机抽取其中的一只，那么这只小球是黑球的概率是千分之一，是一个很小的概率。我们现在做一个实验，就是随机抽一只小球，这只小球一般不可能是黑球。这就是小概率事件在一次抽样中不可能发生的规律。

再回到上述牛奶灌装机器的例子，我们所抽取的10袋牛奶是一次抽样，如果$|\bar{x}-\mu_0|$发生的概率很大，就说明我们的样本值是机器正常工作时经常出现的，这些样本的期望值和机器正常工作的期望值是一样的，即$\mu=\mu_0$；也就是我们接受假设1，认为机器是正常的；如果$|\bar{x}-\mu_0|$发生的概率很小，说明这次抽样的样本，在机器正常的情况下是一个小概率事件，而现在我们进行一次抽样，这样的事情居然发生了，这说明这个样本在现在机器灌装的牛奶里面已经不是小概率事件了，这个时候因为样本平均值μ_0已经偏离机器正常工作时的期望值很远，即$\mu \neq \mu_0$，因此我们只能接受假设2，即认为机器已经不正常工作。

由此可见，假设检验就是从实际出发提出两个假设，一是假设样本所属总体和研究对象总体是一个总体，那么，这两个总体应该有相同的分布，即均值和期望都一样，从研究对象总体的角度看，所抽取样本是一个大概率事件，其发生的概率很大；另一个假设是样本所属总体和研究对象总体不是一个总体，从研究对象总体的角度，所抽取样本是一个小概率事件，其在一次抽样中不可能发生。然后，从研究对象总体出发计算所抽取样本发生的概率，如果这个概率很大就接受第一个假设，如果这个概率很小就接受第二个假设。如果总体为正态分布，那么这个概率可以用公式6.1进行计算，这时候我们将这种假设检验叫作Z检验。根据检验对象分布不同，常用的假设检验还有T检验和x^2检验。后面我们将具体介绍这些检验方法在文体分析中的应用。

第二节　文体特征假设检验的一般步骤

　　文体学研究的一个重要领域就是文学作品的作者研究。而作者研究包括作者的鉴定和文章剽窃、匿名文章的鉴定等。这些研究在现实生活中有着重要的学术价值和应用价值。以古代文学作品的作者研究为例，中国古代文学作品许多都存在着作者争议，如《红楼梦》的前80回和后40回是否是一个作者的问题等。其实，从假设检验的角度看，可以将《红楼梦》的后40回看作是某个作家作品的一个样本，我们要做的工作就是检验后40回这个样本的写作特征随机变量是否和前80回服从同一个分布。前80回的分布情况可以对前80回进行穷尽性统计分析，也就是说前80回的分布情况是可知的。这就等同于上述机器灌装牛奶的例子，机器正常灌装牛奶时其灌装的牛奶为一个总体，可以把《红楼梦》的前80回看成这个总体，可以把前80回的分布情况看成是机器正常灌装的牛奶的分布情况；而《红楼梦》的后40回可以看成是抽样样本，等同于我们为了检验灌装牛奶的机器是否正常所抽取的牛奶的样本。这样，我们就不难理解《红楼梦》的前80回和后40回的作者问题和检验牛奶灌装机是否正常工作是同一个问题了，也就是说，《红楼梦》作者这个问题也可以用假设检验的统计学方法来进行研究。

　　在用假设检验进行文体分析之前，我们需要对假设检验的一般步骤进行探讨。根据上面的内容我们知道，假设检验的实质是通过样本来检验两个总体是否一致，即样本所代表的总体和已知总体是不是一个总体。无论是对《红楼梦》前80回和后40回作者进行研究，还是判断牛奶灌装机器是否正常工作，假设检验的步骤是一样的。下面我们就以前面的牛奶灌装机器为例介绍假设检验的一般步骤。

　　假设我们获得了两天的数据：

第一天：240　232　244　253　252　256　225　241　251　234

第二天：249　237　255　268　267　273　226　250　266　239

通过这两天的抽样数据，推断这两天中，哪一天机器工作是正常的？哪一天机器是不正常的？

首先考察第一天的情况。我们首先假设机器工作是正常的，也就是说样本的重量误差是在正常范围内，即由样本推断得出来的袋装牛奶重量和机器正常工作时服从同一个分布，那么由样本推断出来的样本期望值和机器正常工作时的期望值应该是一致的，即 $\mu=\mu_0$。如果是这样的话，那么 $|\bar{x}-\mu_0|$ 发生的概率 $P(|\bar{x}-\mu_0|)$ 应该很大，也就是样本的平均值偏离机器正常状态的期望值不远。假设我们要求这个概率 $P(|\bar{x}-\mu_0|)$ 必须确保在95%以上，也就是说 $|\bar{x}-\mu_0|$ 不发生的概率为5%，这样我们可以通过与实际样本算得的概率进行对比，如果由实际样本算得的这个概率大于95%，那么，就可以认为我们抽取的样本是机器正常工作时可能出现的，这时就可以认为机器在正常工作。如果由实际样本算得的这个概率小于5%，这说明机器正常工作时，这个样本是一个小概率事件。根据实际推断原理，小概率事件在一次抽样中几乎是不可能发生的，而现在居然一次抽样中发生了，说明机器现在已经不正常工作了。由此，问题就转变成了如何计算机器正常工作时样本发生的概率。

根据前面的知识，下面的随机变量 Z 是服从标准正态分布的。

$$Z=\frac{\bar{X}-\mu_0}{\sigma/\sqrt{n}}$$

Z 所发生的概率是可以计算的，而 Z 是由样本平均值 $\bar{x}$ 标准化后得到的，这样机器正常工作时所抽取样本发生的概率通过 Z 也就可以算出了。实际上，我们判断机器是否正常工作，主要是判断机器正常工作状态下，我们抽取的样本是不是一个大概率事件，我们给定的概率标准是95%，如果根据机器正常工作时的参数计算出来的样本概率大于95%，那么我就可

以认为机器是正常工作的，小于 5% 机器就是不正常工作的。根据给定的这两个概率值和标准正态分布表，我们就可以确定一个值 K，当 |Z|<K 时，样本发生的概率大于给定的概率，当 |Z|>K 时样本发生的概率小于给定的概率。当我们要求样本发生的概率为 95%，不发生的概率为 5% 时，经过查询标准正态分布表可知 K=1.96 ≈ 2。根据以上内容可以知道，我们在做假设检验时，要求样本发生的概率必须达到 95% 以上，才能做出机器正常工作的判断，实际上是在要求我们做出机器正常工作的正确性，通常我们将这个概率值 P 叫作假设检验的置信度，而将 α=1−P 叫作假设检验的显著水平，K 值叫作临界值。这样在给定了置信度的情况下，进行假设检验时，只要比较通过样本所计算的 |Z| 和 K 值的大小即可，如果 |Z| 大于 K 值，说明如果机器正常工作，那么所取样本就是一个小概率事件，这与小概率事件一次抽样不可能发生的实际推断原理相矛盾，因此，就可以拒绝上述机器正常工作的假设，认为机器是不正常的；如果 |Z| 小于 K 值，说明如果机器正常工作时，所取样本是一个大概率事件，这与实际推断原理不矛盾，因此我们不能够否定机器在正常工作这个假设。下面我们根据以上步骤和原理，通过上述两个样本，考察一下牛奶机哪一天出了问题。

首先考察第一天的情况。我们假设第一天机器没有出问题，我们要求所作判断置信度为 95%，由置信度和标准正态分布表可知临界值 K=1.96。根据第一天的样本，我们已知如下条件：

n=10

$\bar{x}$=(240+232+244+253+252+256+225+241+251+234)/10=242.8

由于假设机器正常，则工作时的期望值为 μ_0=243，标准差 σ=8，因此有

$$Z = \frac{\bar{X}-\mu_0}{\sigma/\sqrt{n}} = \frac{242.8-243}{8/\sqrt{10}} = -0.079$$

|Z|=0.079

比较 |Z| 和临界值 K 可知，|Z|=0.079<K=1.96，即在机器正常工作的情况下，第一天所抽取的样本发生的概率远远大于 95%，由此，我们不能够否认机器在正常工作这个假设。

再看第二天机器工作的情况，同样我们假设机器在正常工作，取置信度为 95%，则临界值 K=1.96。根据第二天的样本可知：

N=10

$\bar{x}$=(249+237+255+268+267+273+226+250+266+239)/10=253

由于假设机器正常，则工作时的期望值为 μ_0=243，标准差 σ=8，因此有

$$Z = \frac{\bar{x} - \mu_0}{\sigma/\sqrt{n}} = \frac{243-243}{8/\sqrt{10}} = 3.95$$

|Z|=3.95

|Z|=3.95 远远大于 K=1.96，由于 |Z|<1.96 时样本发生的概率才能大于 95%，现在 |Z|>1.96，说明如果这天机器正常的话，这天样本发生的概率小于 5%，实际上 |Z|>3.9 的概率几乎为零。现在一次抽样，居然抽出一个正常情况下发生概率很小的事件，这与"小概率事件一次抽样不可能发生"这个实际推断原理相矛盾，据此我们可以推断第二天机器在正常工作的假设是错误的，可以认为第二天机器出了故障。

根据以上实例分析，我们可以归纳出假设检验的基本步骤如下：

1. 提出假设，即假设样本和总体的分布一致或者不一致；
2. 确定样本容量并抽取样本；
3. 确定用于假设检验的统计参数及其分布；
4. 提出置信度、计算临界值；
5. 根据统计参数及其分布计算具体的值；
6. 比较统计参数的具体值和临界值；
7. 做出拒绝还是接受第一步所提出假设的判断。

这里需要特别说明的是，我们上面举的例子是以袋装牛奶的重量为样本，以其均值为统计参数的。根据统计学原理，总体为正态分布，其样本的均值也服从正态分布。因此，我们在假设检验时使用了正态分布，即使用了 Z 检验。假设检验中常用的还有 T 检验和 x^2 检验。正因如此，在使用假设检验解决实际问题时，上述 7 个步骤中的第 3 步，即到底使用哪种分布进行假设检验，只能根据实际情况确定。到底在什么情况使用什么分布进行假设检验，即利用这几种分布进行假设检验的条件是什么，这个问题我们将在后面讨论。

另外，为了便于说明假设检验的原理，我们使用了貌似和文体研究无关的例子。但是，从实质上看，无论是文体研究的假设检验还是牛奶灌装的假设检验，其实质都是在判断两个总体是否服从同一个分布，也就是说两个总体是否一样。以《红楼梦》前 80 回和后 40 回为例，我们主要是要判断前 80 回的写作风格和后 40 回的写作风格是否一样。如果以句子长度作为衡量作者写作风格的随机变量的话，那么假设检验就是通过检验前 80 回和后 40 回的句子长度这个随机变量所服从的分布是否一样。因此假设检验的方法完全可以应用到文学作品的作者研究中去。后面几节内容，我们将具体介绍 Z 检验、T 检验、x^2 检验这三种常用的假设检验方法在文体研究中的运用。

第三节　Z 检验在文体分析中的应用

Z 检验是在社会实践中使用比较多的假设检验方法。这一节我们介绍 Z 检验在文体分析中的应用。进行假设检验的最终目的是要通过样本来区分已知总体和包含样本的未知总体是不是一回事。要判断两个总体是不是一样的，统计学上主要是看这两个总体是否服从同一个分布。如果两个总体服从同一个分布，那么我们就可以认为这两个总体是一样的。根据概率统计学原理，随机变量的期望和方差是决定随机变量分布的重要参数。我们利用假设检验区分两个总体的分布是否有区别，常常考察这两个数字特征是否存在差别。因此，在利用假设检验进行文体计量分析时，首先需要确定描写文体特征的随机变量是什么，然后才能够通过检验文体特征随机变量的期望和方差是否一致，达到区分文体的目的。随机变量均值的检验经常使用 Z 检验。

所谓 Z 检验是建立在总体服从正态分布这个前提下进行的。由于服从正态分布的随机变量可以用 $Z=\dfrac{X-\mu}{\sigma}$ 进行标准化，这里 X 是随机变量、μ 是随机变量 X 的期望值，σ 是随机变量 X 的标准差。随机变量 X 经过标准化后得到的随机变量 Z 服从标准正态分布，即均值为 0，方差为 1 的正态分布，因此，可以用标准正态分布对随机变量 X 的问题进行简化。由于假设检验通常用样本去推断总体分布是否一致，而根据前面的内容可知，如果总体服从 $N(\mu,\sigma)$ 的正态分布，那么其样本平均值 $\overline{X}$ 则服从 $N(\mu,\sigma/\sqrt{n})$ 的正态分布，其中 n 为样本的大小。因此在进行 Z 检验时所采取的分布通常使用：$Z=\dfrac{\overline{X}-\mu}{\sigma/\sqrt{n}}$。

文体研究的一个重要任务是解释文章写作风格的一致性问题。对文章作者的判别主要是以此为依据的。我们用假设检验对文体进行研究，特别是对文章作者进行判别，通常是要考察两个文章总体是否具有同样的风格，要达到这个目的判断两个总体是否服从同一个分布是一个非常有效的手段。

根据 Z 检验的使用条件，总体为正态总体时，可以使用 Z 检验。因此我们在使用 Z 检验进行文体分析时，首先要做到的一点是，必须首先找到既能够反映作者文体风格，又服从正态分布的随机变量。我们前文提到过许多反映文章风格特征的随机变量，如标点符号的间隔距离、常用字的使用频率、NGRAM 等。但是，这些反映文体风格的随机变量完全服从正态分布的却很少。既然完全服从正态分布的随机变量很少，是不是意味着我们不能够使用 Z 检验进行假设检验呢？实际上，也不是这样的。根据统计学原理，如果样本足够大时，可以用正态分布去近似其他的分布。正因如此，在实际生活中，我们经常看到用 Z 检验来解决实际问题，这并不是说我们的研究对象都服从正态分布，而是因为样本比较大时可以用正态分布去近似其他分布的原因。基于以上原理，这一节我们用标点符号的间隔距离作为描述文体特征的随机变量，使用 Z 检验来研究文体特征的差别。

研究和文体有关的文学作品的作者问题时，有两个特别引人关注的问题，第一是虽然是两个作家的作品，但是让人觉得像出自一人之手。如鲁迅和瞿秋白的杂文。二是虽然出自同一作家之手，但是由于风格迥异，让人觉得是两个人的作品。韩少功是我国现代文坛上知名的作家，其创作风格的形成和转变曾经引起过许多学者的关注。彭蕴晖（1992）甚至认为，韩少功创作的《月兰》和《爸爸爸》完全是两个风格，不像是一个人写的。文学作品的创作风格应该包括作品思想内容上的创作风格和作品语言上的风格。作品思想内容上的风格随着作家的阅历加深会有比较大的变化，这属于作者思想方面的特点，不属于文体研究的范围。有时创作风格的转变并不意味着文体风格和写作习惯有很大的改变。

6.3.1 作者相同风格不同作品的 Z 检验

基于以上原因，首先我们用 Z 检验的方法检验韩少功创作的《月兰》和《爸爸爸》在标点符号的使用习惯上是否有很大的差别。我们以标点符号的间隔距离作为描述韩少功标点符号使用习惯的随机变量。这里我们定义两个标点符号之间的非标点符号文字的字符数为标点符号的间隔距离。按照此定义，对韩少功的这两个作品进行加工。

由于《爸爸爸》共 2 万多字，我们根据《爸爸爸》估计韩少功《爸爸爸》以后作品标点符号间隔距离总体的均值和标准方差。算得这两个值分别是：

平均值 $\mu = 7.072$

标准差 $\sigma = 3.750$

根据假设检验的基本步骤，我们首先假设《月兰》和《爸爸爸》的标点符号的间隔距离是一致的。

然后从《月兰》经过上述加工的数据中随机抽取 100 个标点符号间隔距离样本。用 Z 检验的方法检验能否接受上述假设。

《月兰》中字符间隔距离的总数为 1022 个，我们从中随机抽取 100 个作为用于 Z 检验的样本。抽取方法是，首先用 EXCEL 中的随机数发生器产生 1 至 1022 间的 100 个随机数。为了确保每一个间隔距离被抽到的概率相同，这里使用均匀分布产生随机数。具体设置如图 6.1。

通过上述抽样，得到《月兰》的 100 个样本。根据这 100 个样本，可计算得到样本的平均值：

$$\overline{X}=7.53$$

如果总体为服从 $N(\mu, \sigma)$ 正态分布，那么样本平均值服从 $N(\mu, \sigma\sqrt{n})$ 的正态分布的定理，这样可以用 Z 检验进行上述假设的检验。

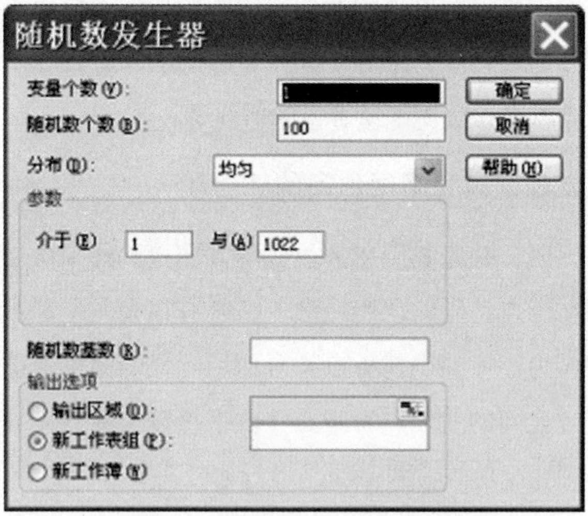

图 6.1　随机数发生器参数设置

我们要求我们拒绝或者接受假设的置信度要达到 95%，经查询标准正态分布表可知，Z 的临界值应该是 1.96。也就是说如果根据上述样本计算出的 Z 值大于 1.96，我们就应该拒绝上述《月兰》和《爸爸爸》标点符号间隔距离是一致的假设，反之如果我们就不能够拒绝这个假设。

根据上述已经获得的进行 Z 检验的条件计算 Z 值，得到结果如下：

$$|Z|=\left|\frac{\overline{X}-\mu}{\sigma/\sqrt{n}}\right|=\left|\frac{7.53-7.071609}{3.749759/\sqrt{100}}\right|=1.222455 \leqslant 1.96$$

根据这个计算结果，我们不能够拒绝韩少功在《月兰》和《爸爸爸》中标点符号的间隔距离的是一致的这个假设，而应该接受该假设。因为根据上述计算，Z 值小于临界值 1.96，这就意味着根据从《月兰》中抽取的 100 个样本计算，韩少功写《月兰》时，其使用标点符号的间隔距离的平均值有 95% 的可能性是和写《爸爸爸》是一致的。也就是从写作习惯上讲《爸爸爸》和《月兰》没有太大的区别。至于彭蕴晖为什么觉得《爸爸爸》和《月兰》的风格完全不同呢？这可能应该从写作习惯以外的因素上去寻找。

6.3.2 风格相似作者不同作品的 Z 检验

《月兰》虽然被认为与韩少功的其他作品在风格上面有很大差别，但是我们用 Z 检验的办法还是能够有效地确认其是韩少功的作品。即 Z 检验能够有效确认不同作品是否出自同一人之手。

下面我们再看一个相反的例子，即被认为风格一样但是并非出自一人之手的作品，考察 Z 检验是否能够有效进行作者的区分。这里我们以瞿秋白和鲁迅的杂文作品为例。我们选取了鲁迅的《不求甚解》《从讽刺到幽默》《从孩子的照相说起》《从幽默到正经》《多难之月》《看图识字》《论雷峰塔的倒掉》《拿来主义》《难行和不信》《文人无文》《以夷制夷》等 11 篇作品，瞿秋白的《脆弱的二元人物》《告别》《文人》《历史的误会》《盲动主义和立三路线》《我和马克思主义》等 6 篇作品为样本。我们将鲁迅和瞿秋白的作品分别合并成两组。鲁迅的为第一组、瞿秋白的为第二组。假设不知道第二组作品的作者是否与第一组一样，我们将第一组作品作为一个总体，用 Z 检验的办法确认第二组是否和第一组出自同一个总体。我们以标点符号的间隔距离作为衡量文体特征的指标（随机变量）。

由第一组数据可知总体的均值为 μ=7.31，总体标准差为 σ=3.915；

按照随机抽取的办法，从第二组中抽取 100 个样本，统计得到这组样本的平均值 $\overline{X}$=8.96。

假设：从第二组中抽取的 100 个样本和鲁迅作品的均值相同，即假设这 100 个样本也出自鲁迅之手。现在要求在 95% 的置信度下，用 Z 检验判断能否接受这个假设。

根据 Z 检验公式可得：

$$|Z| = \left| \frac{\overline{X} - \mu}{\sigma/\sqrt{n}} \right| = \left| \frac{8.95 - 7.31}{3.915/\sqrt{100}} \right| \approx 4.189$$

由于我们设定的置信度为 95%，根据标准正态分布表可知，临界值为 1.96。现在的 Z 值远远大于临界值，即 Z 发生的概率很小。也就是说，按照鲁迅的写作习惯，如果这 100 个样本出自鲁迅之手，那是一个小概率事件，根据实际推断原理，小概率一次抽样不可能发生，那么说明这个样本不是鲁迅的，因此我们只能拒绝原来的假设，即认为这 100 个样本不是来自于鲁迅的作品。因此也就可以说明，鲁迅的作品和瞿秋白的作品在标点符号使用方面的习惯还是不一样的。

第四节　T 检验在文体分析中的应用

在进行 Z 检验时，我们是在总体分布及其平均值和标准差都知道的情况下进行的。上述例子我们也是用正态分布去近似韩少功标点符号使用习惯（间隔距离），并用一个大的样本去推断其使用标点符号时的平均间隔距离和标准差的。也就是说使用 Z 检验的前提是已知总体的分布、平均值和标准差。但是，现实中，这些因素往往很难同时掌握。那么，如果这些因素不能知道，那么如何来使用假设检验进行文体分析呢？这就要用到 T 检验。

6.4.1 样本和总体均值是否一致的 T 检验

在许多情况下，随机变量平均值的获得可能不是那么困难，但是，总体标准差的获得相对而言比较困难。在总体标准差未知的情况下我们如何实施假设检验呢？这一节我们来考察，已知总体为正态分布，均值为 μ，但是其标准差不知道时，如何进行假设检验。

由于要在标准差未知的情况下，进行假设检验，因此用于假设检验的分布不可能再使用 $Z=\dfrac{\overline{X}-\mu}{\sigma/\sqrt{n}}$，因为，总体的 σ 是不知道的。但是根据统计学原理，当样本是随机抽取的，而且足够大，其能够反映总体的分布情况，那么，样本的方差 S^2 就是总体方差 σ^2 的无偏估计。如果用样本方差 S^2 来估计总体方差 σ^2 的话，统计量 $T=\dfrac{\overline{X}-\mu}{\sigma/\sqrt{n}}$ 服从一个特殊的分布 t（n-1），这个分布叫作 T 分布，n-1 为自由度。由于数学家给出了 T 分布表，因此计算统计量 T 的概率值是比较容易的。如果给定一个临界值 k，那么 |T| ≤ k 或者 |T| ≥ k 的概率 p(|T| ≤ k) 或者 p(|T| ≥ k) 就可以通过查阅 T 分布表得知。因为我们在假设检验中所选择的的分布不是 Z 分布，而是使用 T 分布，所以我们将用 T 分布进行的假设检验，叫作 T 检验。

我们还用上述韩少功的作品为例考察如何运用 t 分布进行假设检验。我们可以假设韩少功在其作品中使用标点符号的平均间隔距离为 7.07，而方差未知，分布用正态分布近似。我们现在推断韩少功在《月兰》中标点符号的使用习惯是否和其他作品不一致。

首先我们提出一个假设，即《月兰》中标点符号的间隔距离和韩少功其他作品没有差别。下面我们从《月兰》中抽取 100 个间隔距离的样本。这个样本仍然用上面的 100 个样本。这个样本的平均值是 $\overline{X}=7.53$。前面进行 Z 检验时不需要样本方差，而这里需要计算样本标准差。

根据这 100 个样本数据,我们用 EXCEL 中的函数 stdev 可以得到这 100 个样本的标准差:S=4.234

我们在进行推断时要保证我们结论正确的概率为 95%,由于样本为 100 即自由度为 100-1=99。据此我们通过查 t 分布表可以获得,统计量 t(99) 临界值为:k=1.984。

根据 T 分布:

$$|T|=\left|\frac{\overline{X}-\mu}{\sigma/\sqrt{n}}\right|=\left|\frac{7.53-7.07}{4.234129/\sqrt{100}}\right|=1.08641 \leqslant 1.984$$

由于实际算的 T 值小于临界值,也就是说,按照韩少功正常的习惯,《月兰》中标点符号的使用情况发生的概率大于 95%。也就是说,根据 T 检验的结果,《月兰》中标点符号的使用还是符合韩少功一贯的习惯的。

下面我们用 T 检验的办法检验一个情况完全相反的例子。即被认为风格相似但是作者不同的情况。我们仍然使用鲁迅和瞿秋白的杂文为例。鲁迅作品合并为第一组,瞿秋白作品合并为第二组。

由第一组我们可得到总体的均值为 μ=7.31,我们抽取第二组的 100 个样本,统计得样本均值 $\overline{X}$=8.95,样本标准差 S=5.92。

假设:样本均值和总体均值一致,即样本和总体出自一人之手。我们在置信度为 95% 的情况下检验能否接受这样的假设。由 T 分布表得知,95% 的置信度下 T 的临界值应该是 1.984。根据 T 检验公式可以算得:

$$|t|=\left|\frac{\overline{X}-\mu}{S/\sqrt{n}}\right|=\left|\frac{8.95-7.31}{5.92/\sqrt{100}}\right|=2.77 \geqslant 1.984$$

根据 T 检验得知,根据样本计算得到的 T 值远远大于临界值,也就是说如果将从瞿秋白的作品中抽取的 100 个样本当做鲁迅的样本的话,按照鲁迅的正常的习惯这是一个小概率样本,根据小概率样本在一次抽样中很难发生的实际推断原理,我们是不能够接受这 100 个样本是出自鲁迅作品的这个假设的。也就是说,我们用 T 检验能够检验出瞿秋白和鲁迅的杂文在标点符号的使用习惯上是不一样的。

6.4.2 两个样本均值的 T 检验

前面的 Z 检验和 T 检验，我们利用《爸爸爸》这个比较大的样本对韩少功的作品整体标点符号使用习惯进行了推定，获得了韩少功作品总体的标点符号平均值和标准差。也就是说，我们是在假设韩少功作品总体的均值和方差已知的情况下，推断《月兰》中标点符号的使用是否符合韩少功的一贯风格的。其实，总体分布、均值已知是使用 Z 检验和 T 检验的必要条件。

但是我们在进行文体分析时，往往不知道总体的情况，只能够获得两个样本，需要分析这两个样本所体现出来的风格是否一样。在文体研究的实际中，绝大多数都是这样的情况。比如《红楼梦》前 80 回和后 40 回。虽然学届已有定论《红楼梦》前 80 回是曹雪芹的作品，但是，由于这不是曹雪芹作品的全部，因此将《红楼梦》前 80 回看成是曹雪芹所有作品的一个样本更为科学，而由《红楼梦》前 80 回获得的曹雪芹写作习惯的一些特征严格意义上讲只能是样本特征，而不能算作是曹雪芹所有作品的总体特征。同样道理，上述韩少功的作品《爸爸爸》和《月兰》都只是韩少功作品中的样本，我们从这两部作品中获得的韩少功标点符号间隔距离的均值和标准差，严格意义上讲都是韩少功作品的样本均值和样本标准差。因此，我们在进行假设检验时，绝大多数情况下所面对的都是样本数据。那么，如何通过两个样本数据推断两个总体情况是否一样，则更为贴近文体分析的实际需求和更为重要。

下面利用两个样本平均值检验两个总体平均值是否存在差别，也就是我们不知道所要检验的两个总体的均值和方差，只知道分别来自两个总体的两个样本的均值和方差。假设两个样本的均值分别为 $\overline{X}$、$\overline{Y}$，两个样本的方差为 S_1^2 和 S_2^2，并且已知总体的方差是一致的，那么，下面的统计量也是服从 T 分布的：

$$T = \frac{\overline{X} - \overline{Y}}{S\sqrt{\frac{1}{m} + \frac{1}{n}}} \quad \cdots\cdots\cdots\cdots\cdots\cdots\cdots\cdots\cdots\cdots\cdots\cdots\cdots\cdots\cdots\cdots\cdots\cdots\cdots\cdots 6.2$$

其中：$S = \sqrt{\dfrac{(m-1)S_1^2 + (n-1)S_2^2}{m+n-2}}$

m、n 分别为两个样本的大小，m+n−2 为这个 T 分布的自由度。

下面我们还是利用韩少功的《爸爸爸》和《月兰》为例，用 T 检验的方法分析韩少功的这两个作品的标点符号使用习惯是否一致。

我们将《爸爸爸》和《月兰》当做两个总体，分别从两个总体中抽取 100 个样本。利用 EXCEL，我们可以使抽样工作变得十分简便。根据前文中标点符号间隔距离的定义，首先我们将《爸爸爸》和《月兰》文本中两个标点符号之间的所有非标点字符作为一个单位抽取出来，每一个这样的单位作为一行。这一步可以使用 EMEDITOR 等工具，利用正则表达式进行替换实现。然后将从两个作品中抽取出来的这些文本分别放到 EXCEL 的两个表中。这两个表的名字取"爸爸爸"和"月兰"。其中表"爸爸爸"中共有 2765 行数据，表"月兰"中共有 1022 行数据。

然后用 EXCEL 随机数发生器产生两组随机数，各为 100 个。一组用于从"爸爸爸"中抽取 100 个样本，另一组用于从"月兰"中抽取 100 个样本。为了使"爸爸爸""月兰"这两个表格中的行被抽取的机会是相等的，因此随机数发生器的设置应采用均匀分布，用于"爸爸爸"抽样的随机数范围设定为（1,2675），用于"月兰"抽样的随机数范围设定为（1,1022）。两组随机数产生后，使用 EXCEL 的 TRUNC 函数将每一个随机数取整。我们用取整后的随机数作为行号，从"爸爸爸""月兰"中将这些行抽取出来，就可以得到所需的两组样本。这一步如果用手工抽取需要花费很多时间，而且容易出错。其实我们也可以使用 EXCEL 的函数简单地实现这一步。比如，从"爸爸爸"抽取第 10 行作为样本，我们可以先开辟一个新表作为存放样本的地方，然后在样本存放表的 A1 中输入："= 爸爸爸!A10"

回车后,"爸爸爸"表中的 A10 单元中的数据就会自动地填充到样本表中的 A1 单元。我们可以在随机数表中用'="= 爸爸爸 !A"&TEXT(B1,0)'公式并用复制的办法将所有的随机数前面加上"= 爸爸爸 !A"。将"= 爸爸爸 !A 随机数"复制到一个文本编辑器中,如 windows 中的记事本,再从记事本中整体复制到样本表中,这时从"爸爸爸"中按要求随机抽样的 100 个样本就填充到样本表格中了。前文中《月兰》的 100 个样本也是采用这种方法抽取的。

现在可以用两个样本来检验各自总体的均值是否有差异。我们假设:《爸爸爸》和《月兰》标点符号的间隔距离没有显著差异。并且我们设定假设检验的置信度为 95%,由于两个样本的容量都是 100,由此可知 t 分布的自由度为 198,由此可以得到临界值约为 1.97。由上述样本已知条件可以计算得:

《爸爸爸》的样本均值:$\overline{X}=6.52$

《爸爸爸》的样本方差:$S_1^2=10.45$

《月兰》的样本均值:$\overline{Y}=7.53$

《月兰》的样本方差:$S_2^2=17.93$

由以上可知:

$$S=\sqrt{\frac{(m-1)S_1^2+(n-1)S_2^2}{m+n-2}}=\sqrt{\frac{(100-1)10.45+(100-1)17.93}{100+100-2}}=3.77$$

根据公式 6.2 可得:

$$T=\left|\frac{\overline{X}-\overline{Y}}{S\sqrt{\frac{1}{m}+\frac{1}{n}}}\right|=\left|\frac{6.52-7.53}{3.77\sqrt{\frac{1}{100}+\frac{1}{100}}}\right|=1.89 \leqslant 1.97$$

由于根据两个样本的情况我们计算得到 T 值小于临界值,也就是说,如果总体均值相等的情况下,这两个样本均值差发生的可能性为 95%。因此,由这两个样本推算,我们不能够认为《爸爸爸》和《月兰》的标点符号间隔距离之间有太大差别。下这个结论有 95% 的把握。

上面，我们是根据抽取的样本数据，按照假设检验的一般步骤逐步对两个总体均值的差进行了检验。其实，在两个样本数据已经获得的情况下，EXCEL 提供了均值差的 T 检验工具，根据这个工具我们可以很简单地完成均值差的 T 检验临界值的计算。其使用方法如下：

1. 将《月兰》和《爸爸爸》的样本数据放到 EXCEL 表中。如图 6.2。

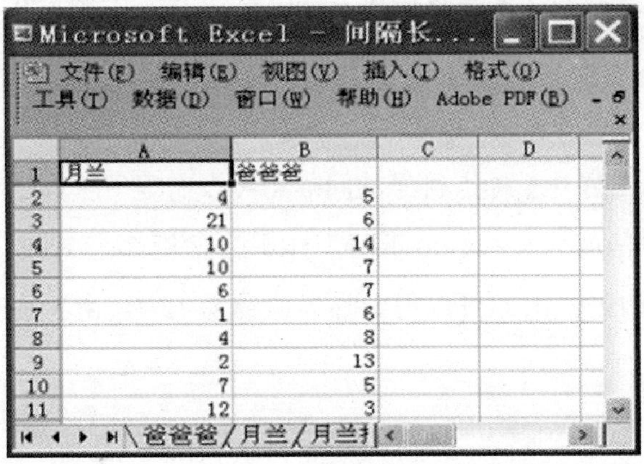

图 6.2　韩少功两部作品标点间隔距离数据

2. 从"工具"菜单中选取"数据分析"[①]，则弹出数据分析的工具，如图 6.3。

图 6.3　EXCEL 中 T 检验模型选择

---

①　如果 EXCEL "工具"菜单中没有"数据分析"，请打开"工具"菜单中的"加载宏"，在"分析工具库"前的方框上打钩。

3. 由于我们假设总体方差相等，所以在数据分析中选择"t-检验：双样本等方差假设"出现图 6.4：

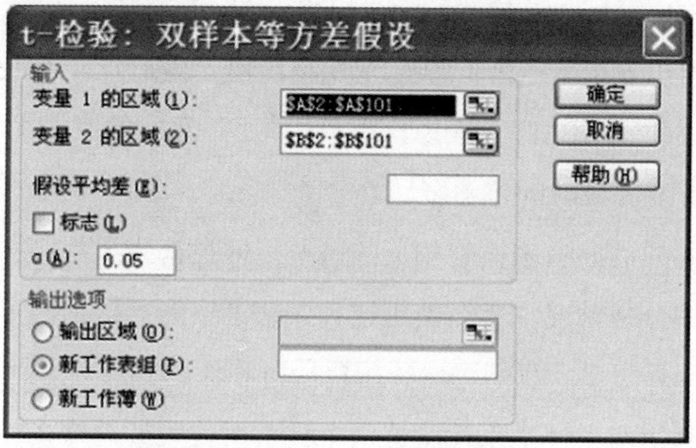

图 6.4　EXCEL 中 T 检验参数设置

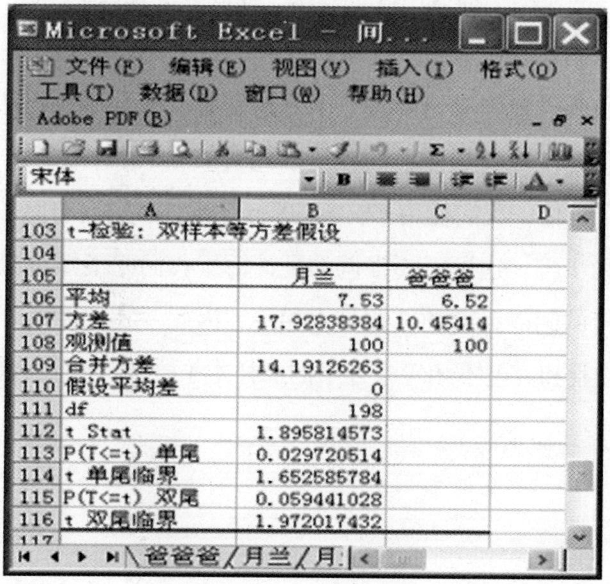

图 6.5　T 检验结果

4. 在变量 1 的区域中输入《月兰》的 100 个样本所在的单元，即 $A$1:$A$101；变量 2 的区域中输入《爸爸爸》的 100 个样本所在的单元，

即 $B$1:$B$101。由于我们假设两个总体的均值是相等的,所以"假设平均差"为 0,由于置信度为 95%,所以 α=1−0.95=0.05,最后选择一个空白区域作为输出区域。这样我们就可以得到图 6.5 的结果。

从图上可以看出 T 值为 1.895,双尾临界值[1]为 1.972,和我们前面计算得结果是一致的。EXCEL 还提供了总体方差不一致时的双样本 T 检验工具,使用方法和方差一致时的差不多。

下面用同样的办法来检验相反的情况,即被认为风格一样但是作者不同作品的文体分析情况,我们使用这种办法考察能否依据两个样本发现其是否出自同一人之手。我们仍然使用瞿秋白和鲁迅的杂文为例进行说明。

由于是利用两个样本来检验这两个样本所代表的总体在标点符号的使用上是否一致。因此,前文中瞿秋白的 100 个样本已经抽取出来了,这里我们再从鲁迅的作品中抽取 100 个样本。抽取方法和前面的抽取方法一致。

现在,我们假设:这两个样本所代表的总体标点符号间隔距离的平均值相同。我们要求置信度为 95%,也就是显著水平为 0.05,根据 T 分布表可知,临界值为 1.97。这样我们就可以用公式 6.2 计算这两个样本平均值的 T 值。为了方便,我们使用 EXCEL 进行计算。方法同前面《月兰》《爸爸爸》的检验步骤。这里需要强调的是,由于我们并不知道瞿秋白和鲁迅杂文标点符号的间隔距离的方差是否相等,因此,我们使用等方差条件下的双样本 T 检验和方差不相等条件下的双样本 T 检验。可得到表 6.1 和表 6.2 结果:

---

[1] 通常我们在进行文体分析时,只考虑观察值偏离期望值一定范围内的事件所发生的概率,也就是说通常不考虑观察值和期望值的差是正值还是负值。从正态分布图上看,文体分析一般考察落在正态分布图中间区域事件的概率和中间部分两侧的概率。两侧的概率为显著水平 α。那么单侧的概率就是 α/2。这种考虑分布两侧的假设检验叫作双尾检验,或者双侧检验。文体分析时一般都是使用的双侧检验。

表 6.1　鲁迅和瞿秋白标点间隔距离 T 检验结果

t- 检验 : 双样本等方差假设		
	鲁迅	瞿秋白
平均	6.5	8.95
方差	20.77778	35.03787879
观测值	100	100
合并方差	27.90783	
假设平均差	0	
df	198	
t Stat	−3.27935	
P(T<=t) 单尾	0.000615	
t 单尾临界	1.652586	
P(T<=t) 双尾	0.001229	
t 双尾临界	1.972017	

表 6.2　鲁迅和瞿秋白标点间隔距离 T 检验结果

t- 检验 : 双样本异方差假设		
	鲁迅	瞿秋白
平均	6.5	8.95
方差	20.77777778	35.0378788
观测值	100	100
假设平均差	0	
df	186	
t Stat	−3.279352226	
P(T<=t) 单尾	0.000620995	
t 单尾临界	1.653087139	
P(T<=t) 双尾	0.00124199	
t 双尾临界	1.972800071	

由于文体分析中使用假设检验时一般都采用双侧检验，T 值取绝对值，因此从结果看，无论是等方差的情况还是方差不等的情况，|T| 值均大于临界值。等方差情况下：|T|=3.28，临界值为 1.972；方差不等的情况下：|T|=3.28，临界值为：1.973。因此，无论瞿秋白和鲁迅的作品方差相等还是不等，根据双样本 T 检验的结果，都不能够接受瞿秋白和鲁迅杂文标点符号间隔距离平均值一致的假设。可以说，鲁迅和瞿秋白的杂文在标点符号的使用习惯上是不一样的。

第五节　虚词使用习惯的假设检验

一个作家的写作风格可以在很多方面体现出来，不仅有思想上的，也有语言上的。计量文体分析主要是以语言上的写作风格为研究对象。在第一章中我们介绍了很多反映作者写作风格的语言上的文体特征。这些文体特征中，除标点符号的间隔距离外，我们常用的还有和文章内容关系不大的一些虚词的使用习惯。这种使用习惯主要表现在某个虚词的使用频率的不同上。和前面标点符号间隔距离不同，虚词使用频率的分布可以用二项分布逼近。正因如此，我们在进行这种情况的假设检验时和标点符号间隔距离的假设检验情况会有所不同。因为涉及常用字使用频率的假设检验在文体分析中使用非常广泛，因此我们专门用这一节来进行介绍。

我们还是以韩少功的《爸爸爸》和《月兰》为分析对象，用假设检验的方法分析韩少功在这两部作品中助词"的"的使用习惯是否不同。

6.5.1　样本频率和已知总体频率是否一致的 Z 检验

假设我们以《爸爸爸》的统计结果为依据推断出韩少功所有作品中"的"的使用频率为 p=29.7‰（统计时不包含标点等其他字符，只以汉字为对象），现在我们用 Z 检验分析韩少功在《月兰》中"的"的使用是不是有什么特殊性。

根据统计，《月兰》的总字数是 7669（不包含标点等其他字符，只包含汉字）。根据二项分布的原理，韩少功 7669 字作品应该包含"的"的数量，即"的"的期望值：

$$\mu = np = 7669 * 29.7‰ = 227.74;$$

方差：

$$\sigma^2 = np(1-p) = 7669 * 29.7‰ (1-29.7‰) = 220.93$$

而《月兰》中"的"实际出现次数，即观察值为：$\overline{X}=210$。

现在我们假设韩少功在《月兰》中"的"的使用习惯没有改变，用 Z 检验分析能否接受这个假设。Z 检验的分布公式，是在总体和样本都服从正态分布的情况推导出来的，而现在"的"使用频率并不服从正态分布，由于样本比较大，所以我们可以近似地认为下面的公式近似服从标准正态分布：

$$Z = \frac{\overline{X} - \mu}{\sigma} = \frac{\overline{X} - np}{np\sqrt{(1-P)}} \quad \cdots\cdots 6.3$$

因此，在进行"的"的使用频率的 Z 检验中，我们使用这个分布。这个公式，在进行语言研究时非常重要，是我们在语言研究时经常使用的。

我们现在要求接受上述假设或者拒绝上面假设的把握要达到 95%，也就是说置信度为 95%，那么根据标准正态分布可得到临界值为 1.96。

根据公式 6.3 可以计算得到，

$$Z = \left| \frac{\overline{X} - np}{np\sqrt{(1-P)}} \right| = \left| \frac{210 - 227.74}{\sqrt{220.93}} \right| = 1.194 \leqslant 1.96$$

由于我们计算得到的结果小于临界值，就是说《月兰》中"的"字的出现频率对韩少功的写作习惯来说是一个大概率事件。也就是说，与韩少功的其他作品相比，《月兰》中"的"字的使用没有什么特别之处。我们可以接受韩少功在《月兰》中"的"字的使用习惯没有改变这个假设。也就是说从"的"字的使用上看，《月兰》和韩少功的总体写作习惯没有太大的区别。

我们再以瞿秋白和鲁迅的杂文为例,利用"的"的使用习惯为文体特征,考察被认为文体相似的鲁迅和瞿秋白的杂文中"的"的使用习惯二人是否一样。

我们以前文所使用的鲁迅的上述 11 篇杂文推断鲁迅杂文这个总体中"的"的使用频率为 p=42‰,瞿秋白 6 篇杂文的总字数为 15254 字。我们观察到瞿秋白的这 6 篇杂文中"的"字出现了 765 次。我们使用频率的 Z 检验,考察这两个作家在使用"的"字时的习惯是否一样。

现在我们假设:瞿秋白和鲁迅"的"的使用频率一样。要求置信度为 95%,根据标准正态分布表可知,临界值为 1.96。根据公式 6.3,可得到:

$$Z=\left|\frac{\overline{X}-np}{np\sqrt{(1-P)}}\right|=\left|\frac{765-15254 \times 0.042}{\sqrt{15254 \times 0.042 \times (1-0.042)}}\right|=5.018 \geqslant 1.96$$

根据这个计算结果可知,Z 值大于临界值,也就是说,假设我们将瞿秋白的篇杂文也当做鲁迅的杂文的话,那么根据统计结果,这 6 篇杂文中"的"使用情况相对于鲁迅的"的"使用情况来讲是一个小概率事件,根据实际推断原理,小概率事件在一次抽样中不可能发生,因此,我们只能够否定这 6 篇杂文"的"使用习惯和鲁迅是一样的假设,认为两个样本中"的"字的使用习惯是不一样的。由此,可知虽然普遍认为鲁迅的杂文和瞿秋白的杂文风格相似,可以以假乱真,但是,在"的"字的使用上,鲁迅和瞿秋白还是有区别的。

6.5.2 由两个样本推断两个总体频率是否一致的 Z 检验

6.5.1 中的例子,我们假定了有一个总体中"的"的使用频率是已知的,检验样本所代表的另外一个总体和已知总体是否一致的情况。在实际的文体分析中,总体的情况一般都是不知道的,通常都是由样本情况来对总体情况进行推断。比如,《爸爸爸》写作习惯所代表的总体和《月兰》写作习惯所代表的的总体是否一致等。其实《爸爸爸》和《月兰》都是样本,我们希望通过这两个样本来推断《爸爸爸》所代表的总体和《月兰》所代表的总体是否一样，这样才能证明韩少功的写作习惯是否发生了改变。由于写作习惯的总体情况很难知道，而作家作品的样本比较容易得到，所以用两个样本推断两个总体的写作习惯是否一致具有重要的实践意义。虚词的使用频率是作家写作习惯的一个重要反映，而频率的假设检验和前面标点符号间隔距离的情况不同，所以我们这里专门对此进行探讨。

我们假设某一个虚词在样本1和样本2中的频率分别是 p_1 和 p_2，两个样本的容量为 n_1 和 n_2。根据统计学的中心极限定理，两个样本足够大时，和两个样本频率相关的下面的统计量近似服从标准正态分布：

$$Z=\frac{p_1-p_2}{\sqrt{\frac{p_1(1-p_1)}{n_1}+\frac{p_2(1-p_2)}{n_2}}} \quad\cdots\cdots\cdots\cdots 6.4$$

这样，我们用假设检验的办法来考察《爸爸爸》所代表的总体和《月兰》所代表的总体，"的"字的使用习惯是否一样。首先我们提出一个假设：假设这两个总体"的"使用习惯一样，即 $p_1=p_2$。

6.5.1 的内容可以知道，$p_1=29.7‰$，$n_1=19464$，$p_2=27.4‰$，$n_2=7669$。

现在要求推断结论的正确率为95%，即置信度为95%，根据标准正态分布表可知，临界值为1.96。下面我计算Z值是大于1.96还是小于1.96。如果大于1.96则说明两个总体的习惯一样这个假设是一个小概率事件。而小概率事件现在居然发生了，这就与实际推断原理相违背，因此，只能说明上面的假设是不正确的，也就是说如果Z大于1.96则说明两个总体在"的"字的使用习惯上有明显差别。否则，则不能说明其有明显差别。

$$|Z|=\left|\frac{p_1-p_2}{\sqrt{\frac{p_1(1-p_1)}{n_1}+\frac{p_2(1-p_2)}{n_2}}}\right|=\left|\frac{0.0297-0.0274}{\sqrt{\frac{0.0297(1-0.0297)}{19464}+\frac{0.0274(1-0.0274)}{7669}}}\right|$$
$$=1.033$$

根据计算结果：Z=1.033 ≤ 1.96，这说明我们前面假设两个总体"的"使用习惯一致的假设是一个大概率事件，因此，我们不能够否定这个假设，只能够认为《爸爸爸》和《月兰》在"的"的使用习惯上是一致的。

我们再用此办法来检验作者虽然不同但是写作风格被认为相似的作品的文体情况，考察该方法对这样的作品，能否将其作者区别开来。我们仍然以鲁迅和瞿秋白的作品为例。

我们将鲁迅的 11 篇杂文合并在一起作为从鲁迅杂文总体中抽取出来的一个样本，该样本总字数为 10655 字，其中"的"出现了 447 次；同样将瞿秋白的 6 篇杂文也合并在一起作为瞿秋白杂文总体的一个样本，该样本总字数为 15254 字，"的"的出现次数为 765 次。

这里依据这两个样本，使用 6.4 的方法检验鲁迅和瞿秋白这两个总体"的"字的使用习惯是否一致。如果使用习惯一致，那么"的"字使用频率的期望值应该是一样的。为此，我们可以提出假设：这两个总体在"的"使用习惯上没有差别。要求置信度为 95%，则临界值为 1.96。

根据以上条件，则有：

$P_1=447/10655=0.042$

$P_2=765/15254=0.050$

$n_1=10655$

$n_2=15254$

$$Z=\left|\frac{p_1-p_2}{\sqrt{\frac{p_1(1-p_1)}{n_1}+\frac{p_2(1-p_2)}{n_2}}}\right|=\frac{0.042-0.050}{\sqrt{\frac{0.042(1-0.042)}{10655}+\frac{0.050(1-0.050)}{15254}}}$$

$Z=3.048$

由于 Z 值 3.048 大于临界值 1.96，可以认为上述假设是一个小概率事件，从而应该拒绝上述假设，认为鲁迅和瞿秋白的杂文在"的"字的使用上是有区别的。

在进行语言研究时我们经常和字频、词频、NGRAM 等打交道，因此和频率相关的假设检验对文体研究,特别是对反映文体风格的语言特征研究非常重要,因此公式 6.3 和 6.4 是我们分析不同文章中某一个字或者某一个词使用习惯是否发生了改变时经常使用的。这里一定要注意使用公式 6.3 和 6.4 进行假设检验时所需的条件,以及检验的步骤。

第六节 x^2 检验在文体分析中的应用

字词的使用习惯通常是分析文体的重要指标,而字词的使用习惯通常反映在字词的使用频率上面。一般情况下不同作家在一些特殊字词的使用上有自己独特的习惯,其文章中这些字词的使用频率和别人的不同。前面我们使用 Z 检验和 T 检验的方法分析了不同作家使用常用字"的"时其使用习惯是不相同的,可以说通过对"的"的使用频率进行 Z 检验和 T 检验就能够区分不同的作者作品。

对"的"的假设检验分析虽然能够有效区分文体的不同,但是,作家文体的不同通常不仅仅表现在"的"一个因素的不同上面,一般情况下其独特的文体特征从很多方面都可能反映出来。仅以一个因素的使用情况为依据进行 Z 检验或者 T 检验进行分析,所得到的结果往往比较粗糙,有时可能不一定能够得到正确的结果。特别是分析那些匿名或者剽窃的作品时,由于这些作品中的有些特征往往是模仿别人的,如果恰好选择了那些被模仿的特征作为检验的对象,则很难得到正确的结果。因此进行真伪、剽窃的分析时需要对多个因素进行综合考察。

x^2 检验中的独立性检验可以通过对多个因素的使用习惯、特别是对一些可以用频率描述的多个文体因素进行综合分析,来区别两个作品的写作习惯是否相同或者是不同。

x^2 检验可以用在很多场合进行假设检验,根据其使用目的的不同,其使用条件和使用方法也不一样。由于文体分析通常用以区别两类作品是否具有不同的文体,或者是否出于不同的作者之手,因此,我们通常使用 x^2 检验进行考察对象的独立性检验。用 x^2 检验进行独立性检验时,需要对考察对象进行分析,提取代表考察对象特点的特征因素。这些特征因素对描写考察对象的特点必须既是充分的、也是必要的。

从文体分析的角度,如果使用 x^2 检验的独立性检验考察两个作品,分析这两个作品的文体是否相同,那么,我们必须将这两个作品的文体特征全部找出来,这些文体特征对描写这两部作品的文体来讲既是充分的,也是必需的。也就是说,我们所找到的文体特征是这两个作品所能找到的文体特征的全部,而且这些文体特征对于分析两部作品来讲足够了。另外,还必须满足一个条件,就是这些文体特征都可以用频率来描述。这样我们就认为用 x^2 检验的独立性检验分析两个文学作品文体的条件就具备了。

我们用统计学的方法进行文体分析的一个重要工作就是判断两篇作品是否风格一样或者是不一样,最终确定两篇作品是否出自同一个人之手。进行这样的分析,有两个极端的情况,一是两篇作品虽然是同一个人的作品,但是,读者却认为两个作品的风格完全不同,不像出自一人之手;第二是两个作品虽然是不同作者的作品,但是,读者认为两篇作品风格相同,像是一个人的作品。如果 x^2 检验的独立性检验能够对这两种极端情况进行有效的分析,我们就可以认为 x^2 检验在文体分析中是有效的,是可信的。

由于韩少功的《月兰》和《爸爸爸》被认为是第一种情况的典型作品,鲁迅和瞿秋白的杂文被认为是第二种情况的代表,因此,我们用 x^2 检验进行文体分析时,仍旧以这两组数据为例,考察利用 x^2 检验进行文体分析的有效性。x^2 检验的检验步骤和前面的 Z 检验、T 检验的步骤一样。但是,x^2 检验的分布使用如下公式:

$$x^2 = \sum_{i=1}^{n} \frac{(O_i - E_i)^2}{E_i} \quad\quad\quad\quad\quad\quad\quad\quad\quad\quad 6.5$$

其中,n 为考察因素的个数和考察对象作品数的乘积。这里考察对象是 2 部作品，考察因素为 6 个，因此 n 为 12，(6−1)×(2−1)=5 称为 x^2 分布的自由度。O 为某个考察因素在某个对象作品中出现次数的实际观察值，E 为某个考察因素的期望值。期望值按照以下办法计算：

假设作品 A 的总字数为 x，作品 B 的总字数为 y，考察因素 r 在作品 A 中实际出现的次数为 m，在作品 B 中实际出现的次数为 n。那么因素 r 在作品 A 和 B 中出现的期望值分别为：

$$EA = x \times \frac{m+n}{x+y}$$

$$EB = y \times \frac{m+n}{x+y}$$

首先，我们考察第一种情况，即作者相同但是作品被认为具有不同风格，我们的目的是考察这样的两部作品，能否用 x^2 检验的办法分析出其作者是一个人。我们使用作品中不同词性的词汇出现的频率作为文体的特征因素。我们将文章中出现的所有单词的词性分成六类：名词、动词、形容词、副词、介词、其他。这六类对于考察对象文章中词汇的词性来说是充分的、也是必要的。即文章中的所有词汇只有这六类词性，而且每一类词性在文章中都有出现的频率。因此，用这六类词性来考察两篇文章的文体差别是符合 x^2 检验的使用条件的。

现在关键是如何统计文章中这些词性出现的频度。要做到这一点我们必须使用汉语的分词标注工具[①]。汉语的分词标注技术是自然语言处理领域比较成熟的技术，其准确率一般能够达到 95% 以上。这一精度基本能够满足我们进行文体分析的需要。我们用汉语的分词技术对《月兰》和《爸爸爸》进行分词标注，对其结果不做修改。在分词标注的结果上，我们得出了如表 6.3 的统计结果：

[①] 我们使用的分词标注工具是 ICTCLAS2014 工具，其中词性标注也按照该系统所采用的标准。

表 6.3 韩少功两作品品词使用情况

作品	观察值						
	名词	动词	形容词	副词	介词	其他	总计
月兰	981	1491	213	14	186	2798	5683
爸爸爸	2677	3901	682	49	448	6987	14744
小计	3658	5392	895	63	634	9785	20427

根据实际统计结果，按照上述期望值的计算方法，可以计算得出每一类词在《月兰》和《爸爸爸》中的期望频度，如表 6.4。

表 6.4 韩少功两作品品词使用频度的期望值

作品	期望值						
	名词	动词	形容词	副词	介词	其他	总计
月兰	1017.7	1500.1	249.0	17.5	176.4	2722.3	5683
爸爸爸	2640.3	3891.9	646.0	45.5	457.6	7062.7	14744
小计	3658	5392	895	63	634	9785	20427

这里假设：《月兰》和《爸爸爸》在词性分布上没有差别。按照公式 5 计算 x^2 得值：

$$x^2 = \sum_{i=1}^{12} \frac{(O_i - E_i)^2}{E_i} = \frac{(981-1017.7)^2}{1017.7} + \frac{(1491-1500.1)^2}{1500.1} + \cdots \frac{(6987-7062.7)^2}{7062.7}$$

$=13.75$

如果设定置信度为 99%，显著水平位 1%，由于自由度为 5，通过查询 x^2 分布表，显著水平为 0.01，自由度为 5 时，x^2 的临界值是 15.0863。此临界值也可以用 EXCEL 中的函数 CHIINV（0.01,5）计算得到。

由于实际计算的 x^2 值 13.75 小于临界值 15.0863，因此，我们可以接受《月兰》和《爸爸爸》在词性分布上没有差别这个假设。也就是说尽管有人认为《月兰》和《爸爸爸》风格不同，但是，从 x^2 检验的独立性检验的结果看，《月兰》和《爸爸爸》在词性分布这一文体特征上二者是一致的。

下面，我们用 x^2 检验再来考察另外一个极端情况，即被认为风格相同作者不同的情况下，x^2 检验能否区分不同作者。这里我们仍然使用前面的鲁迅和瞿秋白的杂文作品。首先进行分词标注加工，统计二者作品中不同词性的词汇使用频率，得到如表 6.6 的结果：

表 6.6　鲁迅和瞿秋白作品样本品词使用的观察值

观察值							
	名词	动词	形容词	副词	介词	其他	总词数
鲁迅	1178	1739	389	794	219	3664	7983
瞿秋白	1659	2039	432	986	288	4881	10285
小计	2837	3778	821	1780	507	8545	18268

根据前面期望值的计算办法，计算得到每一个词性在两个作者作品中出现的期望值如表 6.7。

表 6.7　鲁迅和瞿秋白作品样本品词使用的期望值

	名词	动词	形容词	副词	介词	其他	总词数
鲁迅	1239.8	1651.0	358.8	777.8	221.6	3734.1	7983
瞿秋白	1597.2	2127.0	462.2	1002.2	285.4	4810.9	10285
小计	2837	3778	821	1780	507	8545	18268

假设：鲁迅和瞿秋白的杂文词性分布一致。那么根据公式 6.5 可以计算得到：

$$x^2 = \sum_{i=1}^{12} \frac{(O_i - E_i)^2}{E_i} = \frac{(1178-1239.8)^2}{1239.8} + \frac{(1739-1651.0)^2}{1651.0} + \cdots \frac{(4881-4810.9)^2}{4810.9}$$
$$= 21.31$$

如果设定置信度为 99%，显著水平位 1%，由于自由度为 5，利用 x^2 分布表或者 EXCEL 的函数 CHIINV（0.01,5）可得到，显著水平位 0.01，自由度为 5 时，x^2 的临界值为 15.086。由于根据两个作者作品的统计数据计算得到 x^2 值为 21.31，远远大于临界值，因此，不能够接受前面的假设，即不能够认为鲁迅和瞿秋白杂文的词性分布是一致的。从词性分布这个文体特征上看，鲁迅和瞿秋白杂文的文体风格是不一样的。因此，尽管人们认为鲁迅和瞿秋白的杂文文体风格相似，但是，我们根据词性分布这个文体特征，利用 x^2 检验的独立性检验还是能够区分鲁迅和瞿秋白的杂文的。

假设检验是利用统计学方法解决实际问题的基本方法。从本章内容可以看出，无论是 Z 检验、T 检验还是 x^2 检验，只要文体特征因素选择正确，都能够有效区分作品的文体特征和不同作品的作者。但是，我们还需要看到，这几种假设检验的方法，也存在局限性。Z 检验和 T 检验只能够对一个文体特征进行考察，x^2 检验虽然能够利用多个特征数据进行分析，但是，对这些特征的要求比较高。这些局限都会给文体分析带来偏差。要解决这些问题，我们还可以使用多变量分析的统计学方法解决文体研究中的实际问题。

第七章　文体风格个体性差异的方差分析

要鉴别两部作品是否出自同一人之手，我们可以选定一个代表作者写作特征和写作习惯的文字表达作为随机变量，比如："的"的使用频率或者标点符号的间隔距离等，然后从这两部作品中各随机抽取多组足够量的文字，统计每一组文字中这个文体特征的值，以此作为分析这两部作品的样本，再用假设检验的办法，检验这两个总体（两部作品）的这个写作特征或习惯是否存在系统差异，如果存在系统差异就可以认为这两部作品是出自两个人之手，否则则不能够做出这样的判断。

上述判断作品作者是否为同一人的方法，其基本出发点是，我们认为所选的写作特征能够区分不同的作者。或者说是我们事先知道，不同的作者这个写作特征是不同的。在这个前提下，我们用假设检验的方法检验出如果两个作品的这个写作特征存在显著差异，就可以认为两部作品是不同的人写的。但是问题的关键是，不同作家的作品这些写作特征是不是一样？如何才能够证明这些写作特征是因人而异的。只有证明了这一点，我们才能够认为假设检验的结果是可靠的。也只有掌握了证明不同作家存在不同写作习惯和写作特征的方法，才能够帮助我们去寻找和发现那些未知的但是又客观存在的、并且能够反映作家文体的独特的写作特征。统计学的方差分析就是一种能够利用大量作品数据进行统计分析来确定作家的不同是不是导致我们所考察对象特征不同的原因的统计方法。换句话说，方差分析可以帮助分析作家不同和来自不同作家作品所体现出来的写作特征是不是有关系。比如，我们要分析不同的作家其写作时使用标点符号的习惯是不是不一样，也就是说，标点符号的间隔距离是不是因作家的不同而不同，作家使用标点符号的习惯是因人而异的，那么标点符号的使用习惯就可以作为区分不同作家风格的一个特征。方差分析提供了证明作家和标点符号使用习惯是否存在关系的方法。

第一节　文体方差分析的基本原理

　　文体特征的抽取通常是利用多个作家的作品进行统计分析的。只有通过多个作家的大量作品才能分析出不同作家的个性和共性。不同的文章中某一个写作特征出现不同的情况可能与多种因素有关，包括作家因素（即不同的作家）、年龄因素（即同一作家不同时期的作品）等。方差分析可以帮助我们找出影响作品某一写作特征出现不同的显著因素。第六章介绍的假设检验的办法，是在承认不同作家之间某一表达形式的使用习惯是不同的这个前提下进行的；至于这个表达形式的使用习惯是不是与作家因素有关，假设检验并没有做出回答。同时假设检验的方法只能对两个系统进行比较分析，也就是说只能比较两个作家的文体。但是要证明作家因素是否影响某一个写作特征，寻找区别作家文体的写作特征必定涉及多个不同的作家，就这一点来讲，假设检验也不能承担这样的任务，或者说用假设检验的方法来开展这项工作是非常复杂的。

　　假设标点符号的使用习惯是因人而异的，是一个作家区别于其他作家的重要的写作特征，也就是说作家因素是导致作品中标点符号使用出现不同的原因。但是，由于标点符号的使用习惯是一个定性的概念，如果要对其进行统计分析必须将其量化。这个写作习惯的一个量化办法就是计算其使用的间隔距离。我们用这个统计量为例来论述用方差分析办法证明不同作家使用标点符号的间隔距离是不一样的,也就是说证明作家因素是导致作品中标点符号间隔距离出现不同的原因。

7.1.1 方差分析的基本原理

我们从池莉、韩少功、苏童、贾平凹四位作家的作品中各抽取若干段文字作为样本,每一位作家抽取的文字段数可以不等。计算每一段文字标点符号的平均间隔距离。我们可以利用方差分析的方法分析这些数据,来考察作家因素是否影响标点符号的平均间隔距离,也就是证明标点符号的间隔距离是因作家的不同而不同的。这些样本列表如表 7.1。

表 7.1 四位作家标点符号间隔距离

池莉	韩少功	苏童	贾平凹
8.48	7.37	10.30	10.67
9.60	6.38	9.05	9.48
9.28	7.43	10.18	9.26
10.83	7.55	10.82	9.52
8.39	7.09	10.22	10.29

这个采样过程可以推广到一般情况,即假设从 m 个不同作家的作品中各随机抽取 n_i(i=1……m)段文字。对于每一段文字我们都统计该段文字标点符号的平均间隔距离。每一个作品所抽取的文字段数可以不相等,但是应该尽量多地抽取。这样我们就得到了 m 个作品的 m 组标点符号的平均间隔距离。也就是得到了 m 个样本,每个样本的元素个数为 n_i(i=1……m)个。一般情况采样可以列表如表 7.2。

表7.2　不同作家标点符号间隔距离样本的一般情况

	作家1	作家2	……	作家m
各段文字标点符号的平均间隔距离	X_{11}	X_{21}	……	X_{m1}
	X_{12}	X_{22}	……	X_{m2}
	X_{13}	X_{23}	……	X_{m3}
	……	……	……	……
	X_{1n1}	X_{2n2}	……	X_{mnm}

根据前面几章内容我们知道，如果用标点符号的间隔距离来作为作家写作习惯的统计量，那么真正能够代表作家写作习惯的是这个统计量的分布，而随机变量的分布是由随机变量的函数决定的，随机变量的函数是由分布形式和特征参数决定的。通常如果样本容量比较大时分布形式可以近似地看成是正态分布，在这种情况下，特征参数在描写随机变量的分布时就变得特别重要。随机变量分布的特征参数最重要的是平均值和方差。因此，我们考察作家某一个写作习惯时，最重要的是考察这个写作习惯量化后的变量的平均值和方差。如果均值和方差这两个参数有一个不一样，就说明随机变量的函数及其所服从的分布是不一样的，也就说明写作习惯不一样了。通常统计学上用得最多的是对平均值进行分析。这里假设上述m个样本的均值分别为$\overline{X}_i$（i=1……m）。

如果这m个样本的标点符号的使用习惯是一样的，那么，这m个样本所属总体标点符号平均间隔距离的期望值应该是一致的，即有下面的等式成立：

$$\mu_1=\mu_2\cdots\cdots\mu_m \cdots\cdots\cdots\cdots\cdots\cdots\cdots\cdots 7.1$$

如果这个等式不成立，就说明这m个样本的标点符号间隔距离的分布是不一样的，也就是说这m个样本标点符号的使用习惯不一样。由于抽出的样本是从m个不同作家的作品中抽取出来的，其他因素不做考虑，如m个样本是不是从不同作家的不同年龄段的作品中抽取出来的，这里假定这些样本都是作家们在同一时期所做的作品。这样可以排除这 m 个样本标点符号的使用习惯不同不是因为作家的年龄的因素，而是因为作家的不同这一个因素。我们用方差分析的方法来考察写作习惯是否与一个因素有关时，这种方差分析叫作单因素方差分析。当然方差分析也可以考察某一个写作习惯是否和多个因素有关，比如标点符号的使用习惯是否同时和作家、作家的年龄这两个因素有关等。单因素方差分析在文体的统计研究中经常被用到，也非常有用。因此这里主要介绍单因素方差分析在计量文体学研究中的应用。

如果我们考察的标点符号的间隔距离这个写作习惯和不同的作家是无关的，即作家因素不对作品中标点符号的间隔距离产生影响，那么式 7.1 就会成立。反之，如果标点符号的间隔距离和不同的作家有关，那么从不同作家作品中抽取出来的这些样本的标点符号使用情况就会产生波动，也就是说作家因素对这些数据的波动产生影响。但是，实际统计过程中，由于随机抽样得到的样本数据本身也会有一定的波动。具体讲，同一个作家的不同文字中标点符号的使用情况会存在微小的差别；同一作家的不同作品是这样的，即便是来自同一作家同一作品的不同文字，其标点符号的使用情况也不可能完全一样，但是这种波动是微小的，不可能有质的差异。在进行样本抽样时，这种微小的随机波动是无法避免的。由此可见，在进行写作习惯和作家因素是否相关的方差分析时，样本数据存在两种波动，一种是因作家不同而产生的波动，另一种是随机抽样本身产生的波动。如果因作家不同而使得抽样数据产生的波动明显比随机抽样本身产生的波动大，那么就说明作家因素和标点符号的使用情况是显著相关的。这就是运用方差分析进行文体分析的基本思路。

这样用方差分析的方法研究文体的问题就变成了寻找随机抽样而产生的文体特征数据波动和因作家因素而产生的文体特征数据波动，然后对这两种波动进行比较的问题。根据前面的知识我们知道，数据的方差是反映数据之间波动情况的重要指标。方差分析实际上就是要对作品样本数据的随机方差和因作家因素而引起的样本数据的方差进行比较分析。那么，如何寻找和计算这两个方差呢？又如何分析这些方差以达到分析作家因素是否对某个文体特征产生了影响呢？

对表 7.1 的数据进行分析可知，这些数据可以从三个角度观察，一是同一个作家的 5 个标点符号间隔距离数据的波动，二是四个不同作家数据之间的波动，三是四个作家的 20 个数据之间的波动。如何才能要求得这三种波动呢？最直观的办法是用样本中各个数据离开样本平均值的距离（即样本数据和样本平均值的离差）来衡量各个样本数据的这种波动。但是这个距离有正值也有负值，如果用这个数值的和来计算的话，本来波动很大的一组样本数据有可能因正负抵消造成这个数值的和为 0，从而变成波动很小或者没有波动。为了避免这种情况，统计学上通常用样本数据和样本平均值差的平方和来衡量，由于离差的平方都是正数，所以就不存在正负抵消的问题，因此离差的平方和也就能够代表这三种波动。由于第一种情况是同一作家不同文字样本数据的离差平方和，这些数据属于同一组内的数据，故这些数据的离差平方和叫作**组内差异**，通常用 S_E 标记；第二种情况是考察不同作家数据之间的情况，这些数据属于不同的作家，所以第二种情况叫作**组间差异**，通常用 S_A 标记；第三种是计算所有数据的情况即**总体差异**，通常用 S_T 标记；统计学的研究成果给出了这三种情况的计算办法，推广到一般情况时，这三种差异（离差平方和）可由以下三个公式得到：

$$S_T = \sum_{i=1}^{m} \sum_{j=1}^{ni} (X_{ij} - \overline{X})^2 \quad\cdots\cdots\cdots\cdots\cdots\cdots\cdots\cdots 7.2$$

其中：$\overline{X} = \frac{1}{n} \sum_{i=1}^{m} \sum_{j=1}^{ni} X_{ij}$。

$$S_E = \sum_{i=1}^{m} \sum_{j=1}^{ni} (X_{ij} - \overline{X_i})^2 \quad\cdots\cdots\cdots\cdots\cdots\cdots\cdots\cdots 7.3$$

$$S_A = \sum_{i=1}^{m} \sum_{j=1}^{ni} (\overline{X_i} - \overline{X})^2 \cdots\cdots\cdots\cdots\cdots\cdots\cdots\cdots\cdots\cdots\cdots\cdots 7.4$$

其中：$\overline{X_i}$ 为作家 i 的样本数据的平均值，样本数据本身就是标点符号间隔距离的平均值，这里是指 n 个平均值的平均值。$\overline{X_i} = \dfrac{1}{ni} \sum_{j=1}^{ni} X_{ij}$。

根据前文所述，我们要证明标点符号使用习惯即标点符号的间隔距离是否和作家因素有关，就需要证明不同作家标点符号间隔距离的期望值相等，即假设，

$$H_0: \mu_1 = \mu_2 \cdots\cdots \mu_m$$

根据方差分析的基本思想，如果作家之间的标点符号间隔距离数据波动（组间差异）S_A 显著大于组内差异 S_E 时，上述假设不成立，即说明标点符号的使用习惯是和作家因素有关的。那么如何才能够说明组间差异 S_A 显著大于组内差异 S_E 呢？统计学的研究成果表明，当抽样数据符合一定条件时，$\overline{S_A}$ 和 $\overline{S_E}$ 的比值服从 F 分布，即：

$$F = \overline{S_A} / \overline{S_E} \sim F(f_A, f_E) \cdots\cdots\cdots\cdots\cdots\cdots\cdots\cdots\cdots\cdots 7.5$$

其中，$f_A = m-1$；$f_E = n-m$，分别称为 S_A 和 S_E 的自由度；而 $\overline{S_A} = S_A/f_A$、$\overline{S_E} = S_E/f_E$，分别称之为 S_A 和 S_E 的均方。公式 7.5 的证明已经超出了本书的范围，这里不做详述。

同时统计学也已经证明，如果给定显著水平为 α，由公式 7.5 计算得到的值 F 大于自由度为 f_A 和 f_E 的 F 分布的临界值，则说明组间差异显著大于组内差异，即上述假设 H_0 是不成立的，也就是要否定假设 H_0。自由度为 f_A 和 f_E 的 F 分布的临界值可以从统计学家做好的 F 分布表中查到。这个证明也超出了本书范围，这里从略。

根据以上论述，如果由公式 7.5 计算得到的 F 值大于自由度为 f_A 和 f_E 的 F 分布的临界值，则假设 $H_0: \mu_1 = \mu_2 \cdots\cdots \mu_m$ 是不成立的，也就是说不同作家作品标点符号的间隔距离的期望值是不相等的。期望值决定了分布的情况，而分布情况是写作习惯的直接反映。期望值不同，就说明代表标点

符号使用习惯的分布也不一样,从而就可以说不同作家的标点符号的使用习惯是有显著性差异的。因此,也就证明了如果由公式 7.5 计算得到的 F 值大于自由度为 f_A 和 f_E 的 F 分布的临界值,那么就可以得出标点符号的使用习惯是和作家因素有关的,即作家不同标点符号的使用习惯也不同。这就是方差分析的基本原理。

7.1.2 文体分析中方差分析方法应用的步骤

根据方差分析的原理得知,我们可以利用方差分析观察写作习惯是否和一些因素有关,比如作家因素、语体因素、体裁因素等等。通常我们用得最多的是某个写作习惯是否和诸多因素中的一种因素有关。这种用来考察写作习惯和写作风格是否和某一个因素有关的方差分析,我们将其称之为单因素方差分析。由于关于作家认定的问题在实践中有很多应用,是非常容易受到社会关注的问题,所以我们这里主要介绍如何用单因素方差分析的办法考察作家因素是否和作品的某一个写作特征相关。进行文体单因素方差分析的基本步骤是:

一、确定所要研究和考察的写作特征,比如标点符号的使用习惯、某一个与内容无关的虚词的使用习惯等等;

二、选择多个作家,来证明这些写作特征是和作家相关的;

三、从上述作家的作品中各随机抽取若干段有代表性的文字,每段的字数应该尽量多一点。如抽取 10 段,每段 5000 字;每个作家所抽取的样本数量可以不相等。

四、统计我们要考察的写作特征在这些文字中的出现情况,将其量化;

五、根据上面写作特征的量化结果,列出表 7.2 一样的方差分析数据表。根据这个表格计算 f_A、f_E、S_A、S_E 的值。

六、假设这些作家的这些写作特征没有显著性差异。根据步骤五的结果和公式 7.5 计算 F 值。

七、给出显著水平,如 0.05 或者 0.01。根据所给的显著性水平和 f_A、

f_E 的值,查阅 F 分布表,得到这种情况下 F 分布的临界值 f。

八、比较步骤六计算的 F 值和临界值 f 的大小,得出接受或者拒绝第六步假设的结论。如果 F>f,那就说明第六步的假设是不成立的,也就是说不同作家的这些写作特征有明显的差异;如果 F<f 则不能够做出这样的否定,也就是只能够接受第六步中的假设,即可以认为不同作家之间这个写作特征没有明显差别。

方差分析的核心是,将文体特征数据按照可能对其产生影响的因素进行分组,根据公式 7.3 计算组内差异、根据公式 7.4 计算组间差异,根据公式 7.5 计算 F 值,得出如表 7.3 的方差分析表。

根据表 7.3,比较观察值 F 和临界值 f 之间的大小,就可以做出是否接受不同作家某个文体特征是否相同这个假设的判断。如果 F>f 则拒绝这个假设,认为在该写作特征上,不同作家之间有显著差异;如果 F<f 则接受该假设,认为在该写作特征上,不同作家之间没有显著差异。以上就是利用方差分析进行作家文体特征分析的一般步骤。

表 7.3 单因素方差分析表

	方差	自由度	均方	F 值	显著水平	临界值
组间	S_A	m−1	$\overline{S_A}$	F= $\overline{S_A}$ / $\overline{S_E}$	α	f
组内	S_E	n−m	$\overline{S_E}$			
	方差	自由度	均方	F 值	显著水平	临界值
总和	S_T	n−1				

※ 显著水平 α 是我们在进行方差分析时给定的,通常为 0.05 或者 0.01;临界值可以通过查阅 F 分布表得到。

第二节 不同作家文体特征的方差分析

方差分析可以用统计的办法说明某一个写作特征是否受到作家因素的影响,这样就可以解决某一个写作特征是否和特定的作者相关这个问题。

这是假设检验等统计手段不太容易做到的。假设检验主要是在已知某一写作特征能够区分不同的作者的情况下，检验两个未知作品在这个写作特征上是否存在显著差异，如果存在显著差异就说明这两个作品不是同一个人的作品。如果这个写作特征本身不具备区分作者的特质，也就是说这个写作特征和作者是无关的，那么即便用假设检验得出有显著性差异，也不能说明两个作品是出自两个人之手。因此，在用假设检验进行区分作品作者的分析之前，首先要证明假设检验中所要使用的写作特征具有区分作品作者的特质，也就是说首先要证明这个写作特征是与作者有关的，不同的作者这个写作特征是不同的。方差分析可以承担这样的任务。这一节我们用一个具体的实例来详细介绍用方差分析的方法证明作者因素对标点符号的使用是有影响的。

我们要解决的问题是，利用池莉、韩少功、苏童、贾平凹、王蒙、余秋雨等6位现代作家的作品证明作者因素和标点符号的使用习惯是否有关。我们从这六位作家的作品中抽取若干文字，并统计出每一段文字中标点符号的平均间隔距离，具体情况如表7.4。

表7.4 池莉等六位作家标点符号间隔距离样本数据

池莉	韩少功	贾平凹	苏童	王蒙	余秋雨
9.596	6.384	9.48	9.052	5.866	9.415
9.28	7.427	9.259	10.436	8.531	8.154
10.827	7.549	9.517	11.566	6.048	9.674
8.392	7.09	10.288	9.674	7.18	9.54
8.345	7.298	9.491	9.943	5.99	10.464
8.314	7.485	9.066	9.294	7.3	11.075
9.42	6.788	9.43	11.18	7.432	9.938
7.615	7.099		10.935	9.739	11.672
8.858	7.788		10.187	7.458	9.228

（续表）

池莉	韩少功	贾平凹	苏童	王蒙	余秋雨
					8.453

7.2.1 文体单因素方差分析的计算

我们对表 7.4 中的数据用方差分析的办法分析标点符号的间隔距离是否受作家因素的影响。这里我们假设，标点符号的间隔距离不受作家因素影响，H0：6 位作家标点符号间隔距离的期望值相等。这里要求解的是，作家这一个因素对写作习惯是否存在影响这个问题，很明显是一个单因素方差分析的问题。

根据方差分析的步骤，我们的目标是计算组间差异和组内差异的比值 F，就是 6 位作家标点符号使用习惯之间的差异和同一个作家不同文字中标点符号间隔距离的差异之间的比值。

根据表 7.4 得知，这个问题中，单因素方差分析的自由度 f_A 是所涉及作家的人数减 1，即 $f_A=6-1=5$；自由度 f_E 为所有的样本元素个数减去分组数（作家的人数），即 $f_E=53-6=47$。

6 位作家标点符号间隔距离的平均值分别是：

池莉：

$\overline{X1}$ =（9.596+9.28+10.827+8.392+8.345+8.314+9.42+7.615+8.858）÷9=8.96

韩少功：

$\overline{X2}$ =（6.384+7.427+7.549+7.09+7.298+7.485+6.788+7.099+7.788）÷9=7.21

贾平凹：

$\overline{X3}$ =（9.48+9.259+9.517+10.288+9.491+9.066+9.43）÷7=9.50

苏童：
$\overline{X4}$ =（9.052+10.436+11.566+9.674+9.943+9.294+11.18+10.935+10.187）÷9=10.25

王蒙：
$\overline{X5}$ =（5.866+8.531+6.048+7.18+5.99+7.3+7.432+9.739+7.458）÷9=7.28

余秋雨：
$\overline{X6}$ =（9.415+8.154+9.674+9.54+10.464+11.075+9.938+11.672+9.228+8.453）÷10=9.76

根据表 7.4 可知，我们得到的 6 位作家的标点符号间隔距离的数据为 53 个，这 53 个数据的总平均数的计算方法是将 53 个数据加起来除以 53，等于 8.82。即样本文字中标点符号间隔距离的总平均为：

$$\overline{X} = \frac{1}{n}\sum_{i=1}^{m}\sum_{j=1}^{ni} X_{ij} = 8.82$$

根据公式 7.3：

$$S_E = \sum_{i=1}^{m}\sum_{j=1}^{ni}(X_{ij}-\overline{X_i})^2$$

可知组内差异是每一位作家的数据离差之平方和。每一个作家数据的离差平方和（组内差异）的计算办法就是该作家的每一个数据减去该作家的平均值的平方和。具体如下：

池莉标点符号间隔距离的组内差异：

S_{E1}=(9.596−8.96)^2+（9.28−8.96）^{2}+(10.827−8.96)^2+(8.392−8.96)^2
　　+(8.345−8.96)^2+(8.314−8.96)^2+(9.42−8.96)^2+(7.615−8.96)^2
　　+(8.858−8.96)^2=7.14

韩少功标点符号间隔距离的组内差异：

S_{E2}=（6.384−7.21）^{2}+(7.427−7.21)^2+(7.549−7.21)^2+(7.09−7.21)^2
　　+(7.298−7.21)^2+(7.485−7.21)^2+(6.788−7.21)^2+(7.099−7.21)^2

$$+(7.788-7.21)^2=1.47$$

贾平凹标点符号间隔距离的组内差异：

$$S_{E3}=(9.48-9.50)^2+(9.259-9.50)^2+(9.517-9.50)^2+(10.288-9.50)^2$$
$$+(9.491-9.50)^2+(9.066-9.50)^2+(9.43-9.50)^2=0.87$$

苏童标点符号间隔距离的组内差异：

$$S_{E4}=(9.052-10.25)^2+(10.436-10.25)^2+(11.566-10.25)^2$$
$$+(9.674-10.25)^2+(9.943-10.25)^2+(9.294-10.25)^2$$
$$+(11.18-10.25)^2+(10.935-10.25)^2+(10.187-10.25)^2=5.88$$

王蒙标点符号间隔距离的组内差异：

$$S_{E5}=(5.866-7.28)^2+(8.531-7.28)^2+(6.048-7.28)^2+(7.18-7.28)^2$$
$$+(5.99-7.28)^2+(7.3-7.28)^2+(7.432-7.28)^2+(9.739-7.28)^2$$
$$+(7.458-7.28)^2=12.86$$

余秋雨标点符号间隔距离的组内差异：

$$S_{E6}=(9.415-9.76)^2+(8.154-9.76)^2+(9.674-9.76)^2+(9.54-9.76)^2$$
$$+(10.464-9.76)^2+(11.075-9.76)^2+(9.938-9.76)^2$$
$$+(11.672-9.76)^2+(9.228-9.76)^2+(8.453-9.76)^2=10.66$$

上述计算方法非常繁杂，其实，这些繁杂的结果在表 7.5 中就会一目了然。

由此可以得到各个作家数据的组内差异为：

$$S_E=S_{E1}+S_{E2}+S_{E3}+S_{E4}+S_{E5}+S_{E6}$$
$$=7.14+1.47+0.87+5.88+12.86+10.66$$
$$=38.88$$

进行方差分析时，除了需要计算组内（同一作家的不同数据）数据的差异 S_E 外，还需要计算不同作家标点符号间隔距离平均值的组间差异。这个差异可根据公式 7.4 计算。由前面计算可知，6 位作家作品样本中标点符号平均间隔距离为：

$$\overline{X} = \frac{1}{n}\sum_{i=1}^{m}\sum_{j=1}^{ni} X_{ij} = 8.82$$

表 7.5 6 位作家标点间隔距离的组内差异计算表

	池莉	韩少功	贾平凹	苏童	王蒙	余秋雨	
作家作品样本标点符号平均间隔距离	9.596	6.384	9.48	9.052	5.866	9.415	
	9.28	7.427	9.259	10.436	8.531	8.154	
	10.827	7.549	9.517	11.566	6.048	9.674	
	8.392	7.09	10.288	9.674	7.18	9.54	
	8.345	7.298	9.491	9.943	5.99	10.464	
	8.314	7.485	9.066	9.294	7.3	11.075	
	9.42	6.788	9.43	11.18	7.432	9.938	
	7.615	7.099		10.935	9.739	11.672	
	8.858	7.788		10.187	7.458	9.228	
						8.453	
组内平均	8.96	7.21	9.50	10.25	7.28	9.76	$\overline{X}$=8.82
组内差异	7.14	1.47	0.87	5.88	12.86	10.66	S_E=38.88

每一位作家各自的标点符号平均间隔距离为：

池　莉：$\overline{X1}$ =8.96

韩少功：$\overline{X2}$ =7.21

贾平凹：$\overline{X3}$ =9.50

苏　童：$\overline{X4}$ =10.25

王　蒙：$\overline{X5}$ =7.28

余秋雨：$\overline{X6}$ =9.76

根据公式 7.4，计算不同作家标点符号间隔距离的组间差异如下：

$$S_A = \sum_{i=1}^{m} ni(\overline{X}_i - \overline{X})^2$$

$$=9(8.96-8.82)^2+9(7.21-8.82)^2+7(9.50-8.82)^2+9(10.25-8.82)^2$$
$$+9(7.28-8.82)^2+10(9.76-8.82)^2=75.33$$

由此可得到，组内均方和组间均方分别如下：

$$\overline{S_E}=S_E/f_E=38.88/47=0.83$$
$$\overline{S_A}=S_A/F_A=75.33/5=15.07$$

根据以上计算，我们可以得到方差分析的关键数值 F 如下：

$$F=\overline{S_A}/\overline{S_E}=15.07/0.83=18.16$$

现在我们看一下，如果 H0 成立，且组内自由度为 47，组间自由度为 5，给定显著性水平为 0.05，查 F 分布表，得到 F 的临界值为 2.41。由此可得到这 6 位作家标点符号使用习惯的方差分析表如下：

表7.6　池莉等6作家标点符号使用习惯单因素方差分析表

	方差	自由度	均方	F 值	显著水平	临界值 f
组间	75.33	5	15.07	18.16	0.05	2.41
组内	38.88	47	0.83			

由于由样本数据计算得到的 F 值明显大于 0.05 显著水平下 F 分布的临界值，据此可以得出结论，前述假设 H0 不成立，即六位作家标点符号间隔距离的期望值是不相等的。从而说明不同作家具有不同的标点符号使用习惯，也说明了作家因素对标点符号的使用是有明显影响的。

7.2.2　利用 EXCEL 进行文体单因素方差分析

方差分析的核心是通过我们得到的抽样数据计算 F 值，然后比较 F 和符合条件的 F 分布临界值的大小，如观察值 F 大于临界值，说明不同作家在这个写作习惯上存在差异，否则则不能够说明不同作家这个写作习惯是不一样的。但是在计算 F 值的过程中，由于抽样数据很多，所以手工计算非常复杂，这一点从上述内容就可以看出。但是，随着计算机软件技术的进步，出现了很多专门用于统计分析的软件，可以帮助我们从这些繁杂的计算中解放出来。只要我们能够充分掌握方差分析的原理，以及熟悉利用方差分析方法进行文体分析的过程，具体计算可以利用计算机软件自动完成。实际上用于方差分析的软件工具我们平常使用的 EXCEL 软件中就有。这里我们介绍利用 EXCEL 软件进行文体方差分析的一般方法。为了便于和手工计算进行对比，我们仍然使用上一节的例子。

我们的目标是分析 6 位作家在标点符号的使用习惯上是否存在差别。我们已经得到了利用方差分析所需要的这 6 位作家的样本数据，如表 7.4。我们的假设是这 6 位作家标点符号的使用习惯是一致的，也就是说这 6 位作家作品中标点符号间隔距离的期望值是相等的。我们需要用方差分析的办法做出接受这个假设还是拒绝这个假设的判断。

根据方差分析的原理，要做出这个判断，就需要根据所得到的 6 位作家的样本数据计算 F 值，并且比较 F 值和临界值的大小，如果 F 值比临界值小，就接受上述假设，认为不同作家标点符号的使用习惯没有大的区别；如果 F 值比临界值大，就拒绝上面的假设，认为不同作家标点符号的使用习惯是不一致的。因此，方差分析的关键是利用表 7.4 中的数据计算 F 值。从前面的内容可知，用手工方法这个计算过程非常复杂，但是使用 EXCEL 就会使得这个过程变得非常简单和快捷。

首先需要在 EXCEL 的"工具"栏中添加"数据分析"工具。添加方法是打开"工具"中的"加载宏"，并在"分析工具库"前面的方框打上"✔"，如图 7.1。

图 7.1　EXCEL 数据分析工具的加载

这样,"工具"栏中就会出现"数据分析"一项。"数据分析"中包含了许多我们所需要的统计分析工具,方差分析只是其中一个功能。有的 EXCEL 中可能已经安装了"数据分析",如果是这样,这一步就可以省略。在 EXCEL 安装"数据分析"的这个操作过程只需要一次,以后打开 EXCEL 就可以直接使用"数据分析"中的所有工具了。

下一步,我们将表 7.4 中的数据放到 EXCEL 表中,可以用"拷贝—粘贴"的办法将 word 表格拷贝到 EXCEL 中。如图 7.2。

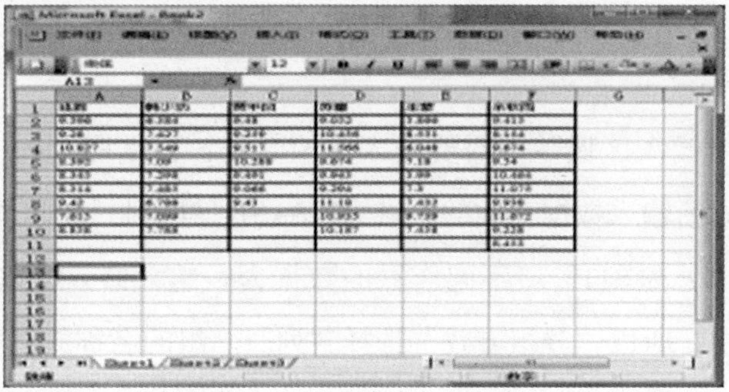

图 7.2　6 位作家的抽样数据

第三步，打开"工具"中的"数据分析"，如图 7.3。

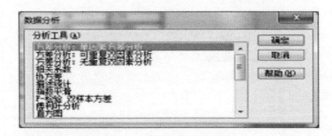

图 7.3　数据分析工具列表

"数据分析"中有很多统计工具。我们需要用方差分析来考察标点符号的间隔距离是否和作家这一个因素有关，属于单因素方差分析，因此这里选择"方差分析：单因素方差分析"并按"确定"。出现图 7.4。

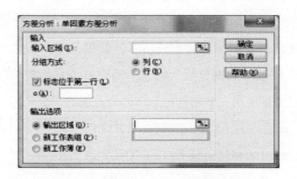

图 7.4　单因素方差分析参数设置

图中的"输入区域"中需要输入原始数据，根据图 7.1，我们要进行方差分析的原始输入数据存放的区域为：\$A\$1：\$F\$11，因此"输入区域"中输入"\$A\$1：\$F\$11"。不同作家的数据为一组，共 6 组数据，分别放在不同的列中，所以"分组方式"选择"列"。组的名称放在表的第一行，即作家名称，这些叫作数据标志，因此在"标志位于第一行"前面打上"✔"。"α（A）"是显著性水平，通常输入 0.05 或者 0.01。关于显著性水平的含义可参照假设检验的相关内容。"输出区域"是指定方差分析软件对给

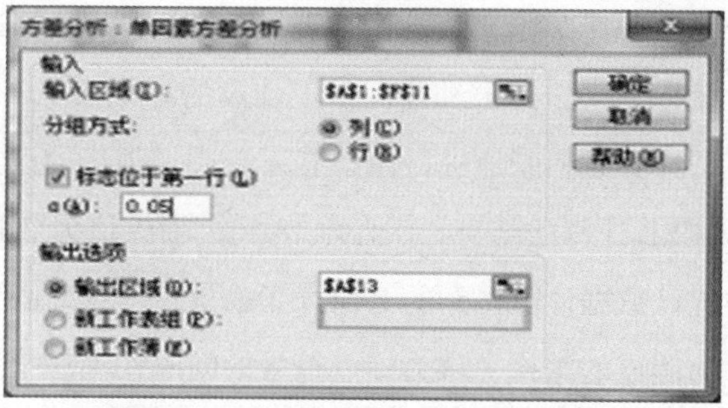

第七章 文体风格个体性差异的方差分析 219

图 7.5 单因素方差分析参数设置结果

定数据进行计算后在 EXCEL 表格中输出计算结果的地方。我们可以指定计算结果输出到原始数据下面的区域中，如"$A$13"开始的区域。经过上述设置后结果如图 7.5。

进行上述设置后，按"确定"按钮，即可输出六位作家标点符号间隔距离方差分析的结果，如图 7.6。

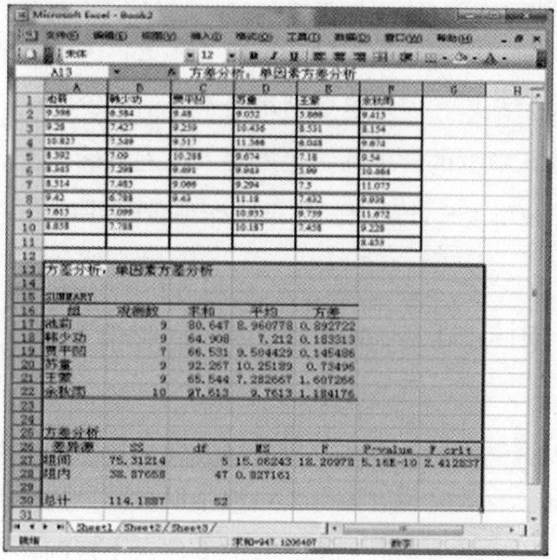

图 7.6 EXCEL 方差分析结果

上图中"方差分析"以下的数据为利用表 7.4 中的数据进行单因素方差分析的结果数据。这个结果和前面手工计算的结果表 7.6 是一致的。个别地方由于手工计算时不断地进行四舍五入造成了很小的误差，可以忽略不计。根据 EXCEL 计算的结果，F 值为 18.20，临界值为 2.41。EXCEL 根据 6 位作家的统计数据计算得到的 F 值大于临界值，据此我们可以做出拒绝本节开始时的假设的结论，认为标点符号的间隔距离这个写作特征是和作家有关的，不同作家使用标点符号的习惯是不一样的。

从上面的操作可以看出，用 EXCEL 进行单因素方差分析非常快捷方便。但是这里有一点我们必须要注意，在用计算机进行统计分析时，一定要搞清楚自己的需求。比如用计算机进行方差分析时，我们所需要的是能够对假设做出判断的 F 值和临界值。同时还必须知道，计算机进行方差分析时输入数据的特点和要求。必须按照 EXCEL 中单因素方差分析的所需输入数据的要求，提供合格的输入数据。如果输入数据不正确，则输出结果一定不可能是正确的。这一点非常重要，因为统计软件本身对输入数据正确与否不能做出判断，任何输入数据哪怕是毫无逻辑关系的数据，统计软件都可能计算出一个结果，但是这个结果是不可信的。因此，在用统计软件进行统计时，输入数据的合理性一定需要人工进行确认。只有输入数据合格，EXCEL 统计分析工具计算出的结果才能是我们需要的正确可靠的结果。

第三节　相同作家不同作品文体特征的方差分析

根据前两节内容可知，方差分析可以帮助寻找用以区分不同作家写作风格的文体特征。也就是说方差分析可以帮助我们分析不同作家的不同写作风格可能表现在哪些方面。那么，我们会有一个疑问，在方差分析中被确认了与作家因素有关的那些写作风格和写作习惯，在同一作家的不同作品中是否保持一致呢？如果某一种写作风格或者习惯虽然不同作者之间是不同的，但是同一作者的不同作品中也是不同的，那么这个文体特征还是不具备区别不同作家作品的功能。如果既能证明某个写作特征是受作家因素影响，即不同作家的这个写作特征是不一样的，又能够证明同一作家的不同作品中这个写作习惯是保持一致的，那么，用这个写作特征来区分不同作家的作品才是可信的、有效的和科学的。下面我们同样用方差分析的方法来证明，与作家因素相关的标点符号使用习惯这个写作特征，在同一作家的不同作品中是保持一致的。这里我们使用苏童的作品作为例子。

我们从苏童的作品中抽取了 24 段文字，并统计出了这 24 段文字每一段文字的标点符号间隔的平均距离。同时，我们将这 24 个数据分成了 4 组。每一组看成是来自苏童的不同作品的数据，也就是说，我们将用这 4 组数据来考察苏童的四组不同的作品其标点符号的使用习惯是否一致？苏童不同作品数据的分组情况如表 7.7。

表 7.7　苏童四组作品标点符号平均间隔距离

苏童 1	苏童 2	苏童 3	苏童 4	苏童 1	苏童 2	苏童 3	苏童 4
9.052	10.856	11.085	9.674	10.225	9.911	9.987	11.18
10.176	9.613	9.893	9.943	9.409	12.712	9.802	10.935
10.82	9.644	10.449	9.294	10.949	10.436	11.566	10.187

首先我们提出方差分析的假设 H0，假设：苏童不同作品的标点符号使用习惯是相同的，即标点符号间隔距离的期望值是相等的。我们将利用这些来自苏童作品的样本数据利用方差分析的方法分析能否接受这个假设。

为了方便起见，这里我们不用手工计算的方法，而是使用 EXCEL 中的单因素方差分析的功能。这里需要说明的是，这个实例是要证明同一作者不同作品标点符号的使用习惯是否一致，也就是说，要考察写作特征是否受同一作家不同作品这一个因素影响，因此也是单因素方差分析的问题。

首先，我们将来自苏童作品的这些数据放入 EXCEL 表格中，如图 7.7。

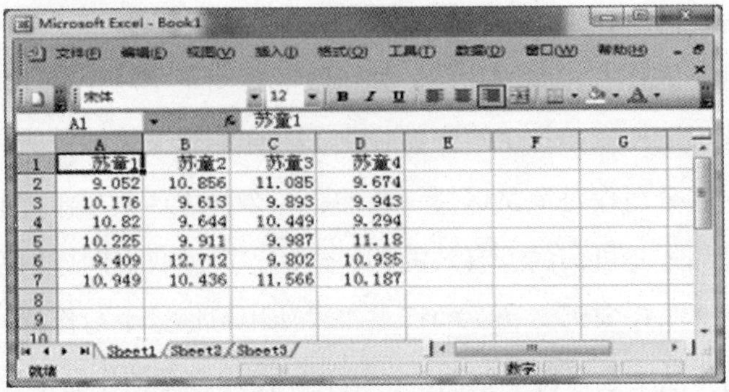

图 7.7　苏童 4 组不同作品标点符号间隔距离

我们给定显著性水平为 0.05，因此，单因素方差分析参数设置如图 7.8：

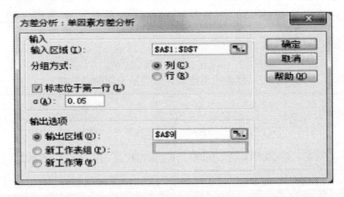

图 7.8　苏童不同作品标点符号使用习惯方差分析参数设置

根据上述设置，让 EXCEL 进行苏童这些作品数据的方差分析，得到如表 7.8 的结果。

表 7.8　苏童不同作品标点符号使用习惯的方差分析

方差分析：单因素方差分析						
SUMMARY						
组	观测数	求和	平均	方差		
苏童 1	6	60.631	10.10517	0.567245		
苏童 2	6	63.172	10.52867	1.377054		

(续表)

方差分析：单因素方差分析						
SUMMARY						
苏童3	6	62.782	10.46367	0.518417		
苏童4	6	61.213	10.20217	0.532865		
方差分析						
差异源	SS	df	MS	F	P-value	F crit
组间	0.74474	3	0.248247	0.331484	0.802658	3.098391
组内	14.97791	20	0.748895			
总计	15.72265	23				

从表 7.8 可以看出，苏童这 4 组作品标点符号间隔距离数据经过单因素方差分析后得到的 F 值是 0.33，而显著水平为 0.05 时，F 分布的临界值是 3.098，可见 F 值远远小于临界值，因此，我们只能够接受前面所做的假设，即可以认为苏童在不同作品中标点符号的使用习惯是一致的。

结合第二节的结论和这个例子，可以说明两个问题：一、标点符号间隔距离这个写作特征，是因人而异的，同一作者在不同作品中这个特征是保持不变的，这个特征可以用来区分不同作家；二、方差分析的方法能够分析出这个写作特征和作家之间是否相关，从而能够帮助我们找出那些能够区分不同文体的有效的写作特征。

计量文体学研究有两个重要任务，一是寻找能够有效区分不同文体作品的写作特征和写作风格，二是研究利用这些写作特征进行文体鉴别的数学方法。前一个任务通常是从事文体研究的学者的重要工作。长期以来，从事文体研究的学者一直都在利用各种各样的研究方法不断地挖掘归纳各种文体的独特的写作特征，这些方法包括语言学和文学的。但是，如何才能够证明文体研究学者们发现的文体特征能够有效地鉴别不同作家的文体和写作习惯？这是长期困扰学界的重要问题。如果所找到的写作特征不具备区别不同的文体的功能，则不能够认为这个写作特征是有效的和科学的。从事文体研究的学者也许能够归纳出不同作品的文体特征，但是这些学者往往缺乏有效证明这些文体特征在文体分析的实践中是否有效的科学手段。这一章我们用方差分析的办法证明了不同作家标点符号的使用习惯是不是不同的问题，也就是证明了能不能用标点符号的使用习惯作为写作特征来区分不同作家的作品。这为我们寻找能够区别不同文体作品的有效写作特征提供了科学的方法和依据。

第八章　文体特征的多变量分析

　　第五章和第六章内容着重探讨了不同作者或者作品的某一个文体特征是否存在差别、如何证明其存在差别的统计学方法。无论是标点符号的间隔距离，还是"的"字的使用频率，都是描写文体风格的一个特征。从应用的角度讲，通过分析某一个特征是否存在差别，虽然某种程度上可以判断作品的所属，但是，以一个文体特征是否存在差异为依据，对整体情况下结论显得过于粗糙和草率。因为特定作家具有特定的写作习惯和文体风格，这些习惯和风格会在其作品的多个方面有所体现，不会仅仅反映在一个方面。另外，单个特征容易被模仿，如果我们选择的特征恰恰是被刻意模仿了的文体特征的话，那么，根据统计所得出的结论就会发生严重的错误。

　　如果能够将作品中反映作者写作习惯和风格是的特征全部找出来，并予以数据化，然后综合考虑这些特征的情况，这无疑会提高判断结果的科学性和准确率。因为个别特征可以模仿，但是，对特定作者的多个特征同时进行模仿，是一件非常困难的事情。因此，综合考虑多个写作特征的文体统计分析方法是文体计量研究必须要面对的问题。

　　当然，我们也可以用前面介绍的假设检验等办法做到这一点，比如我们选定标点符号的间隔距离、"的"使用频率、"是"、2GRAM 等四个写作特征用假设检验的办法进行分析时，就可以对四个特征作四次假设检验，然后再对这四次假设检验的结果进行综合分析，最后进行判断下结论。但是，这种做法计算工作量比较大，在要考察的文体特征比较少的时候尚可采用，如果需要考察的特征很多则使用起来很不方便。

统计学发展到了今天，数学家们已经找到了很多多变量分析的办法。这些办法为我们综合分析多个文体特征提供了可能。同时随着计算机技术的进步，利用多变量分析统计学理论开发的计算机软件工具也十分普及，这为我们利用计算机软件综合分析多个文体特征提供了很大的便利。

多变量分析方法中的判别分析近年来在很多领域都得到了广泛应用。以文本的分类和聚类为主要任务的判别分析在进行文体分析时十分有效。由于聚类和分类的核心内容相似。这一章我们来探讨文体分析中文本的聚类方法的应用。

第一节 文本的聚类分析

聚类分析就是根据研究对象的某些属性特征对其进行归类，使得特征相似的对象归到一类，特征差距较大的对象归到不同的类。比如我们要考察世界上哪些国家经济发展比较发达，哪些属于中等发达，哪些国家经济发展比较落后，就可以根据各个国家的国民收入、人均消费水平、人均工业产值、人均农业产值等多个属性指标对其进行聚类分析。由于聚类分析的依据是能够反映所考察对象的特征的数据，因此其结果非常客观、准确。正因如此聚类分析在许多领域中得到了广泛应用，如：经济、医学、生物、语言等等。

语言信息处理领域的聚类分析叫作文本聚类。文本聚类根据聚类所依据的属性特征的不同可以分为基于内容的文本聚类和基于写作风格的文本聚类。基于内容的文本聚类目标是将内容相近的文本归到一类，内容不同的文本归到不同类；基于风格的文本聚类就是要将写作风格相近的文本归到一类，写作风格不同的文本归到不同的类。要达到这个目标的关键是聚类分析所依据的特征属性必须能够反映所考察对象的特性。我们如果要将文章按照写作风格进行聚类，那么聚类分析所要依据的属性特征必须是反映文章写作风格的属性。

文本聚类分析中文本与文本之间的相似度是用距离的概念来描述的。在聚类分析中定义这种相似度的公式很多。但是基本方法都是将单个文本（如《三国演义》中的一回）看成多维空间上的一个点，用多维空间上的这种点和点之间的距离来定义文本之间的相似度。这种点间的距离越短说明两点之间关系越紧密，相似特征越多，就可以划分在同一个类别之中；相反这种点间的距离越大说明两点间的差异越大，往往可能分属两个类别。

我们假定考察对象集合有 N 个文本，每个文本考察 M 个特征，那么其中的一个文本 X 就可以由向量 X($x_1, x_2, x_3 \cdots\cdots x_m$) 来表达，另一个文本 Y 同理就可以用向量 Y($y_1, y_2, y_3 \cdots\cdots y_m$) 来表达。文本 X 和文本 Y 的相似程度就可以用多维空间上的两点 X 和 Y 之间的距离来衡量。

如果我们要考察作者的风格，那么特征向量($x_1, x_2, x_3 \cdots\cdots x_m$) 和 ($y_1, y_2, y_3 \cdots\cdots y_m$) 的取值，必须是能够反映作家写作风格的参数。根据文体学研究的成果，可以反映作者风格的特征通常有句子长度、词汇长度、词汇量等等。

代表文本风格的特征向量之间的距离可以有多种衡量办法。其中最常用的有欧几里得距离、平方欧几里得距离、向量夹角的余弦、pearson 相关系数等。其计算公式分别如下：

欧几里得距离

$$\text{Euclid}(x, y) = \sqrt{\sum_{i=1}^{m} (x_i - y_i)^2}$$

平方欧几里得距离

$$\text{SEuclid}(x, y) = \sum_{i=1}^{m} (x_i - y_i)^2$$

夹角余弦

$$\text{Cosine}(x, y) = \frac{\sum_{i=1}^{m} x_i \cdot y_i}{\sqrt{\sum_{i=1}^{m} x_i^2 \sum_{i=1}^{m} y_i^2}}$$

Pearson 相关系数

$$\text{Pearson}(x, y) = \frac{\sum_{i=1}^{m} (x_i - \bar{x})(y_i - \bar{y})}{\sqrt{\sum_{i=1}^{m} (x_i - \bar{x})^2 \sum_{i=1}^{m} (y_i - \bar{y})^2}}$$

计算出所考察文本之间的距离后，我们必须描述文本之间的距离达到多少后即可认为是同一类的，或者认为是分属两类，即确定类与类之间的距离。层次聚类的类间距计算方法也有多种。常用的有，最短距离、最长距离、类重心距离等等。其具体公式如下：

（1）最短距离，即分属两类的所有文本中距离最近的两个文本间的距离。

$$D_{pq} = \min_{i \in G_p, j \in G_q} d(x_i, x_j)$$

Gp，Gq 为两个类，xi，xj 为分属 Gp，Gq 的两个文本。Dpq 为最短距离。

（2）最长距离，即分属两类的所有文本中距离最远的两个文本间的距离。

$$D_{pq} = \max_{i \in G_p, j \in G_q} d(x_i, x_j)$$

Gp，Gq 为两个类，xi，xj 为分属 Gp，Gq 的两个文本。Dpq 为最长距离。

（3）重心距离，即两个类重心间的距离，类重心一般用该类所有样本的均值来计算。

$D_{pq} = d(\bar{x}_p, \bar{x}_q)$，其中 $\bar{x}_p$，$\bar{x}_q$ 为 Gp,Gq 两个类中所属样本的均值。

层次聚类的步骤

层次聚类开始时首先将每一个样品都看成一个独立的类别,如《红楼梦》的各回,这时类别间的距离和样本间的距离是一致的。聚类的第一步是利用上述样本间距离计算方法中的一种方法计算出《红楼梦》120回(如果将17.18回分开的话)每两回之间的距离,并将距离最近的两回合成一个类别,这时,《红楼梦》120回就聚成了119个类。再按照上述方法将距离最近的两类进行合并,如果类别中包含了两回以上的样本则需要按照上述计算类别距离的方法比较类和类之间的距离、类和样本之间的距离。如此重复直至所有的120回都聚成一个大类,则整个层次聚类过程结束。层次聚类的过程可以用树形图来直观地表示出来,从聚类树形图我们可以清楚地看出《红楼梦》哪些回比较接近。为了说明层次聚类过程我们再现了"成书新说"的实验,由于120回的聚类树形图非常大,受到纸面限制,我们只取81回至100回这20回为例进行说明。所使用的特征向量仍为47个虚字的使用频率,样本间距离使用欧几里得距离,类间距离使用最短距离,计分析工具使用MINITAB。图8.1为每一个虚字在各回中的出现频率,我们以此为依据进行聚类。图8.2为聚类结果。

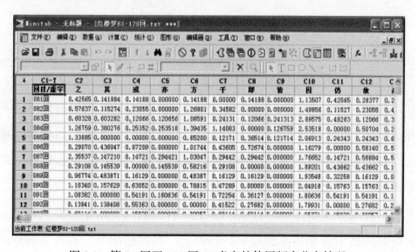

图8.1 第81回至100回47虚字的使用频率分布情况

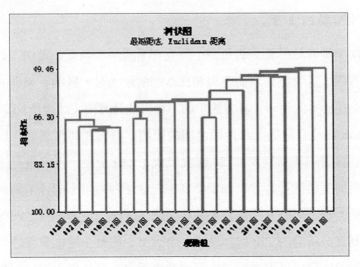

图 8.2 《红楼梦》第 81–100 回层次聚类结果

从聚类树形图我们可以看出，根据 47 个虚字使用的相似程度，《红楼梦》第 81 回至 100 回中，相似度最高的是第 94 回、96 回，相似度为 71.11%；相似度在 60% 以上的回有 90、88.93.92.99.87.89.84.83.97.96.94.82.81 等；第 85 回和其他各回的相似度最低，只有 49.46%。

第二节 文体研究中文本聚类分析的有效性

我们在将文本聚类技术运用到分析罗贯中和《水浒传》关系之前，必须对其有效性进行试验。只有当这种技术在实践中证明能够有效区分不同作者的作品，我们才能够将其运用到我们的研究当中。那么这种技术能否根据作家的风格特征区分不同作者的作品呢？如果我们能够根据作家的风格特征用文本聚类的方法有效地区分不同作家的作品，那么我们就可以说聚类技术在区分文学作品的作者问题上是有价值的。由于学界认为鲁迅和瞿秋白的风格十分相似（彭蕴辉，1992），瞿秋白的杂文和鲁迅的作品可以乱真。加上鲁迅、瞿秋白时期的白话文和古典小说中的白话文从语言学角度讲差别不大。因此我们将以鲁迅和瞿秋白的作品作为样本证明用聚类方法区分作者是有效的。

用文本聚类方法进行作家风格聚类分析的关键是寻找能够反映作家风格的特征向量。那么，如何从文学作品中抽取特征向量呢？这和我们的研究目的紧密关联，关乎我们的结论是否正确。这种特征向量的选择是统计学以外的事情，如果是文学研究那么就必须从文学研究的需求出发进行这种选择。

比如我们要研究《三国演义》中各回的内容，考察哪些回内容情节关系比较大，就要选择和故事情节关系比较大的词汇作为特征向量的元素；如果我们以考证作者为目的，考察各回的写作风格，则需要选择与写作风格有关而和情节内容无关的词汇作为特征向量的元素，这也是本文要重点考虑的问题。这两项条件是正确运用聚类方法的必要条件。通常认为实词是反映文章内容的，而虚词的使用情况是反映作者风格的。在进行信息检索时通常使用与文章内容密切相关的关键词（通常是名词）作为聚类特征向量的元素，而副词、助词等和文章内容无关的虚词由于对文章内容的聚类没有贡献，通常被称为停止词（STOP WORD）。我们要研究的目的正好和基于内容的信息处理的目的相反，在我们的研究中要尽量排除影响聚类的情节内容方面的因素，要充分利用作者的风格因素。文章中反映作者风格的因素除了虚词的使用外，还有很多。本研究中使用在所有考察对象文本中都出现的字作为作家风格的特征属性，以其在考察对象中出现的频率作为聚类的特征向量。由于这些字在所有考察对象中都出现了，可以说明这些字与每一部作品的内容关系不大，它们的使用情况可以反映作者风格。

本实验的主要目的是选择代表作者风格的特征向量，以验证聚类技术能否将一个作者的作品同另外一个作者的作品区分开来。如果能够成功地将两个作者的多部作品按照作者区分成2类，那么就说明：一、我们所选择的特征向量可以区别不同风格的两个作者;二、由于使用了两个作者的内容完全不同的作品,如果这些作品被按照两个作者归到两个类别中,那么就可以确认聚类过程中文章内容因素对聚类没有影响,就是可以确认这些作品不是因为内容相同或者相似才走到一起的,而是因为作者相同才走到一起的。

为了检验上述假设,我们采用鲁迅的《从百草园到三味书屋》《孔乙己》《风波》《故乡》《狂人日记》《拿来主义》《以眼还眼》《藤野先生》《纪念刘和珍君》等9部作品;瞿秋白的《脆弱的二元人物》《告别》《何必说》《历史的误会》《关于女人》《瞿秋白家书》《盲动主义和立三路线》《我和马克思主义》等8部作品作为聚类对象进行试验。

考虑到作品字数的平衡,我们分别将鲁迅的作品合成6组,瞿秋白的作品合成4组。具体如表8.1。

表8.1 鲁迅和瞿秋白作品样本

组编号	鲁迅作品	瞿秋白作品
1	《从百草园到三味书屋》《孔乙己》	《脆弱的二元人物》《告别》
2	《风波》	《何必说》《历史的误会》《关于女人》
3	《故乡》	《瞿秋白家书》
4	《狂人日记》	盲动主义和立三路线》《我和马克思主义》
5	《拿来主义》《以眼还眼》	
6	《藤野先生》《纪念刘和珍君》	

然后用"汉日语通用语料库分析工具"分别对这些作品的用字进行分布统计,得出了每一个单字在这些作品组中分别出现的频率及其分布情况。图8.3为用EXCEL调出的一部分结果:

	A	B	C	D	E	F	G	H	I	J	K	L
1	word	瞿脆弱的	瞿何必说.	瞿家书.gr	瞿盲动主	鲁百草园.	鲁风波.gr	鲁故乡.gr	鲁狂人日	鲁拿来主	鲁藤野先	doc_num
2	我	0.047378	0.030722	0.05905	0.030709	0.016331	0.005632	0.044018	0.037441	0.011755	0.030891	10
3	是	0.030322	0.028359	0.035639	0.023171	0.022164	0.019007	0.022452	0.026521	0.036524	0.026806	10
4	一	0.024637	0.03106	0.020266	0.022334	0.028871	0.028863	0.022157	0.027769	0.02225	0.023232	10
5	了	0.021794	0.020594	0.018868	0.02038	0.027122	0.029919	0.033383	0.025585	0.016793	0.019913	10
6	有	0.011371	0.012829	0.012928	0.014796	0.020414	0.01408	0.018021	0.014353	0.013854	0.019403	10
7	这	0.01295	0.010804	0.009085	0.011725	0.011374	0.016895	0.015953	0.011544	0.017632	0.013531	10
8	人	0.006317	0.014517	0.010832	0.00335	0.014873	0.014784	0.00709	0.032137	0.009236	0.010467	10
9	在	0.012634	0.011479	0.008735	0.014238	0.01254	0.013024	0.010931	0.00624	0.011335	0.016594	10
10	他	0.001579	0.004727	0.003494	0.000838	0.016331	0.016543	0.023043	0.027457	0.012175	0.012254	10
11	来	0.004738	0.00709	0.010133	0.0067	0.011957	0.0088	0.015066	0.011856	0.017632	0.009191	10
12	也	0.008844	0.007427	0.003494	0.005583	0.011957	0.010208	0.011817	0.018721	0.010076	0.009957	10
13	着	0.005685	0.005739	0.014326	0.005025	0.009915	0.014432	0.011817	0.008112	0.007137	0.005617	10
14	时	0.008528	0.015192	0.008735	0.011725	0.005833	0.008096	0.008272	0.005616	0.002099	0.009191	10
15	说	0.005054	0.005402	0.003145	0.003908	0.010499	0.015839	0.010931	0.012168	0.007976	0.007659	10
16	上	0.006001	0.008778	0.005241	0.011725	0.010207	0.0088	0.006499	0.007176	0.003778	0.006127	10
17	要	0.006949	0.007765	0.015723	0.006421	0.006416	0.00528	0.004136	0.007488	0.005877	0.005617	10
18	们	0.008212	0.004389	0.003494	0.002233	0.005541	0.004576	0.010044	0.013417	0.015953	0.004085	10

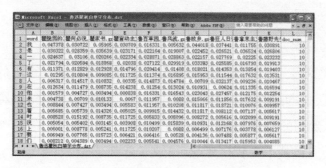

图 8.3　鲁迅和瞿秋白作品用字频率

选择代表作者风格并且与作品内容无关的单字作为聚类的特征向量是聚类的关键。一般认为分布比较广，使用频率比较高的单字通常与文章的内容无关，其使用频率可以反映作者的风格。因此实验中我们选用了 17 篇作品中均出现的单字频率作为聚类的特征向量，用 SPSS 的快速聚类。图 8.4 和图 8.5 分别是聚类前和聚类后的结果。

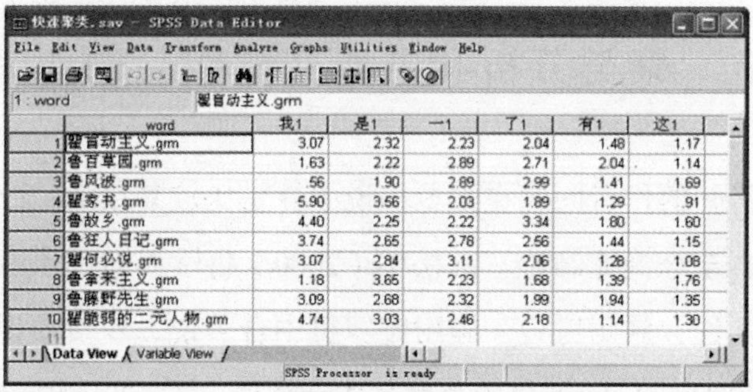

	word	我1	是1	一1	了1	有1	这1
1	瞿盲动主义.grm	3.07	2.32	2.23	2.04	1.48	1.17
2	鲁百草园.grm	1.63	2.22	2.89	2.71	2.04	1.14
3	鲁风波.grm	.56	1.90	2.89	2.99	1.41	1.69
4	瞿家书.grm	5.90	3.56	2.03	1.89	1.29	.91
5	鲁故乡.grm	4.40	2.25	2.22	3.34	1.80	1.60
6	鲁狂人日记.grm	3.74	2.65	2.78	2.56	1.44	1.15
7	瞿何必说.grm	3.07	2.84	3.11	2.06	1.28	1.08
8	鲁拿来主义.grm	1.18	3.65	2.23	1.68	1.39	1.76
9	鲁藤野先生.grm	3.09	2.68	2.32	1.99	1.94	1.35
10	瞿脆弱的二元人物.grm	4.74	3.03	2.46	2.18	1.14	1.30

图 8.4　聚类前各组作品的特征向量

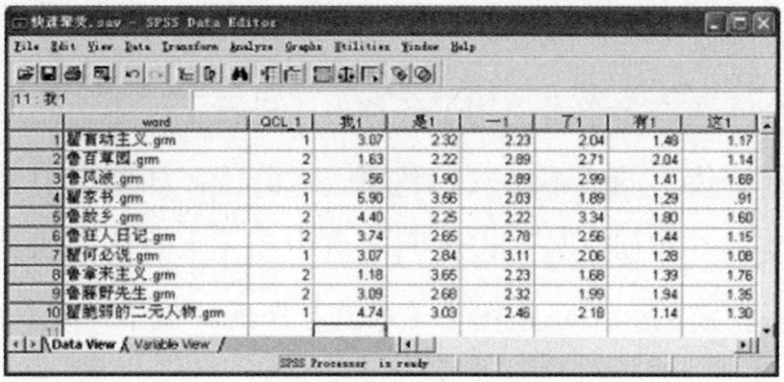

	word	QCL_1	我1	是1	一1	了1	有1	这1
1	瞿盲动主义.grm	1	3.07	2.32	2.23	2.04	1.48	1.17
2	鲁百草园.grm	2	1.63	2.22	2.89	2.71	2.04	1.14
3	鲁风波.grm	2	.56	1.90	2.89	2.99	1.41	1.69
4	瞿家书.grm	1	5.90	3.56	2.03	1.89	1.29	.91
5	鲁故乡.grm	2	4.40	2.25	2.22	3.34	1.80	1.60
6	鲁狂人日记.grm	2	3.74	2.65	2.78	2.56	1.44	1.15
7	瞿何必说.grm	1	3.07	2.84	3.11	2.06	1.28	1.08
8	鲁拿来主义.grm	2	1.18	3.65	2.23	1.68	1.39	1.76
9	鲁藤野先生.grm	2	3.09	2.68	2.32	1.99	1.94	1.35
10	瞿脆弱的二元人物.grm	1	4.74	3.03	2.46	2.18	1.14	1.30

图 8.5　聚类后的结果

上图的 QCL_1 列为聚类结果①，由这个结果我们可以看出，SPSS 按照前文介绍的数学方法将 10 组作品聚成了两类。类别号为"1"的为瞿秋白的作品；类别号为"2"的为鲁迅的作品。聚类方法将两个人的作品清楚地分开来了。本实验中鲁迅的《拿来主义》《以眼还眼》《纪念刘和珍君》、瞿秋白的《脆弱的二元人物》《何必说》《历史的误会》《关于女人》《盲动主义和立三路线》《我和马克思主义》等都是杂文，也被区分开来了。从这一个角度讲文本聚类技术可以分辨作者风格，即便是风格十分相似的两个作家的作品，聚类方法也是十分有效的。这也是笔者特地选用鲁迅和瞿秋白作品进行聚类试验的重要原因。

从上述聚类结果可以看出，文本聚类技术不但能够有效区分不同作者的作品，另外还可以说明，我们所选择的特征向量可以有效地反映作者的风格特征。因此有效地证明了我们前文提出的两个假设。

第三节　聚类分析和古典文学作品的作者研究

《水浒传》的作者问题在古典小说中算是比较复杂的，一直是学者们争论的热点，至今尚无结论。陈松柏（2000）将学界对《水浒传》作者的研究归纳为八说：施耐庵说、施耐庵罗贯中合著说、罗贯中说、山东罗贯中说、明中叶罗贯中说、罗贯中著佚名作者续说、非罗非施说、陆续完成说。这八说中有 5 种是涉及罗贯中的。那么《三国演义》的作者罗贯中到底和《水浒传》有没有关系？

对于这个问题许多学者使用了各种方法进行了证明，其中王晓家、吕乃岩等从《水浒传》的文本出发，利用《水浒传》和罗贯中著的其他作品进行对照，发现其相似之处，以证明罗贯中和《水浒传》的关系。这种方法是非常值得肯定的。王晓家在《〈水浒〉作者罗贯中考辨》中将《水浒》

---

① 为了观察方便笔者特地将类别代码放在了文件名的后面。

和《三国演义》进行了对比，认为二书出自同一人手笔。吕乃岩（2008）将《水浒传》和《三遂平妖传》等作品放在一起对照发现，《三遂平妖传》中有些诗词韵语完全抄自《水浒传》，在此将其列出：

表8.2　吕乃岩比较《水浒》和《三遂平妖传》

《水浒传》回次	《三遂平妖传》回次	相同内容
7 回	3 回	回末诗
42 回	7 回	宋江梦九天玄女和卜吉下井后的描写
58 回	12 回	《水浒》回末诗和《平妖传》回前诗
25 回	12 回	《水浒》回末诗和《平妖传》回末诗
32 回	13 回	《水浒》刘高老婆和《平妖传》永儿的描写
93 回	20 回	武松杀方貌和王则被杀的诗句
62 回	20 回	卢俊义赴法场和王则等被杀的描写
27 回	11 回	颂扬陈文昭和赞美包待制的文字
1 回	17 回	对宋仁宗上朝的描写
22 回	6 回	回末诗
48 回	8 回	《水浒》回末诗和《平妖传》回前诗

由于《水浒传》和《三遂平妖传》出现了很多这样相同的文字，因此吕乃岩先生认为罗贯中续作了《水浒传》。将《水浒传》和罗贯中的其他作品进行对比，找出其在文字上的相似之处，以说明《水浒传》和罗贯中的关系，这确实是一个重要的思路。但是，吕先生将《水浒传》和《三遂平妖传》存在多处相同的文字作为罗贯中是《水浒传》的续作者的佐证，尚有值得斟酌的地方。首先如果《水浒传》和《三遂平妖传》的作者是其他两个人，而且后者抄袭了前者的文字，那么也可以出现上述情况。其次，这些相同的文字分散在《水浒传》的各个部分，而不是集中在某一部分，

如前半部、后半部，或者中间部分，如果罗贯中是续作者，那么他在《平妖传》中就涉嫌抄袭了《水浒传》另一位作者的文字。因此，以这些相同的文字作为罗贯中是《水浒传》续作者的佐证也缺乏说服力。

如果《三国演义》的作者罗贯中参与了《水浒传》的创作，无论是与人合著也好、单独创作也好、续作也好，那么在《水浒传》文本中肯定留有罗贯中的文字。如果我们有办法分析《三国演义》和《水浒传》作者的写作习惯或者写作风格，分析这两部作品作者的风格习惯是否存在相似地方，就可以分析出罗贯中是否参与了《水浒传》创作。根据这个构思，笔者在本研究中运用统计学上的聚类方法对《三国演义》《水浒传》进行聚类分析，探讨罗贯中和《水浒传》的关系。

根据对鲁迅和瞿秋白作品的聚类分析可知，如果所选特征向量确实可以代表作者的写作风格，那么聚类技术可以有效地区分不同作者的作品。但是这里我们往往容易忽视一个重要的前提，就是验证试验中在进行聚类分析之前我们已经知道上述作品出自于鲁迅和瞿秋白两个人之手。然而在对《水浒》作者进行聚类分析时，这个前提条件我们是不知道的。《水浒》作者可能是一个，也可能是两个，还有可能是更多。到底是几个人，正是需要我们通过聚类方法进行分析的问题。

聚类分析是根据特征向量的距离进行文本相似度的判断的，这种相似是相比较而言的，即便是同一作者同一作品，其不同章回字词使用也不可能完全相同，其风格特征向量存在着距离上的远近，也可以用风格特征向量进行聚类。如何从聚类结果判断一部作品出自一人之手，还是出自两人手，就必须对同一作者作品的聚类结果和多人合著作品的聚类结果的特点进行分析。

同一作者的同一部作品，各部分的写作风格比较接近，如果将其聚成两类，那么，其分类结果必然是两类相互交错，而且，分在两个类别中的章回数量基本是平分的。为了验证这一特点，我们选取了44个白话文小

说中经常使用的虚词①为特征向量,对《三国演义》进行了聚类,指定聚类的类别数是2。作为特征向量的虚字如下:

之 其 或 亦 方 于 即 皆 因 仍 故 尚 乃 呀 吗 咧 啊 罢 么 呢 了 的 着 一 不 把 让 向 往 是 在 别 好 可 便 就 但 越 再 更 比 很 偏 儿

结果,《三国演义》120回中被归为1类的有68回,被归为2类的有52回,被归为1类的章回和被归为2类的章回是相互穿插的。具体聚类情况见下表:

表8.3 《三国演义》120回聚类情况表

三国演义001	1	三国演义024	1	三国演义047	1	三国演义070	1	三国演义093	1
三国演义002	1	三国演义025	2	三国演义048	1	三国演义071	1	三国演义094	1
三国演义003	2	三国演义026	1	三国演义049	1	三国演义072	1	三国演义095	1
三国演义004	1	三国演义027	1	三国演义050	1	三国演义073	2	三国演义096	2
三国演义005	1	三国演义028	1	三国演义051	1	三国演义074	1	三国演义097	1
三国演义006	1	三国演义029	2	三国演义052	1	三国演义075	2	三国演义098	1
三国演义007	1	三国演义030	2	三国演义053	1	三国演义076	1	三国演义099	1
三国演义008	1	三国演义031	2	三国演义054	1	三国演义077	1	三国演义100	1
三国演义009	2	三国演义032	1	三国演义055	1	三国演义078	1	三国演义101	1
三国演义010	1	三国演义033	1	三国演义056	1	三国演义079	1	三国演义102	1
三国演义011	1	三国演义034	1	三国演义057	2	三国演义080	2	三国演义103	2
三国演义012	1	三国演义035	1	三国演义058	1	三国演义081	1	三国演义104	2
三国演义013	1	三国演义036	2	三国演义059	1	三国演义082	1	三国演义105	2
三国演义014	2	三国演义037	1	三国演义060	2	三国演义083	1	三国演义106	2
三国演义015	1	三国演义038	2	三国演义061	1	三国演义084	1	三国演义107	1

---

① 李贤平"红楼梦成书新说"中说是47个虚字,但是,从其列出的具体虚字表看只有46个,其中"罢咧、罢了"是二字虚词。除去这两个二字词,实际上只有44个虚字。

（续表）

三国演义016	2	三国演义039	2	三国演义062	1	三国演义085	2	三国演义108	1
三国演义017	1	三国演义040	2	三国演义063	1	三国演义086	2	三国演义109	1
三国演义018	1	三国演义041	1	三国演义064	1	三国演义087	1	三国演义110	2
三国演义019	1	三国演义042	1	三国演义065	2	三国演义088	1	三国演义111	1
三国演义020	2	三国演义043	1	三国演义066	2	三国演义089	2	三国演义112	1
三国演义021	1	三国演义044	2	三国演义067	1	三国演义090	1	三国演义113	1
三国演义022	2	三国演义045	1	三国演义068	1	三国演义091	2	三国演义114	1
三国演义023	2	三国演义046	2	三国演义069	1	三国演义092	1	三国演义115	1
三国演义116	1	三国演义117	1	三国演义118	2	三国演义119	2	三国演义120	2

图8.6为前30回的聚类结果。

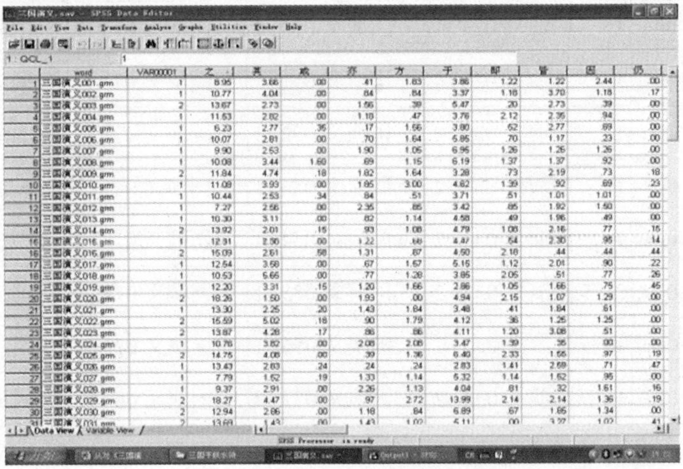

图8.6 三国演义前三十回聚类结果

通常情况下，一部作品有两个人执笔，无论是合作还是续写，每个人的执笔部分应该是相对集中的，不可能你写一回我一回这样交错进行的。如果我们用与故事情节无关、可以表示写作风格的上述虚词作为特征向量进行聚类，那么同一个人的作品应该聚集在一起，也就是说由两个人合写的作品聚成两类时，其两类应该是相对集中的。假设《水浒传》的前面部分由一个人执笔，后面部分由另外一个人执笔，用以上方法聚成 2 类时，那么前面部分应该集中地被分到一类，后面部分也应集中地被分到另外一类。而不应该像《三国演义》那样各回被交错地分到了两类之中。如果聚类的结果，《水浒传》各回不是相对集中地被分到了两类中，我们就不能够证明《水浒传》由两个人执笔。

为了分析《水浒传》究竟是属于上假设的那种情况，我们仍然使用上述虚字作特征向量，将《水浒传》100 回进行了聚类分析。具体情况如下表：

表 8.4　《水浒传》100 回聚类结果

水浒传 001	1	水浒传 021	2	水浒传 041	2	水浒传 061	2	水浒传 081	1
水浒传 002	2	水浒传 022	2	水浒传 042	2	水浒传 062	2	水浒传 082	1
水浒传 003	2	水浒传 023	2	水浒传 043	2	水浒传 063	1	水浒传 083	1
水浒传 004	2	水浒传 024	2	水浒传 044	2	水浒传 064	2	水浒传 084	1
水浒传 005	2	水浒传 025	2	水浒传 045	2	水浒传 065	2	水浒传 085	1
水浒传 006	2	水浒传 026	2	水浒传 046	2	水浒传 066	2	水浒传 086	1
水浒传 007	2	水浒传 027	2	水浒传 047	2	水浒传 067	1	水浒传 087	1
水浒传 008	2	水浒传 028	2	水浒传 048	2	水浒传 068	1	水浒传 088	1
水浒传 009	2	水浒传 029	2	水浒传 049	2	水浒传 069	1	水浒传 089	1
水浒传 010	2	水浒传 030	2	水浒传 050	2	水浒传 070	1	水浒传 090	1
水浒传 011	2	水浒传 031	2	水浒传 051	2	水浒传 071	1	水浒传 091	1
水浒传 012	2	水浒传 032	2	水浒传 052	1	水浒传 072	1	水浒传 092	1
水浒传 013	2	水浒传 033	2	水浒传 053	2	水浒传 073	2	水浒传 093	1
水浒传 014	2	水浒传 034	2	水浒传 054	1	水浒传 074	2	水浒传 094	1
水浒传 015	2	水浒传 035	2	水浒传 055	1	水浒传 075	1	水浒传 095	1
水浒传 016	2	水浒传 036	2	水浒传 056	2	水浒传 076	1	水浒传 096	1

（续表）

水浒传 017	2	水浒传 037	2	水浒传 057	1	水浒传 077	1	水浒传 097	1
水浒传 018	2	水浒传 038	2	水浒传 058	1	水浒传 078	1	水浒传 098	1
水浒传 019	2	水浒传 039	2	水浒传 059	1	水浒传 079	1	水浒传 099	1
水浒传 020	2	水浒传 040	2	水浒传 060	1	水浒传 080	1	水浒传 100	1

由聚类结果我们可以看出，《水浒传》第51回之前的章回被集中地分到了第2类，75回以后的章回被集中地分到了第1类。也就是说，聚类的结果和我们假设中的第1类情况是一致的。由此我们可以说《水浒传》的前后部分分别是由2个人执笔的。

由上述论证我们可以知道，《水浒传》的第51回之前的章回被集中地分在一类，第75回以后的章回被集中地分在另一类；也就是说《水浒传》的前后两部分的写作风格是有明显差异的，《水浒传》的作者应该是两个人。这样就出现了另外一个问题，即其中的一个作者会不会是《三国演义》的作者罗贯中。

假设《三国演义》的作者罗贯中是《水浒传》两个作者中的一个，那么我们将《三国演义》和《水浒传》的各回放在一起，仍然以44个虚字为特征向量进行聚类分析，根据聚类分析的原理和上面的实践经验，其结果应该是相同作者写的章回会跑到一类中去。也就是说如果《水浒传》75回以后的章回是罗贯中写的，那么，排除聚类准确率的因素，《水浒传》75回以后的章回将会有一大部分和《三国演义》聚类到一起。为了证明这个假设是否正确，我们将《水浒传》和《三国演义》以章回为单位放到一起，仍然使用44个虚字频率为特征向量，用SPSS进行了聚类分析，其结果是《三国演义》的120回被聚成一类，类别标号为2；《水浒传》中的82.89.100回和《三国演义》被聚成一类，类别标号也是2；《水浒传》的其他97回被聚成一类，类别标号为1。《三国演义》没有一个章回被分到类别标号为1的类中。

聚类结果，没有出现我们假设中《水浒传》75 回以后应该大部分会和《三国演义》分在一类的情况，75 回开始的《水浒传》后 26 回中只有区区 3 回和《三国演义》写作风格相近，仅占 7.9%，也就是说《水浒传》只有极少部分和《三国演义》的写作风格相似。而不是我们在假设中所希望看到的后 26 回应该有一大部分和《三国演义》写作风格相似的情况，加上聚类分析本身也存在精度问题，因此我们没有把握根据此次聚类分析的结果下结论说《三国演义》的作者罗贯中参与了《水浒传》的创作。至于是否存在另外一个罗贯中，那是另外一个课题。

根据以上聚类分析的结果我们可以看出，《水浒传》单独聚类的结果，前半部分和后半部分分别被集中分在了两类，这和作者为一人的《三国演义》的聚类结果明显不同，因此我们可以认为《水浒传》的作者是两个人，其中一人集中创作了第 2 回至第 51 回的 50 回，另一人集中创作了 75 回至 100 回的 26 回。《水浒传》的其他章回也分别出自这两个人，只是不那么集中。但是由于《水浒传》和《三国演义》放在一起聚类时，《水浒传》的后半部分中只有个别章回和《三国演义》分在同一类，这与《水浒传》单独聚类时后半部分有 26 回出自一人之手的结果存在很大差异，加上考虑到聚类分析存在一定的误差，因此，从上述的聚类结果还不能够断定《三国演义》的作者罗贯中是否参与了《水浒传》的创作。

第四节　文体研究中文本聚类分析的局限性

统计学上的聚类方法在许多领域都得到了广泛应用，其在有些领域中的应用甚至取得了许多激动人心的效果，如生物学上的基因鉴定、考古学上的古代人物身份判别、医学诊断等。我国学者李贤平先生将聚类方法运用到古典文学作品《红楼梦》作者的鉴定上可以说为我们进行国学研究开辟了一条崭新的道路，对实现国学研究手段的科学化、信息化、现代化具有重要意义。

李贤平先生在《"红楼梦"成书新说》中认为《红楼梦》有多个作者，其主要依据是因为他对《红楼梦》各回的聚类分析结果得出了多个相对集中的类。实际上根据聚类分析的原理，"成书新说"在聚类方法使用和聚类结果的分析上存在严重的理论问题，这导致其结论不具可靠性。

我们姑且不谈以 47 个虚字为特征向量对同一作品所聚出的类能否代表作者类别的问题。"成书新说"至少存在以下问题。首先，根据统计学聚类方法的原理，类和类之间没有绝对的界限，因此根据同一部作品的聚类结果，我们不能够确定区分作者的标准；其次，用同样的方法对已知作者的同一部作品的章回进行聚类，也会聚成很多类；第三，用同样的方法，将《红楼梦》和其他作者的其他作品进行聚类时会出现另外的结果；第四，即便聚类方法能够有效区分有些作家的作品，但是其准确率也不是 100% 的。

首先，从层次聚类过程我们可以看出，统计学上的聚类方法对《红楼梦》各回的聚类是根据 47 个虚字在各回中使用频率所形成的特征向量的距离，从距离最近的两回开始进行合并，最后合并成一个大类。从图 2 我们可以看出，在 71.11% 的相似度上第 81 至 100 回的 20 回被聚成了 19 类，在 100% 的相似度上这 20 回就是 20 个类。换句话说，这 20 回里不存在 47 个虚字使用频率完全相同的两回，甚至具有 75% 以上相似度的两回也是不存在的。这就提出了一个问题，我们如何根据这 47 个虚字使用频率的相似度来判别哪些回是曹雪芹写的，哪些回是高鹗写的，哪些回是另外的人写的。也就是说，如果能够给出判断作家区别的相似度标准，那么我们根据上述图 2 的聚类结果就可以区分作家了。比如同一作家作品其 47 个虚字的频率相似度在 60%，如果低于 60% 就可以判别成两个作家，这样调查在 60% 的相似度上这 20 回作品被聚成了多少类，也就是可以区分出多少作家。但是事实上，仅仅根据《红楼梦》一部作品的聚类是不能够给出这样的标准的，因为从层次聚类的过程我们可以清楚地看到，聚类是根据虚字所形成的特征向量的距离进行的，这个距离接近到什么程度就可以判断两个样本出自于两个作家之手,统计学上的聚类方法并没有告诉我们这个判断标准。因此如果运用层次聚类进行这方面的研究就必须解决这个问题。实际上这个问题的解决仅仅依靠《红楼梦》一部作品是无法完成的。正如用某一个人的十个指头为对象进行聚类分析一样,聚类技术可以将十个指头按长短进行归类,但是我们绝不能因为计算机将十个指头聚成了几类就认为这十个指头是分属多个人的。

另外一方面,从上述聚类的树形图我们还可以看出,任何两个样本之间的距离不可能是完全相等的,即便是已经确认的同一个作家以完全相同风格写成的两部作品,甚至同一作家同一作品的不同部分,也会存在虚字使用上的距离的差别。正因为这个原因,如果以虚字为特征向量用聚类方法对同一个作家同一部作品的不同部分进行聚类,也同样会聚出许多类,也同样能给出一个树形图。为了说明这个问题,笔者以《儿女英雄传》的各回为样本进行分析。尽管关于这部小说作者文康有各种各样的说法,但是对于《儿女英雄传》出自文康一人之手这个问题学界似乎没有太多争议,因此将这部作品作为同一作者的同一部作品的聚类分析对象应该是合适的。另外,由于"成书新说"的研究中也用了这部作品,所以利用这部作品也有利于说明问题。这里我们仍然以 47 个虚字的使用频率为特征向量,以最短距离为类间距离,以欧几里得距离为样本间距离,使用 MINITAB 进行聚类。其结果如图 8.7 和图 8.8。

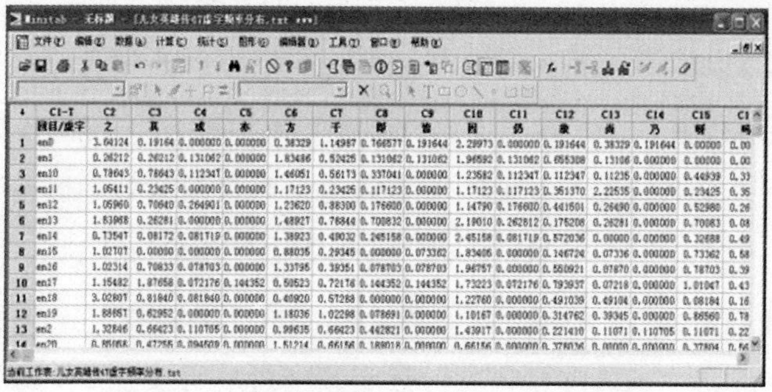

图 8.7 儿女英雄传中 47 虚字的频率分布

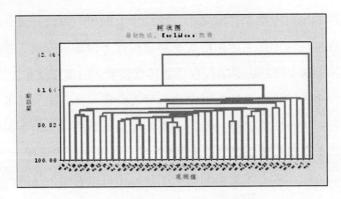

图 8.8　《儿女英雄传》各回的聚类情况

根据聚类分析结果，当 47 个虚字的使用频率相似度为 50% 时，《儿女英雄传》41 回可以聚成两大类，当相似度为 66.66% 时可以聚成三大类。由此可见同一作者的同一部作品，以 47 虚字频率为特征向量，在不同的相似度下也可以聚成很多类。这样就产生了一个问题，同样用同一部作品聚类，《红楼梦》可以聚成很多类，《儿女英雄传》也可以聚成很多类，为什么《儿女英雄传》只有一个作者，而"成书新说"却认为《红楼梦》有多个作者？

"成书新说"中用《红楼梦》各回所聚成的类到底是同一作者作品的类（如对《儿女英雄传》的聚类）？还是多个作者作品的类？这个问题仅仅依据《红楼梦》各回为样本的聚类分析也是不能够回答的。另外，如果按照"成书新说"的观点，凡是聚成多个类别的文本就应该是不同作者所作，那么文康的《儿女英雄传》单独聚类时也可以聚成多个类，岂不也可以认为《儿女英雄传》有多个作者。由此可见"成书新说"的结论是不可靠的。

实际上"成书新说"在证明聚类方法是否可以有效地区分作者时还隐含着这篇论文的一个致命漏洞。在"成书新说"中实际上进行了两次聚类，第一次是用《红楼梦》单独聚类，聚类结果将《红楼梦》分成两大块区域，大区域里又有若干小的区域；第二次是将《红楼梦》和《儿女英雄传》两部作品放在一起聚类，这时《红楼梦》和《儿女英雄传》分开了，《红楼梦》的各回聚到了一起；《儿女英雄传》的各回也聚到了一起。第一次聚类时，因为《红楼梦》各回聚成了好几类，所以“成书新说”认为《红楼梦》有多个作者。第二次聚类时，《红楼梦》各回却聚到了一起。如果按照“成书新说”中第一次聚类时的处理方法，岂不应该认为《红楼梦》作者只有一个。这就造成了“成书新说”前后的严重矛盾，仅这一点就可以充分说明单凭《红楼梦》一部作品的聚类分析所得出的结论是不可靠的。

“成书新说”基于其聚类的计算结果做出了很多结论。如根据其给出的正视图认为，正视图中间部分的回目是《风月宝鉴》等等，并且似乎十分肯定。根据聚类结果做出如此精确的判断必须具备两个条件，首先是聚类所得到的曹雪芹的作品中不含有任何其他人的作品，即聚类的正确率为100%；其次还必须做到曹雪芹的作品都在其通过聚类得到的曹雪芹的作品类中，而没有任何遗漏，即聚类的召回率也应为100%。而实际上，任何用统计学方法所得到的结果都不可能做到正确率和召回率全部达到100%。

前面我们利用对鲁迅和瞿秋白的杂文的分析证虽然明了聚类方法对区分不同作者的作品是十分有效的，但是，其分析结果并不是100% 正确的，我们如果将瞿秋白的杂文《文人》也作为对象，和第二节中鲁迅和瞿秋白的其他 10 组数据一起进行聚类分析就可以清楚地看到这一点。图 8.9 和图 8.10 是这 11 组数据及其聚类分析情况。

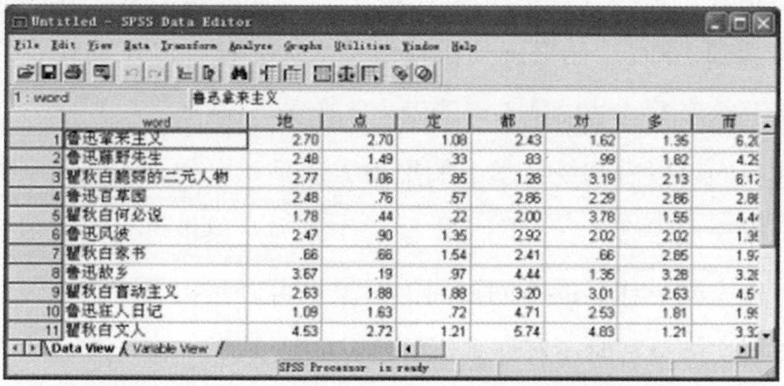

	word	地	点	定	都	对	多	而
1	鲁迅拿来主义	2.70	2.70	1.08	2.43	1.62	1.35	6.2
2	鲁迅藤野先生	2.48	1.49	.33	.83	.99	1.82	4.2
3	瞿秋白鹦鹉的二元人物	2.77	1.06	.85	1.28	3.19	2.13	6.1
4	鲁迅百草园	2.48	.76	.57	2.86	2.29	2.86	2.8
5	瞿秋白何必说	1.78	.44	.22	2.00	3.78	1.55	4.4
6	鲁迅风波	2.47	.90	1.35	2.92	2.02	2.02	1.3
7	瞿秋白家书	.66	.66	1.54	2.41	.66	2.85	1.9
8	鲁迅故乡	3.67	.19	.97	4.44	1.36	3.28	3.2
9	瞿秋白盲动主义	2.63	1.88	1.88	3.20	3.01	2.63	4.5
10	鲁迅狂人日记	1.09	1.63	.72	4.71	2.53	1.81	1.9
11	瞿秋白文人	4.53	2.72	1.21	5.74	4.83	1.21	3.3

图 8.9　131 个汉字使用频率分布情况（部分）

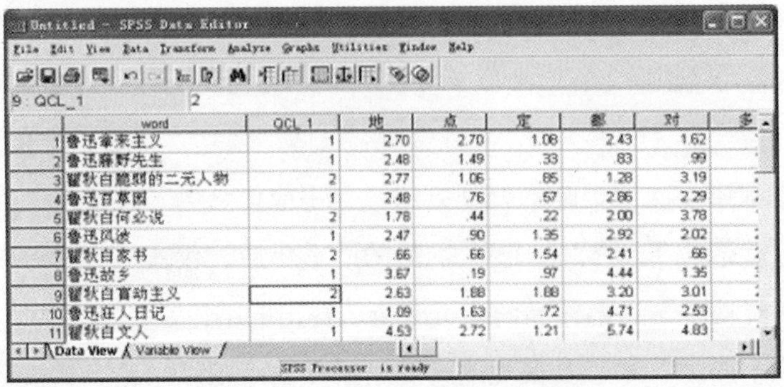

	word	QCL_1	地	点	定	都	对	多
1	鲁迅拿来主义	1	2.70	2.70	1.08	2.43	1.62	
2	鲁迅藤野先生	1	2.48	1.49	.33	.83	.99	
3	瞿秋白脆弱的二元人物	2	2.77	1.06	.85	1.28	3.19	
4	鲁迅百草园	1	2.48	.76	.57	2.86	2.29	
5	瞿秋白何必说	2	1.78	.44	.22	2.00	3.78	
6	鲁迅风波	1	2.47	.90	1.35	2.92	2.02	
7	瞿秋白家书	2	.66	.66	1.54	2.41	.66	
8	鲁迅故乡	1	3.67	.19	.97	4.44	1.35	
9	瞿秋白盲动主义	2	2.63	1.88	1.88	3.20	3.01	
10	鲁迅狂人日记	1	1.09	1.63	.72	4.71	2.53	
11	瞿秋白文人	1	4.53	2.72	1.21	5.74	4.83	

图 8.10　SPSS K-means 聚类分析结果

上图为聚类分析后的结果，其中两个图相比第二个图多出第二列QCL1。在QCL1中聚类分析自动用整数标出了作品所对应的类别。从结果可以看出鲁迅的6组作品都被标成了1；瞿秋白的5组作品中有4组被标成了2，有一组（《文人》）被标成了1。如果用类别标号1代表鲁迅的作品，用2代表瞿秋白的作品，那么聚类方法对鲁迅作品的标注准确率为90%，召回率为100%；对瞿秋白作品的标注准确率为100%，召回率80%。这可以说用聚类方法能够有效地区分鲁迅和瞿秋白的作品。但是准确率和召回率都不是100%。

在对《红楼梦》的聚类分析中，其聚类的准确率暂时还无法得到有效证明，但是有一点可以肯定，以47虚字为特征向量的聚类分析的正确率都不可能达到100%。如果碰到瞿秋白《文人》这样的章回让我们判断其归属，靠上述聚类的结果是不可能做出正确的判断的。

由此我们可以看到统计学上的聚类方法是相对的，不同作家的作品放在一起可以聚成很多类，以同一作家的作品为对象也可以聚成很多类，甚至以同一作家同一作品的不同章回为对象也可以聚出很多类。因此利用聚类方法进行文体分析时还有许多值得研究的地方。

第九章 支持向量机技术和文学作品作者鉴别

互联网和信息技术的高度发展，积蓄了大量的数据。近一两年随着大数据概念的提出，如何充分利用大数据为解决实际问题服务成了人们津津乐道的热门话题。大数据的理念虽然是对所掌握的数据进行穷尽性统计分析，但是，许多分析技术是在传统的统计学理论的基础上发展起来的。特别是有些基于语料库的文本处理技术其开发之初既是基于大数据、又是面向大数据的。虽然在这些技术出现的时候尚未出现大数据的概念，但是，语料库方法本身就是一种大数据方法，某种意义上可以说大数据理念是从语料库方法发展过来的。这些文本分析的技术事实上有很多可以用来进行文体的分析和研究，甚至有些技术可以用来开发文章作者的鉴定工具。这些技术包括文本的分类工具，目前可以用于文体分析的文本分类工具不下十几种，得到广泛使用并被证明在文体分析中行之有效的技术有支持向量机技术、神经网络技术、随机森林等等。由于支持向量机技术被认为用于文本分类效果比较好、得到广泛认可的新兴技术，因此本章内容探索支持向量机技术在文体分析中的应用，尝试使用支持向量机技术分析受到广泛关注的《红楼梦》的作者问题。

第一节　支持向量机的基本原理

支持向量机（Support Vector Machine）技术是近几年来计算机人工智能领域颇受关注的基于机器学习的模式识别方法。其基本思想是，让计算机从给定的已知的样本中学习样本的特点，然后再让计算机根据从已知样本中学习到的知识对未知的样本进行分类。支持向量机是众多机器学习模型中效率较好的一种。其起源是 Vapnik 等人在 60 年代提出的 Optimal Separating Hyperplane 理论，90 年代得到了很快的发展，并成为模式识别中性能最好、推广能力最强的机器学习模型之一。

支持向量机的基本原理就是找到一个最优的分类面，使得两类中距离这个分类面最近的点和分类面之间的距离最大。如图 9.1。

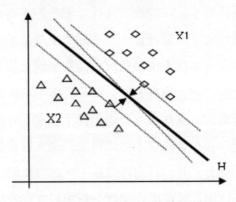

图 9.1　线性可分情况下的最优分类线

在 X1 和 X2 两类之间，除了 H 之外，还有多个分类面（如虚线）可以将这两类准确无误地分开。这些分类面可以定义为：

W・X+b=0

其中 W・X 是向量的内积，b 为一个标量。

支持向量机寻找的是这些分类面中的最优分类面 H，H 的特点是 X1

和 X2 中距离 H 最近的点和 H 之间的距离之和最大，也就是具有最大间隔（Margin）。其中距离最近的点叫作支持向量。

在支持向量机技术出现前的一些分类器，以寻求在训练集上的经验风险最小为目标，虽然在训练集上可以取得很好的效果，但是推广能力很差。而支持向量机是以间隔最大化为目标来寻找最优分类面，以实现结构风险最小为目标的，所以它有很强的推广能力。也就是说他不但能够在训练集上取得好成绩，而且在实际应用中也可以取得好成绩。目前支持向量机技术在还多分类问题的解决上得到了广泛的应用并且取得了非常好的效果，如生物信息学、手写体识别、文本的分类、语音识别等。但是，国内将该技术运用到文体分析和文学作品作者分析的研究不多。

第二节　支持向量机技术研究古典文学作品作者的有效性

将支持向量机技术应用到《红楼梦》的作者鉴定上之前，我们必须对支持向量机技术区分古典文学作品作者有效性进行证明。只有在作者已知的作品上证明支持向量机技术能够有效区分不同作者得作品，才能够说明其区分作者未知作品的结果是可信的。因此我们采用罗贯中的《三国演义》和文康的《儿女英雄传》为对象验证支持向量机技术有效性问题。

首先我们从《三国演义》和《儿女英雄传》各选取 10 回作为作者已知作品的样本，并人工作类别标志，《儿女英雄传》10 回样本的类别标记为 1，《三国演义》10 回样本的类别标记为 2；供支持向量机从中学习作者的写作风格。由于笔者担心古典文学作品的第一回往往比较特殊，不能够全面反映作者的写作风格，所以学习样本均从两部作品的第 2 回开始选取 10 回。第二步，从两部作品的这二十回样本中抽取一些能够体现作者写作风格而且与小说情节无关的特征，本研究选取 44 个虚字的使用频率（具体方法见 3.3 节）；第三步，让支持向量机从上述数据中学习两位作者的写作风格，并将学到的知识保存起来。第四步，将《三国演义》的 120 回和《儿女英雄传》的 41 回（包括缘起首回）放到一起打乱，并将其作为作者未知的作品让支持向量机根据上一步学到的知识对其进行判断。支持向量机将会根据前面学到的知识，将那些与 1 类写作风格相近的章回自动标注为 1，将与 2 类写作风格一致的章回自动标注为 2。

这样支持向量机在对所有 161 回（《儿女英雄传》41 回 +《三国演义》120 回）判断完毕后，两部作品的所有章回都被附加上类别标号，实际上也就是进行了分类。这时我们通过观察被支持向量机标上 1 的章回中有多少是《儿女英雄传》的，有多少章回不是，就可以知道支持向量机对《儿女英雄传》判断的准确率。同理也可以得到支持向量机对《三国演义》的判断准确率。从而也就可以得到支持向量机区分《三国演义》和《儿女英雄传》的有效性。由于我们让支持向量机学习的是与小说情节无关、与作者写作风格有关的虚字的使用频率，因此也可以说支持向量机是根据作者的写作风格对这两部作品进行区分的。如果支持向量机能够将两部作品有效的区分开来，那就说明支持向量机能够有效地区分不同作者的作品，从而也就能够有效鉴定小说的作者。表 9.1 是支持向量机对两部作品的区分结果。

表 9.1　《三国演义》和《儿女英雄传》的分类结果

回次	分类	回次	分类	回次	分类	回次	分类
儿女 00	1	三国 001	2	三国 041	2	三国 081	2
儿女 01	1	三国 002	2	三国 042	2	三国 082	2
儿女 02	1	三国 003	2	三国 043	2	三国 083	2
儿女 03	1	三国 004	2	三国 044	2	三国 084	2
儿女 04	1	三国 005	2	三国 045	2	三国 085	2
儿女 05	1	三国 006	2	三国 046	2	三国 086	2

（续表）

回次	分类	回次	分类	回次	分类	回次	分类
儿女06	1	三国007	2	三国047	2	三国087	2
儿女07	1	三国008	2	三国048	2	三国088	2
儿女08	1	三国009	2	三国049	2	三国089	2
儿女09	1	三国010	2	三国050	2	三国090	2
儿女10	1	三国011	2	三国051	2	三国091	2
儿女11	1	三国012	2	三国052	2	三国092	2
儿女12	1	三国013	2	三国053	2	三国093	2
儿女13	1	三国014	2	三国054	2	三国094	2
儿女14	1	三国015	2	三国055	2	三国095	2
儿女15	1	三国016	2	三国056	2	三国096	2
儿女16	1	三国017	2	三国057	2	三国097	2
儿女17	1	三国018	2	三国058	2	三国098	2
儿女18	1	三国019	2	三国059	2	三国099	2
儿女19	1	三国020	2	三国060	2	三国100	2
儿女20	1	三国021	2	三国061	2	三国101	2
儿女21	1	三国022	2	三国062	2	三国102	2
儿女22	1	三国023	2	三国063	2	三国103	2
儿女23	1	三国024	2	三国064	2	三国104	2
儿女24	1	三国025	2	三国065	2	三国105	2
儿女25	1	三国026	2	三国066	2	三国106	2
儿女26	1	三国027	2	三国067	2	三国107	2
儿女27	1	三国028	2	三国068	2	三国108	2
儿女28	1	三国029	2	三国069	2	三国109	2
儿女29	1	三国030	2	三国070	2	三国110	2

（续表）

回次	分类	回次	分类	回次	分类	回次	分类
儿女30	1	三国031	2	三国071	2	三国111	2
儿女31	1	三国032	2	三国072	2	三国112	2
儿女32	1	三国033	2	三国073	2	三国113	2
儿女33	1	三国034	2	三国074	2	三国114	2
儿女34	1	三国035	2	三国075	2	三国115	2
儿女35	1	三国036	2	三国076	2	三国116	2
儿女36	1	三国037	2	三国077	2	三国117	2
儿女37	1	三国038	2	三国078	2	三国118	2
儿女38	1	三国039	2	三国079	2	三国119	2
儿女39	1	三国040	2	三国080	2	三国120	2
儿女40	1						

从上述结果我们可以清楚地看出，《儿女英雄传》的各回都被分到第1类，类别标号均为1；《三国演义》的各回都被分到第2类，类别标号均为2。分类的正确率为100%；由于支持向量机的分类依据是与小说情节无关、代表作者风格的虚字频率，也就是说支持向量机是按照作者风格进行的分类，因此由上面的结果我们可以认为，支持向量机能够根据写作风格有效区分古典文学作品的作者。

第三节　支持向量机技术和《红楼梦》作者研究

《红楼梦》是我国古典文学作品中的瑰宝，其作者之谜至今尚未得到彻底解决。关于《红楼梦》作者问题现在学界大体有如下几种看法：曹雪芹作前80回，高鹗作后40回，此说以胡适为代表，也是当今学界的一种普遍看法;《红楼梦》120回为一人所作,代表人物有高本汉、陈炳藻等;《红楼梦》是由多个作者在不同时期完成的,此说代表是李贤平;还有观点认为曹雪芹作前80回,后40回中也有少量曹雪芹的作品。

对《红楼梦》作者鉴定的主要方法有索隐、考证、统计学等三种。近几年也有少量研究使用计算机信息处理中的文本分类的方法,如文献1。本章研究使用计算机智能信息处理中的支持向量机(SVM)技术如何分别《红楼梦》的作者问题。

目前计算机智能信息处理的核心模型主要是基于统计学的数学模型,支持向量机技术也不例外,其核心是高效的多元统计方法。由于本研究使用该方法进行《红楼梦》作者的探讨,因此有必要对运用统计学方法所做的《红楼梦》作者研究进行简单的回顾。

最早用统计方法研究《红楼梦》的是瑞典汉学家高本汉。1952年高本汉列举了32种语法、词汇现象,统计其在《水浒》《西游记》《儒林外史》《红楼梦》《镜花缘》等五部作品中的出现频率,分别用0(不出现),1(少出现),2(多出现)三个档次来表示。根据统计结果,高本汉认为《红楼梦》前80回和后40回为同一人所作。

1980年在美国威斯康星大学举行的《红楼梦》研讨会上,陈炳藻发表了"从词汇上的统计论《红楼梦》的作者问题"的论文。根据他的研究《红楼梦》前80回和后40回的词汇相关度为78.57%,而《红楼梦》与《儿女英雄传》的词汇相关度只有32.14%,由此认为《红楼梦》前80回和后40回为一人所作。陈大康(1987)从字、词、句三个角度全面考察了《红楼梦》前后的分布情况,对73个指标进行了分布检验,认为《红楼梦》前80回和后40回并非曹雪芹一人所作,否定了陈炳藻的结论。

1987年复旦大学李贤平在《复旦学报》上发表了论文"《红楼梦》成

书新说"。他从《红楼梦》中抽取 47 个虚字[①]为特征向量,用聚类方法[②]对 120 回进行了分析。由于《红楼梦》120 回被分成了多个类,李贤平据此认为"《红楼梦》的各个部分是由不同的作者在不同的时期撰写而成的"。

针对李贤平的"《红楼梦》成书新说",陈大康(1988)认为李贤平的结论缺乏客观标准,"成书新说"不是根据客观标准,而是靠自己的视觉判断推测出来的,因而不具可靠性。实际上,文本聚类分析的标准是相对的,不同作者的作品可以放在一起进行聚类分析,同一作者的不同作品、甚至同一作者的同一部作品分割成若干部分也可以进行聚类分析,因此仅用《红楼梦》120 回作为样本的聚类分析不能为其作者鉴定提供可靠依据。

张运良(2009)等以句类为特征向量,采用 K 近邻算法[③]作为分类算法构建分类器,用分类的方法对《红楼梦》作者进行了鉴定研究。其做法是,首先将《红楼梦》120 回平均分成 3 个集合,1—40 回为集合 1,41—80 回为集合 2,81—120 回为集合 3,然后用上述分类器进行两次实验,结果集合 1 和集合 2 句类风格相近,集合 3 句类风格和前两个集合差距较大,因此认为前 80 回和后 40 回是不同作者所写。但是在验证集合 1、集合 2、集合 3 之间的相似度时,为了和传统的结论保持一致而不断调整 K 值,这说明其分类器的推广能力有限,降低了结论的可靠性。张运良的这个实验实际上是在承认了前 80 回和后 40 回有差别的情况下做的,是一种迎合传统结论的做法。文本分类研究的目标是要验证红学界的结论是否正确。也就是说我们不知道红学界的结论是否正确,我们的目标是要用一种方法去证明其正确性。如果根据红学界的结论调整分类器参数,就等于说明在测试之前就承认了前 80 回和后 40 回作者的差别。另外,作为反映作者写作风格的特征向量的句类其抽取过程也非常复杂。

---

① 李贤平"红楼梦成书新说"中说是 47 个虚字,但是,从其列出的具体虚字表看只有 46 个,其中"罢咧、罢了"是二字虚词。除去这两个二字词,实际上只有 44 个虚字。

② 聚类方法也是一种多元统计方法。

③ K 邻近算法和本文所使用的支持向量机一样是一种基于统计学的计算机分类技术。

因此,用计算机进行《红楼梦》作者的鉴定研究仍有许多课题值得探讨。

9.3.1 用支持向量机对《红楼梦》120回进行分析的实验设计

我们的思路是尽量选择接近《红楼梦》原貌的版本为实验材料,以能够代表原作者风格的版本作为支持向量机的学习样本和测试样本。对前80回和后40回的作者事先不做任何假设,而是通过支持向量机的判别结果,观察《红楼梦》的前后部分在写作风格上是否存在差异。供支持向量机学习的样本分别从《红楼梦》的开始和结尾各选取10回;用3.2中的步骤让支持向量机进行学习,并将学到的知识作为识别模型保存起来。然后将整个《红楼梦》的120回作为测试集让支持向量机根据学到的知识对其进行分类,并观察支持向量机的分类结果中到底哪些章回与前面的10回分在了同一类,与后面的10回分在同一类的又有哪些章回。如果特征向量能够反映作者风格,那么支持向量机的分类结果应该将风格相近的章回分在一类;而风格不同的章回分在不同的类。假如前80回和后40回的作者不同,那么支持向量机的分类结果就应该是第1回至第80回与前面的10回分在一类,第81回至第120回与后面的10回分在一类。如果支持向量机的最终分类结果果真和这个假设一致,而且分类界限就在80或者81回附近,那么就可以认为前80回和后40回风格差异比较明显,即作者是两个人。

9.3.2 实验材料的选择

一、分析对象文本的选择

《红楼梦》诞生后,一直在民间传抄。其早期抄本迄今发现的就有11种(林冠夫,2007),这11种抄本完整程度也各不相同,有的只保存了十几回。最为复杂的是,《红楼梦》经过传抄和藏书家的改笔,各种版本之间出现了很多异文。在这种情况下,选择接近《红楼梦》原貌的版本作为实验对象十分重要。由于无法得到古本《红楼梦》的电子版,本研究选择人民文学出版社1982年出版的《红楼梦》(上中下)。这个版本前80

回以庚辰本为底本，以其他脂评抄本为参校本，以程本等作为参考，由冯其庸等多位知名的红学家校注而成；后 40 回以程甲本为底本，以程乙本等多个版本为校本校注而成。庚辰本为《红楼梦》的早期抄本之一，约抄成于 1761 年，当时曹雪芹还在世。庚辰本现存 78 回，缺 64 回和 67 回，其中第 17.18 两回没有分开，学界认为基本保持了原貌。由于 17.18 回没有分开，所以本次实验的测试样本实际是 119 回。

二、支持向量机学习样本的选择

学习样本是支持向量机学习的对象。支持向量机从学习样本中学习作者的写作风格，然后根据这些写作风格对测试样本进行判别分类。因此学习样本一定要选择能够代表作者风格的样本。《红楼梦》的作者是一个伟大的诗、词、曲作家，他在《红楼梦》中留下了许多脍炙人口的诗、词、曲。《红楼梦》各回有可能因为诗、词、曲的分布问题导致其文体上的差异。由于诗、词、曲是作者风格的重要特征之一，因此在选择学习样本时必须考虑这方面的因素。但是，如果学习样本中诗、词、曲过于集中，则又会使得训练模型过于偏向诗词曲的风格而使一般行文的风格得不到反映。兼顾双方面的因素，本研究选择 20—29 回作为类别 1 的学习样本，110—119 回作为类别 2 的学习样本。

9.3.3 特征向量的选择

陈大康认为古典小说中的虚字是构成句子必不可少的成分，其使用不受故事情节的制约，仅与作者的写作习惯有关。他用 46 个虚字作为考察对象，对《红楼梦》进行了统计分析。李贤平在自己的研究中也采用了陈大康列出的虚字作为聚类分析的特征向量。

我们这里也将虚字的使用情况作为反映作者风格的指标，将虚字的频率作为特征向量。李贤平使用的虚字中含有"罢咧、罢了"，这两个词是二字词，如果以字为对象统计频率，则此二词的频率计算比较难处理。因此本研究舍弃“罢咧、罢了”，用以下虚字在各回中出现的频率作为特征向量。

之 其 或 亦 方 于 即 皆 因 仍 故 尚 乃 呀 吗 咧啊 罢么 呢 了 的 着 一 不 把 让 向 往 是 在 别 好 可 便 就 但 越 再 更 比 很 偏 儿

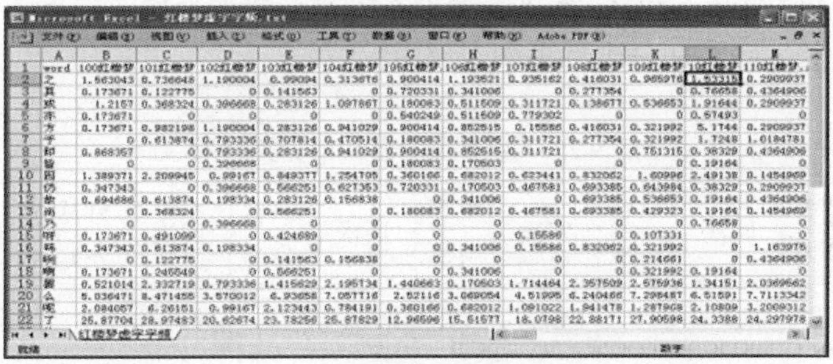

	A	B	C	D	E	F	G	H	I	J	K	L	M
1	word	100红楼梦	101红楼梦	102红楼梦	103红楼梦	104红楼梦	105红楼梦	106红楼梦	107红楼梦	108红楼梦	109红楼梦	10红楼梦	110红楼梦...
2	之	1.563043	0.736648	1.190004	0.99094	0.313876	0.900414	1.193521	0.935162	0.416031	0.965976	1.53315	0.2909937
3	其	0.173671	0.122775	0	0.141563	0	0.720331	0.341006	0	0.277354	0	0.76658	0.4364906
4	或	1.2157	0.368324	0.396668	0.283126	1.097867	0.180083	0.511509	0.311721	0.138677	0.536653	1.91644	0.2909937
5	亦	0.173671	0	0	0	0	0.540249	0.511509	0.779302	0	0	0.57493	0
6	方	0.173671	0.982198	1.190004	0.283126	0.941029	0.900414	0.852515	0.15586	0.416031	0.321992	5.1744	0.2909937
7	于	0	0.613874	0.793336	0.707814	0.470514	0.180083	0.341006	0.311721	0.277354	0.321992	1.7248	1.0184781
8	即	0.868357	0	0.793336	0.283126	0.941029	0.900414	0.852515	0.311721	0	0.751316	0.38329	0.4364906
9	皆	0	0	0.396668	0	0	0.180083	0.170503	0	0	0	0.19164	0
10	因	1.389371	2.209945	0.99167	0.849377	1.254705	0.360166	0.682012	0.623441	0.832062	1.60996	2.49138	0.1454969
11	仍	0.347343	0	0.396668	0.566251	0.627353	0.720331	0.170503	0.467581	0.693385	0.643984	0.38329	0.2909937
12	故	0.694686	0.613874	0.198334	0.283126	0.156838	0	0.341006	0	0.693385	0.536653	0.19164	0.4364906
13	尚	0	0.368324	0	0.566251	0	0.180083	0.682012	0.467581	0.693385	0.429323	0.19164	0.1454969
14	乃	0	0	0.396668	0	0	0	0	0	0	0	0.76658	0
15	呀	0.173671	0.491099	0	0.424689	0	0	0	0.15586	0	0.107331	0	0
16	吗	0.347343	0.613874	0.198334	0	0	0	0.341006	0.15586	0.832062	0.321992	0	1.163975
17	咧	0	0.122775	0	0.141563	0.156838	0	0	0	0	0.214661	0	0.4364906
18	啊	0.173671	0.245549	0	0.566251	0	0	0.341006	0	0	0.321992	0.19164	0
19	罢	0.521014	2.332719	0.793336	1.415629	2.195734	1.440663	0.170503	1.714464	2.357509	2.575936	1.34151	2.0369562
20	么	5.036471	8.471455	3.570012	6.93058	7.057716	2.52116	3.069054	4.51995	6.240466	7.298487	6.51591	7.7113342
21	呢	2.084057	6.26151	0.99167	2.123443	0.784191	0.360166	0.682012	1.091022	1.941478	1.287968	2.10809	3.2009312
22	了	25.87704	28.97483	20.62674	23.78256	25.87829	12.96596	15.51677	18.0798	22.88171	27.90598	24.3388	24.297978

图 9.2　文言虚字频率的分布情况

图 9.2 为以上 44 个虚字的频率的一部分，其中频率采用千分率计算。在用支持向量机进行分类时，对上图的矩阵进行转置，并添加了变量序号。图 9.3 为学习样本数据，第一列为分类标号，20—29 回的类别标号为 1，110—119 回的类别标号为 2。

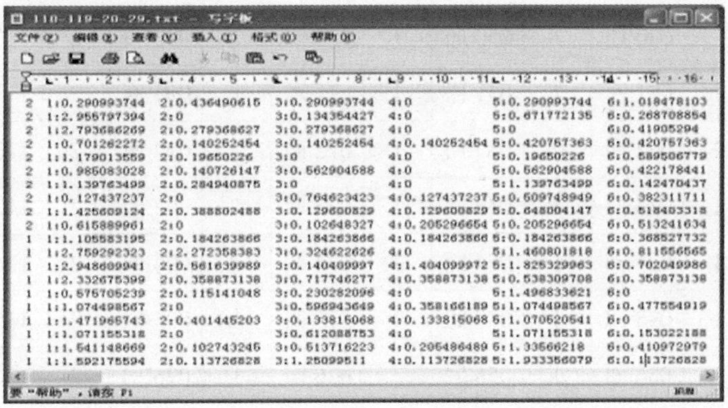

2	1:0.290993744	2:0.436490615	3:0.290993744	4:0	5:0.290993744	6:1.018478103
2	1:2.955797394	2:0	3:0.134354427	4:0	5:0.671772135	6:0.268708854
2	1:2.793686269	2:0.279368627	3:0.279368627	4:0	5:0	6:0.41905294
2	1:0.701262272	2:0.140262454	3:0.140262454	4:0.140262454	5:0.420757363	6:0.420757363
2	1:1.179013559	2:0.19650226	3:0	4:0	5:0.19650226	6:0.589506779
2	1:0.985083028	2:0.140726147	3:0.562904588	4:0	5:0.562904588	6:0.422178441
2	1:1.139763499	2:0.284940875	3:0	4:0	5:1.139763499	6:0.142470437
2	1:0.127437237	2:0	3:0.764623423	4:0.127437237	5:0.509748949	6:0.382311711
2	1:1.425609124	2:0.388802488	3:0.129600829	4:0.129600829	5:0.648004147	6:0.518403318
2	1:0.615889961	2:0	3:0.102648327	4:0.205296654	5:0.205296654	6:0.513241634
1	1:1.105583195	2:0.184263866	3:0.184263866	4:0.184263866	5:0.184263866	6:0.368527732
1	1:2.759292323	2:2.272358383	3:0.324622626	4:0	5:1.460801818	6:0.811556565
1	1:2.948609941	2:0.561639989	3:0.140409997	4:1.404099972	5:1.825329963	6:0.702049986
1	1:2.332675399	2:0.358873138	3:0.717746277	4:0.358873138	5:0.538309708	6:0.358873138
1	1:0.575705239	2:0.115141048	3:0.230282096	4:0	5:1.496833621	6:0
1	1:1.074498567	2:0	3:0.596943649	4:0.358166189	5:1.074498567	6:0.477554919
1	1:1.471966743	2:0.401445203	3:0.133815068	4:0.133815068	5:1.070520541	6:0
1	1:1.071155318	2:0	3:0.612088753	4:0	5:1.071155318	6:0.153022188
1	1:1.541148669	2:0.102743245	3:0.513716223	4:0.205486489	5:1.33566218	6:0.410972979
1	1:1.592175594	2:0.113726828	3:1.25099511	4:0.113726828	5:1.933356079	6:0.113726828

图 9.3　训练集特征向量

9.3.4 支持向量机对《红楼梦》120 回的判别结果及其分析

我们按 3.2 中的分析步骤，首先让支持向量机从 20—29 回、110—119 回中学习风格特点，然后将《红楼梦》所有 119 回（由于 17—18 回未分开，所以将这两回作为 1 回处理）当作类别未知章回让支持向量机根据前面学到的知识进行类别判断。我们假设所有 119 回的作者都是未知的，因此用 0 作为每一回的分类标号。支持向量机会将其判断结果输出到文件中。表 9.2 为《红楼梦》回次和分类结果的对照表。

表 9.2 《红楼梦》各回的分类结果

回次	SVM 分类	回次	SVM 分类	回次	SVM 分类	回次	SVM 分类	回次	SVM 分类	回次	SVM 分类
001 回	1	022 回	1	042 回	1	062 回	1	082 回	2	102 回	2
002 回	1	023 回	1	043 回	1	063 回	2	083 回	2	103 回	2
003 回	1	024 回	1	044 回	1	064 回	1	084 回	1	104 回	2
004 回	1	025 回	1	045 回	2	065 回	1	085 回	1	105 回	2
005 回	1	026 回	1	046 回	1	066 回	1	086 回	1	106 回	2
006 回	2	027 回	1	047 回	1	067 回	2	087 回	2	107 回	2
007 回	1	028 回	1	048 回	1	068 回	2	088 回	1	108 回	2
008 回	1	029 回	1	049 回	2	069 回	2	089 回	2	109 回	2
009 回	1	030 回	1	050 回	1	070 回	1	090 回	2	110 回	2
010 回	1	031 回	2	051 回	1	071 回	1	091 回	2	111 回	2
011 回	2	032 回	2	052 回	1	072 回	1	092 回	2	112 回	2
012 回	1	033 回	1	053 回	1	073 回	1	093 回	1	113 回	2
013 回	1	034 回	1	054 回	1	074 回	1	094 回	1	114 回	2
014 回	1	035 回	1	055 回	1	075 回	1	095 回	1	115 回	2
015 回	1	036 回	1	056 回	2	076 回	1	096 回	2	116 回	2
016 回	1	037 回	1	057 回	1	077 回	1	097 回	2	117 回	2

（续表）

回次	SVM分类	回次	SVM类	回次	SVM分类	回次	SVM分类	回次	SVM分类	回次	SVM分类
017 018 回	1	038 回	1	058 回	1	078 回	2	098 回	2	118 回	2
019 回	1	039 回	1	059 回	1	079 回	1	099 回	2	119 回	2
020 回	1	040 回	1	060 回	1	080 回	1	100 回	2	120 回	2
021 回	1	041 回	1	061 回	2	081 回	2	101 回	2		

从 SVM 的分类结果我们可以清楚地看到，从第 81 回开始的后 40 回中有 39 回被判为 2 类，占 97.5%；只有第 85 回 1 回被判成 1 类，占 2.5%。由此可见后 40 回的写作风格是一致的，是出于一人之手。前 80 回中绝大多数被判成 1 类，说明这些章回的写作风格也是一致的，是出于另外一个人之手。虽然前 80 回中也有少量的章回被判成了 2，但是被判为 2 类的章回集中、连续地出现在 81 回以后（包含 81 回），说明 81 回以后的 40 回写作风格与前 80 回的绝大部分章回是不相同的，同时也说明第 81 回是前 80 回和后 40 回写作风格的分水岭。根据这个结果我们可以说前 80 回和后 40 回不是同一个作者。这个结果和红学界多年来的推断惊人的一致。

另外，前 80 回中有 14 回被判成了 2，占 17.5%。这是因为，《红楼梦》前 80 回诞生以后，主要是靠传抄的形式在民间流传。由于传抄者的态度、文化水平、改笔等因素，加上传抄没有严格的校对制度作保证，所以现存的《红楼梦》的各种版本的前 80 回都存着大量的讹误、衍文、夺落和错简。而且根据古代经典流传的规律，传抄次数越多，传抄版本的内容就会离原著越远。本研究所采用版本的前 80 回是以庚辰本为底本校注的。虽然红学界普遍认为庚辰本比较接近《红楼梦》原貌，但是据林冠夫考证，庚辰本的抄手有多人，水平也很低，抄得很糟糕，使庚辰本的价值大打折扣。这些传抄的错误对原作者的风格产生了负面影响，这些负面影响也反映在了虚字的特征向量上，造成了前80回分类出现了多起2的情况。与此相反，本研究所采用的后40回的底本是程甲本，程甲本是活字印刷本，而且后40回在程甲本中是初次出现，不存在抄传所导致的各种错误，可以说是保持了原貌的。所以支持向量机对后40回的判别是非常一致的。

本章是支持向量机在《红楼梦》作者鉴定中的初步尝试。我们将《红楼梦》的120回作为作者完全未知的文本，用支持向量机对其进行分类，结果支持向量机将第81回开始的后40回中的39回判别为第2类，和前80回是不一样的，而且风格不同的分界线就在80回和81回之间，这个结果与红学界多年的推断高度一致。

我们这里在用支持向量机对《红楼梦》120回进行判断时没有任何先决条件，也就是说在判断前我们认为整个120回的作者完全未知，让支持向量机根据学习到的知识对其进行判断，为我们做出解答。另外，从理论上讲，支持向量机有很强的推广能力，其在区分《三国演义》和《儿女英雄传》的作者时能够取得很好的成绩，那么在区分《红楼梦》的前后的写作风格上也应该能够取得很好的成绩。所以从这方面讲，本研究所得出的结论应该是比较可靠的。

综上所述，我们可以得出两个结论。第一，根据支持向量机得出的结果，我们有把握说，《红楼梦》前80回和后40回作者是两个人。第二，支持向量机利用文言虚字特征向量能够有效地区分不同作者的作品。

参考文献

[1] 曹雪芹、高鹗，《红楼梦》，北京：人民文学出版社，1982

[2] 陈大康，《"〈红楼梦〉成书新说"难以成立》，《古代小说研究及方法》，北京：中华书局，2006

[3] 陈大康，《〈红楼梦〉成书新说难以成立——与李贤平同志商榷》，《华东师范大学学报（哲学社会科学版）》1988（1）

[4] 陈大康，《从数理语言学看后四十回的作者》，《古代小说研究及方法》，北京：中华书局，2006

[5] 陈松柏，《〈水浒传〉作者研究八说》，《南都学坛（哲学社会科学版）》2000（5）

[6] 范大茵、陈永华编，《概率论与数理统计》（第二版），杭州：浙江大学出版社，2005

[7] 何红梅，《新世纪〈水浒传〉作者、成书与版本研究综述》，《苏州大学学报（哲学社会科学版）》2006（6）

[8] 胡适，《〈红楼梦〉考证》（改定稿）（1921年11月12日），《胡适红学研究资料全编》，北京：北京图书馆出版社，2005

[9] 胡适，《考证〈红楼梦〉的新材料》（1928年2月12—16日），《胡适红学研究资料全编》，北京：北京图书馆出版社，2005

[10] 黄伟等，《汉语语体的计量特征在文本聚类中的应用》，《计算机工程与应用》2009（45）

[11] 蒋绍愚，《近代汉语研究概论》，北京：北京大学出版社，2005 年

[12] 贾洪卫、董坚、徐锐，《计算机与红学研究综论》，《新华文摘》1991（4）

[13] 李荣峰，支持向量机 SVM[EB/OL]，http://ai.pku.edu.cn/biometrics2007/lecture/8.pdf，2007

[14] 李贤平，《〈红楼梦〉成书新说》，《复旦学报（社会科学版）》1987（5）

[15] 李永祜，《〈水浒传〉的版本研究与田王二传的作者》，《广西师范学院学报（哲学社会科学版）》2006（4）

[16] 林冠夫，《红楼梦版本论》，北京：文化艺术出版社，2007

[17] 刘世生等，《文体学概论》，北京：北京大学出版社，2006

[18] 刘文杰、蒋静，《EXCEL 表格制作一点通》，北京：人民邮电出版社，2004

[19] 陆立强编著，《让数据告诉你》，上海：复旦大学出版社，2008

[20] 吕乃岩，《试说罗贯中续〈水浒〉》，《北京大学学报（哲学社会科学版）》2008（2）

[21] 彭蕴晖，《红楼梦成书新说试评》，《益阳师专学报》1992（1）

[22] 同济大学应用数学系，《工程数学概率统计简明教程》，北京：高等教育出版社，2003

[23] 王珏，《〈水浒传〉疑案试析》，《济宁师专学报》1998（5）

[24] 王同书，《〈水浒〉作者施耐庵问题讨论述评》，《苏州大学学报（哲学社会科学版）》1983（1）

[25] 杨群英，《统计分析法对文书作者推定研究中的文体特征提取》，《中国司法鉴定》2006（1）

[26] 杨小平等编，《统计分析方法与 SPSS 应用教程》，北京：清华大学出版社，2008

[27] 张梦阳，鲁迅与瞿秋白的杂文比较 [EB/OL]，中国文学网，中国社会科学院文学研究所，http://www.literature.org.cn/articlse.aspx?id=24991

[28] 张卫国，《汉语研究基本数理统计方法》，北京：中国书籍出版社，2002

[29] 李奭學,《明译本轻世金书》，台湾省《"中央研究院"周报》2010(4)

[30] 张运良等，《基于句类特征的作者写作风格分类研究》，《计算机工程与应用》2009(22)

[31] 张云多编著，《文章论文体论》，香港：讯通出版社，1997

[32] 郑小玲、梁露等，《EXCEL在信息管理中的应用》，北京：人民邮电出版社，2004

[33] Chih-Wei Hsu, Chih-Chung Chang, and Chih-Jen Lin, A Practical Guide to Support Vector Classi_cation[EB/OL], http://www.csie.ntu.edu.tw/~cjlin, Last updated: March 13, 2010

[34] 栗田多喜夫，サポートベクターマシン入門 [EB/OL], http://www.neurosci.aist.go.jp/~kurita/lecture/svm.pdf

[35] アンソニーケニイ著、吉岡健一訳，『文章の計量——文学研究のための計量文体学入門』(The Computation of Style)，東京：南雲堂，1996

[36] 村上征勝，『真贋の科学——計量文献学入門』，東京：朝倉書店，1994

[37] 東京大学教養学部統計学教室編，『統計学入門』，東京：東京大学出版会，2005

[38] 樺島忠夫、寿岳章子，『文体の科学』，京都：綜芸舎，1965

[39] 樺島忠夫，『文章分野での計量的研究概観』，『日本語学』2001(4)

[40] 金明哲，『読点の打ち方と文章の分類』，『計量国語学』1994(12)

[41] 金明哲,『助詞の分布に基づいた日記の書き手の認識』,『計量国語学』1997 (8)

[42] 金明哲,『テキストデータの統計科学入門』，東京：岩波書店，2009

[43] 金明哲、村上征勝，『文章の統計分析とは』，『言語と心理の統計』，東京：岩波書店，2009

[44] 伊藤雅光，『計量言語学入門』，東京：大修館書店，2002年

[45] 山田崇仁，『N-gramによる先秦文献の分類』，『漢字と情報8号』2004(3)

[46] 師茂樹，『Nグラムモデルとクラスター分析を用いた漢文古典テキストの比較研究』，京都大学大型計算機センター第69回セミナー「東洋学へのコンピュータ利用」，2002

[47] 石井公成，『仏教学におけるN－Gramの活用』，東京大学東洋文化研究所付属東洋学研究情報センター編『明日の東洋学第8号』，2002

[48] 安本美典，『文章の性格学への基礎研究——因子分析法による現代作家の分類』，『国語国文』1959(6)

[49] 韮沢正，『由良物語の著者の統計的判別』，『計量国語学』1965(33)